Führungs-Kraft und Management Development

Heijo Rieckmann

Führungs-Kraft und Management Development

Management als Profession und Beruf-ung
... und Wege dorthin

Gerling Akademie Verlag

Die Deutsche Bibliothek – CIP Einheitsaufnahme

Rieckmann, Heijo:
Führungs-Kraft und Management Development / Heijo Rieckmann. -
München : Gerling-Akad.-Verl., 2000
ISBN 4-932425-30-8

Umschlaggestaltung: Claus Seitz
Titelabbildung: Kurt Halbritter: »Management by Stress«
aus: Kurt Halbritter: »Gesellschaftsspiele«,
mit einem Vorwort von Hartmut von Hentig,
© 1978 Carl Hanser Verlag, München – Wien
Satz: Fotosatz Reinhard Amann, Aichstetten
Druck und Bindung: Friedrich Pustet GmbH, Regensburg
ISBN 3-932425-30-8

www.gerling-academy-press.com

Inhalt

Einleitung

Die Anzahl von Veröffentlichungen über das Thema Führung & Management ist unübersehbar. Warum dann also noch ein weiteres Buch?

Der Anlaß ist einfacher und pragmatischer Natur: Nach gut zwanzig Jahren Beratertätigkeiten in verschiedensten Unternehmen und Organisationen habe ich immer wieder die leidvolle Erfahrung gemacht, daß es an guten Führungskräften und Managern in oft erheblichem Maße mangelt, quantitativ wie qualitativ.

Viele Unternehmensprozesse – vor allem im Innovations- und Change Management-Bereich – scheitern aus diesem Grunde. Kapitalvernichtung, arbeitslose Menschen, Existenzängste, sinkende Lebensstandards und politische Abwärtsentwicklungen ganzer Regionen usw. sind nicht selten die schmerzlichen Folgen.

Und dies wird sich mit der zunehmenden Globalisierung und Komplexität unserer Dienstleistungs-, Informations- und Wissensgesellschaften noch dramatisch verschärfen und damit weiterhin wachsende Anforderungen an Menschen mit Führungs- und Managementverantwortung in allen Lebensbereichen mit sich bringen.

Anliegen dieses Buches ist es, die strategische Zentralbedeutung dieses Themas zu betonen und praktische Wege aufzuzeigen, die Unternehmensleitungen konkret beschreiten können, um existenzbedrohende Defizite an Qualifikation und Qualität ihres Managements *rechtzeitig und spezifisch wahrzunehmen* und *wirksam zu beheben*. Dies aber heißt »Management Development«. Wie dieses ernsthaft gewollt und vor allem professionell durchgeführt werden kann, wird im folgenden beschrieben.

A-Klagenfurt/St. Veit, im Juli 2000

I

Theoretischer Kurzüberblick: Der Stand der Führungs- und Managementforschung

Einstimmung: Führung und Management, ein Thema, das uns alle betrifft …

Überall wo Menschen sich Problemen und Aufgaben gegenübersehen, deren Lösungen die Möglichkeiten des einzelnen deutlich überschreiten, müssen sie sich »zusammentun«, organisieren und kooperieren. Es entsteht bei solch einer Art Unternehmung immer auch ein Bedarf an Führung und Management.

Denn in die Zusammenarbeit der einzelnen muß Ordnung gebracht, es müssen Ziele und Funktionen definiert, Leistungen gebündelt und Ergebnisse erreicht werden.

Das arbeitsteilige Miteinander der »Unternehmens«-Mitglieder ist sachlich und zeitlich zu planen, zu strukturieren, zu koordinieren. Die notwendigen Ressourcen sind zu beschaffen. Die an- und eingestellten Menschen müssen angeleitet, qualifiziert und motiviert werden. Zweck und Sinn der Unternehmensziele gilt es dabei zu verdeutlichen, vertrauensvolles Miteinander ist zu entwickeln.

Controlling-Systeme müssen aufgebaut werden. Es muß beobachtet werden, »ob alles so läuft wie geplant«, »ob sich der ganze Aufwand rechnet«, wo was verbessert, weiterentwickelt oder verändert werden muß, wo sich neue Chancen auftun. Oder auch umgekehrt: wo kurz- und langfristig Gefahren und Bedrohungen für das »Unternehmen« auftauchen könnten, von außen wie von innen, und was dementsprechend taktisch oder strategisch in Gang zu setzen ist.

Es sind diese Art von Problemstellungen und Zusammenhängen, in denen sich die Notwendigkeit der Funktion von Führung und Management deutlich herauskristallisiert. Es ist dabei relativ gleichgültig, ob die zu leitenden und zu gestaltenden (Ko)operationszusammenhänge freiwilliger oder zwangshafter Natur sind. Das »Phänomen« Führung und Management taucht immer und überall auf.

Deswegen ist jeder auch mit diesem »Phänomen« vertraut, sei es, daß er »geführt wird« oder selbst aktiv Führungs- und Managementverantwortung übernommen hat bzw. übernehmen mußte.

Darüber hinaus hat Führung und Management nicht nur Einfluß auf unmittelbare Vor-Ort-Zusammenhänge, sondern oftmals auch in nicht unbeträchtlichem Ausmaß[1] auf ganze Unternehmen oder menschliche Gesellschaften überhaupt. Führung und Management prägen mit einem nicht zu unterschätzenden Gewicht menschliches Leben, Arbeiten und Sein überhaupt.

Die strategische und praktische Erfolgsbedeutung von Führung & Management kann deshalb gar nicht überbetont werden. Es ist keineswegs mehr oder weniger »egal«, ob wir gute, mittelmäßige oder schlechte Führungskräfte und Manager haben.

Die Art der Aufgaben, die Führungskräfte und Manager zu erfüllen haben, ähnelt dabei stark denen eines Intendanten oder Regisseurs. Sie sind vornehmlich übergeordneter, vorbereitender, veranlassender und durchsetzender Natur. Sie haben eher den Charakter von »Meta-Aufgaben«.

Die »Meta-Aufgaben« der Manager und Führungskräfte sind ihrerseits wiederum zu organisieren. Sie selber bedürfen eines bewußten, gezielten, differenzierten und koordinierten Herangehens. Das heißt: Führung und Management sind dementsprechend zu institutionalisieren. Es entsteht die Managementorganisation (und das Meta-Management dazu: das Managen und Führen von Managern, Führungskräften bzw. ganzen Managementorganisationen).

Die für diese »Intendanten- und Regisseurtätigkeiten« landläufig verwendeten Oberbegriffe sind recht unterschiedlicher Art. Im deutschsprachigen Raum gibt es dafür Bezeichnungen wie: Führung, Leitung, Verwaltung, Direktion, Vorgesetzter, »Obrigkeit« usw.

Im amerikanischen Sprachraum – aber mittlerweile mit globaler Reichweite – hat sich neben den Begriffen »Business Administration« und »Leadership« hauptsächlich »Management« als allgemeiner Oberbegriff durchgesetzt.

Das Ausmaß wissenschaftlicher Forschungsberichte sowie anderer Publikationen hinsichtlich dieses Themas ist mittlerweile nahezu unübersichtlich geworden. Das *Handbook of Leadership* gibt bereits über 7500 Quellen an. Die Fülle der Definitionsversuche soll dabei so hoch sein wie die Anzahl der Autoren, die sich zu diesem Thema äußerten.[2]

Deswegen kann unter den Zielsetzungen und Rahmenbedingungen dieses Buches auch nur überblicksmäßig und stark summarisch auf dieses »Theorieuniversum« eingegangen werden. Dies geschieht in Teil I des Buches.

Trotz gebotener skizzenhafter Kürze liegt der Sinn dieses Überblicks jedoch darin, die zentralen Fragestellungen im Zusammenhang mit Führung und Management zu verdeutlichen und allgemein verständlich herauszuarbeiten. Gleichzeitig dient dieser erste Teil der Fundamentierung und Vorbereitung des zweiten Teils des Buches.

Teil II ist dem eigentlichen Schwerpunktthema gewidmet, dem »professionellen Management«. Er geht der Frage nach, wie ein dahin führendes »Management Development« (MD) konkret, praktisch und wirksam gestaltet (und gemanagt) werden kann und wie der »Stand der Kunst« umrissen und beurteilt werden könnte.

Der Leser, der darüber hinaus auch an detaillierteren Ausführungen interessiert ist, sei hier auf umfassendere (Forschungs-)Veröffentlichungen verwiesen. Neben einem ausführlichen Gesamtüberblick über die Führungs- und Managementthematik findet man dort dann auch zahlreiche Hinweise auf weiterführende und spezifischere Literatur:

- Hopfenbeck, W.: *Allgemeine Betriebswirtschafts- und Managementlehre*, 1998
- Hodgetts, R.M./Kuratkos D.F.: *Management*, 1991
- Staehle, W.: *Management,* 1999 (8. Aufl.)
- Kasper, H./ Mayerhofer, W. (Hrsg.): *Führung*, 1997
- Kieser, W. (Hrsg.): *Handwörterbuch der Führung*, 1995 (ca. 1200 Seiten, gut 2 kg schwer)
- Duncan, W. J.: *Management – Ideas and Actions*, 1999
- Winterton, J./Winterton R.: *Developing Managerial Competence*, 1999

Zwölf zentrale Leitfragen und Antworten

Trotz erwähnter Fülle und Vielfalt der Führungs- und Managementliteratur läßt sich nach einigem Einlesen doch ein gewisser, gemeinsamer Fragen-, Interessens- und Wissenskern herauskristallisieren.

Auch wenn Managementforscher und -praktiker auf unterschiedliche Aspekte Gewicht legen, wie z.B. auf Verhaltensweisen und Führungsstile, auf komplexe, strukturelle, interaktionelle und situative Kontexte, auf herausstechende Fähigkeiten, Talente und Persönlichkeitseigenschaften, auf Erfolgsfaktoren oder spezifische Orientierungsmuster, Werthaltungen und (Unternehmens-)Merkmale,[3] so klingen trotz aller Mannigfaltigkeit doch gleichbleibende Grundfragen durch. Und diese lassen sich im Kern auf folgende 12 Fragestellungen »kondensieren«:

1. Was ist ein *guter und erfolgreicher Führer bzw. Manager?* Wie läßt sich Führungseffizienz definieren und messen ?
2. Sind für den Führungserfolg spezifische *angeborene* und relativ *situationsunabhängige Persönlichkeitseigenschaften* und überdurchschnittliche Begabungen notwendig (»great man theory«), also etwas, das man von sich aus eben »hat« bzw., wenn man »es« nicht hat, man von Führungsfunktionen lieber die Finger lassen sollte?
3. Oder hängt Führungserfolg mehr mit *Führungsverhalten,* mit *Führungsstilen* und mit dem *(mikropolitischen) Vorgesetzten-Untergebenen-Interaktionsverhältnis* zusammen, ist Führung – mit anderen Worten – in gewissen Grenzen durchaus gestaltbar, veränderbar, beeinflußbar und dadurch nicht so sehr schicksalsbehaftet?
4. *Hängt der Erfolg von Führungskräften vom Kontext ab,* der jeweiligen Gesamtsituation und den dort gegebenen Aufgabenstellungen? Kann der Erfolg also nur im konkreten Einzelfall überhaupt diskutiert und beurteilt werden? Oder gibt es so etwas wie *allgemein gültige Kombinationen von Erfolgsfaktoren* (Eigenschaften, Verhaltensweisen, Kenntnisse, Fähigkeiten, Erfahrungswerte), die relativ kontext-, situations- und personenunabhängig »funktionieren«, d.h. *generell* erfolgsfördernd sind?
5. Sind *Führung und Management identisch*, oder stehen sie im Widerspruch zu einander? Oder aber umgekehrt: Bedingen, ergänzen, vervollständigen sie einander? Oder drittens: Ist Führung eine Teilfunktion von Management bzw. umgekehrt?
6. Was sind »eigentlich« die *wesentlichen Funktionen und Aufgaben von Managern?* (Und was die »unwesentlichen«?)

7. Was sind die *Grundtätigkeiten von Managern ?* Was haben sie zu tun, um ihre Funktionen und Aufgaben zu erfüllen?
8. *Was müssen Manager wissen, verstehen, können* und wollen (!), fachlich und als Menschen, um die beschriebenen Funktionen, Aufgaben und Grundtätigkeiten auch erfolgreich ausführen zu können? Welche *Basis-Qualifikationen* benötigen Manager? Welche Arten von *Kompetenz* brauchen sie?
9. *Ist Management und Führung ein eigenständiger Beruf, eine Profession – oder nur etwas, was zur ganz »normalen« Arbeit gehört und sich bei der Karriere sowieso von alleine mit entwickelt?*
10. *Kann man Managen und Führen überhaupt lernen?*
    So wie andere Berufe auch? Oder ist es nicht doch eher eine Mischung aus angeborener und/oder entwickelter Begabung sowie harter Arbeit und ernsthaftem Training? So etwas wie ein *»Kunsthandwerk«*, wo sich ja auch Verfügbares und Unverfügbares begegnen und einander ergänzen?
11. *Was sind denn die »Schattenseiten« von Management und Führung* (Risiken, Kosten, Leiden, Krankheiten, Fehlformen, Abarten)? Und wie sind diese zu erklären bzw. zu vermeiden ?
12. Gibt es für das *Finden und Entwickeln von Managern und Führungskräften* gezielte Strategien und bewährte Maßnahmen? Was ist hier der State-of-the-Art? Gibt es dabei so etwas wie »the best way« oder eine »best practice«?

Nachfolgend soll nun versucht werden, zu diesen 12 Themen bzw. »Leitfragen« entsprechende Antworten zu (ver)suchen und zur Diskussion zu stellen.

Zu Leitfrage 1:

Die Sache mit dem Führungserfolg ...

Es herrscht Einverständnis darüber, daß in einem generellen und verbindlichen Sinn *nicht* klärbar ist, was »gutes, erfolgreiches, effizientes« Führen und Managen ist, sein soll oder sein kann. Dies hängt von subjektiven Wertvorstellungen, spezifischen Unternehmerzielen, jeweiligen Interessen und Eigentümerauffassungen sowie zahlreichen situativen Kontexten ab (Branche, Konjunktur, Organisationstyp, Unternehmenssituation, Gesellschaft etc.). Es sind die Führer, die Geführten und die

Stakeholder, also die Beteiligten und Betroffenen selbst, die sich diese ihre Antwort selbst »konstruieren« müssen, die »Erfolg« zu definieren, die Kosten-Nutzen-Bilanzen zu »messen«, »Outcomes« zu beurteilen, Konsequenzen zu leben haben.

Dennoch werden häufig einige abstrakte Kategorien bzw. Kriterien angegeben, die – auf den Einzelfall übertragen und angepaßt und trotz z.T. erheblicher theoretischer, methodischer wie praktischer Bedenken – gewisse Beurteilungsansätze für »Führungseffizienz« abzugeben vermögen.

Verwendete Maßstäbe sind dabei häufig folgende:

- Zufriedenheit der Mitarbeiter, Kollegen, Vorgesetzten, Kunden etc.
  Meßinstrumente: EFQM-Modell (Selbstdiagnosefragen, Tools), 360°-Feedback, »Führungs-KVP«, Mitarbeiterbefragungen, Management-Assessments, Kundenbefragungen, Vergleichsstudien
- Leistungsergebnis
  Meßinstrumente: Zielvereinbarungen (MBO/R), Benchmarking, EFQM-Punkte, Shareholder value, ROI/EVA, Return on Management (= »ROM«: freigesetzte, produktive, betriebliche Energie im Verhältnis zur investierten Zeit und Aufmerksamkeit des Managers[4])
- Laufbahnentwicklung
  Meßinstrumente: Einkommen, Verantwortungsumfang, Status, Position, Privilegien (fringe benefits), Einfluß / Machtbefugnisse, Nachfragen (z.B. durch Headhunter)

Zu den Leitfragen 2–4:

Die Frage nach den Bedingungen, Ursachen und Faktoren von Führungserfolg …

Im nachfolgenden werden gleich drei Leitfragen auf einmal bearbeitet, da sie eng zusammenhängen.

Historisch gesehen war es genau diese Art komplexer Fragestellungen nach den Bedingungen von Führungserfolg, die gleichsam den Kern der Führungsforschung über viele Jahre, ja eigentlich sogar bis heute ausmachten. Und die Beantwortung dieser Fragen ist nicht gerade »simpler Natur«. Herauskristalliert hat sich folgendes: es wurden eine Reihe von

Definitionen, Konzepten, Modellen und Empfehlungen entwickelt. Situative bzw. allgemeingültige Führungstheorien wurden dabei kombiniert mit Fragestellungen nach erfolgreichen *Verhaltensweisen/-stilen,* typischen *Kontextarten, Persönlichkeitseigenschaften und anderen Merkmalen.*

Bei Durchsicht dieser mannigfaltigen führungstheoretischen Forschungsanstrengungen konnte ich rund 20 Erklärungs- bzw. Empfehlungsansätze ausmachen, die sich teilweise ergänzen, teilweise widersprechen und ausschließen. Die wesentlichen sind folgende:

- The »great man«-Ansatz:
Es gibt typische, angeborene Persönlichkeitseigenschaften bzw. Merkmalsmuster (Intelligenz, Kraft, Mut, Optimismus etc.), die in jeder Führungssituation gebraucht werden und fast per se Führungserfolg bewirken (universeller Eigenschaftsansatz).

- Der richtige Fit:
Die benötigten Persönlichkeitseigenschaften müssen zu den jeweils spezifischen, situativ gegebenen Aufgabenstellungen »passen«: der richtige Mensch auf den richtigen Platz. Ist dieser »Fit« gegeben (Person↔Rolle/Job), kommt der Führungserfolg ebenfalls fast von allein zustande. Die Auffassungen, ob die Führungskraft an den Job oder der Job an die Führungskraft anzupassen (oder anpaßbar) sei, variieren dabei.[5]

- Idealtypische Führungsstile:
Es gibt ein Führungs-Macht-Delegationskontinuum zwischen den Extrempolen »autoritär« und »demokratisch«, dem sich mit einiger Abstraktion gewisse Führungsstile, also zeitüberdauernde, relativ konstante Führungsverhaltensmuster, zuordnen lassen: despotisch-autokratisch, patriarchalisch-autoritär-fürsorgend, charismatisch-missionarisch-transformativ-begeisternd, beratend-informierend, partizipativ-einbeziehend, delegativ-überlassend, partnerschaftlich-gleichberechtigt, selbstverwaltend-autonom, laissez-faire und desinteressiert.[6] Der reale Führungsstil kann mit Hilfe dieser idealtypischen »Positionslichter« kontrastiert, bewußt gemacht, hinterfragt, überprüft und situativ abgewandelt bzw. angepaßt werden.

- Realtypische Führungsstile:
Bei empirisch beobachtbaren Führungsverhaltensweisen kristallisieren sich durchweg drei Erfolgsdimensionen heraus: Beziehungsorientierung (Faktor Mensch), Sach- bzw. Leistungsorientierung (Faktor Geld) und Kontrollorientierung (Faktor Macht). Führungserfolg stellt sich nur ein, wenn alle drei Erfolgsdimensionen gleichzeitig wahrgenommen werden.

- Situative Ansätze:

Führungsverhalten und -erfolg hängen von einer Reihe jeweils situativ bedeutsamer Faktoren ab wie Aufgabe(nart), Personen, Macht, Beziehung usw. Der Führer hat sich in diesem »Wechselwirkungsfeld« jeweils situativ zurechtzufinden und selber flexible Erfolgswege zu gestalten.

- Interaktive und transaktionale Ansätze:

Führungsgeschehen und -erfolg ist primär durch die Inter- und Transaktionen zwischen Führer und Geführten zu erklären. Dieser Prozeß kann als interessensorientierter, machtabhängiger, ökonomisch-mikropolitischer Austauschprozeß (vgl. Homans) interpretiert werden. Der Führer gibt Orientierung, Aufgaben, Ziele, Wege, Ressourcen, Freiräume,

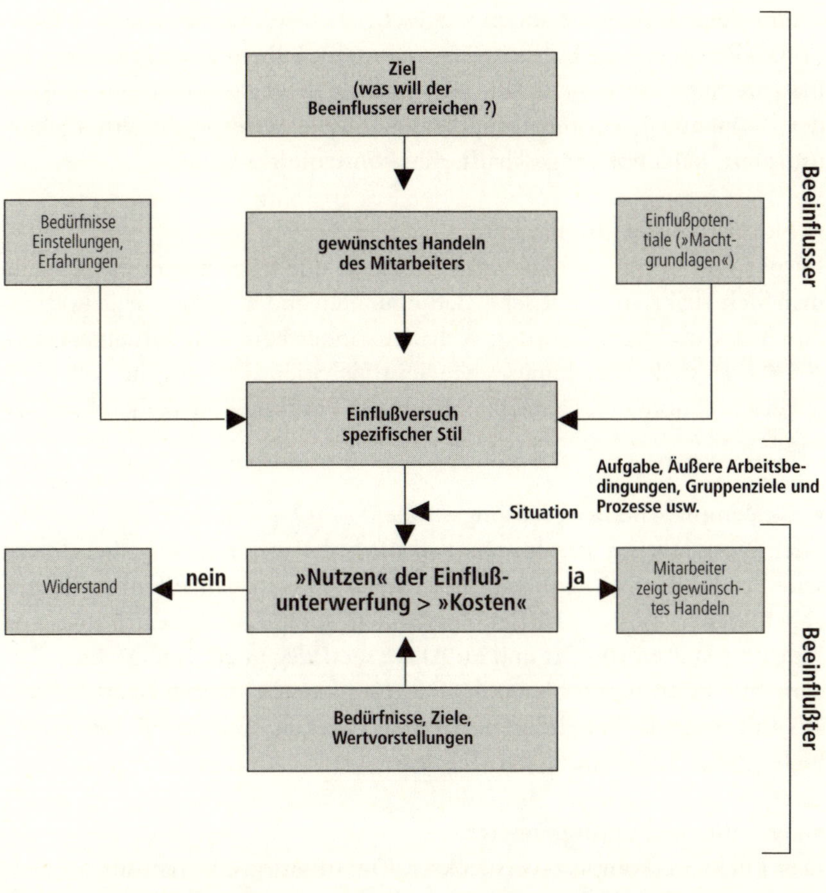

Abb. 1: Führung als Beeinflussungs- und Tauschprozeß (in Anlehnungen: Klaus, H., Personal 5/1994, S. 223 f.)

Entlohnungen etc. vor, und die Geführten erbringen Gefolgschaft, Arbeitsleistungen, Verbesserungsvorschläge (z.B. KVP) usw.

Stimmt das wechselseitige Kosten-Nutzenverhältnis, kommt es zum »Deal«, Aufgaben und Rollen werden gestaltet bzw. übernommen und Leistungen erbracht. Führung ist dementsprechend – ähnlich dem situativen Ansatz – als gesamthaftes, vielschichtiges Wechselwirkungsgeflecht zu verstehen.

- Attributionstheorien:

Vornehmlich in informellen oder relativ unstrukturierten Führungssituationen (wie z.B. teilautonomen Gruppen, informellen Netzwerken, »grauen Märkten« etc.) entsteht Führung häufig als »Konstruktionsleistung« aller am Prozeß beteiligten Personen, »emergiert«, kristallisiert sich heraus und wird zuweilen als zeit- und aufgabentemporäre Führungsrolle einzelnen Personen »zugeschrieben« (der situativ jeweils funktional »Beste« soll die Führung übernehmen). Führung wird also »hineininterpretiert«, sozial »gemacht« und gestaltet (liegt also sozusagen im Auge des Betrachters), entsteht gruppendynamisch, wird bejaht, erschlichen, usurpiert, bekämpft, abgeschafft, neu konstruiert usw. usf.

- Normative »Fundi«-Rezepte:

Es gibt »gute« und »erfolgreiche« Führung, und zwar immer dann, wenn man sich strikt an spezifische Bedingungen und Kriterien hält und dadurch das »richtige« Führungsverhalten findet bzw. sich antrainiert, z.B. *gleichzeitig* stark beziehungs- wie leistungsorientiert vorgeht[7] oder ein jeweils situations- und aufgabenbenötigtes Führungsverhalten an den Tag legt.[8]

- Realempirische Beobachtungsstudien:

Hier überwiegt der Standpunkt, daß alle bisherigen Führungstheorien zu sehr Produkte vom »grünen Tisch« seien oder in den Elfenbeinburgen abgehobener Wissenschaftler entstanden sind. Die Beobachtung von Führungskräften vor Ort und im Alltag sei dagegen der einzig wahre Zugang zur Führungsproblematik. Führung bestehe danach hauptsächlich aus Informieren, Präsentieren, Trouble shooting und sei höchst situativ bedingt. So die Meinung der »Realos«.

- Systemische Führungsansätze:

Das Dickicht komplex-verstrickter Organisationsmechanismen, vielschichtiger (Sub)Kulturen, informeller Netzwerke und eigensinnig-selbstorganisatorischer Prozesse lasse Führungseinwirkungen und Führungserfolg nur sehr bedingt und oberflächlich beschreiben, eruieren, erklären und prognostizieren. Führung ist im wesentlichen permanente Kommunikation mit äußerst schlecht plan- und voraussagbaren Wirkungen.

- Leadership-Ansatz:

Vorgesetzte haben »leader« zu sein, zu begeistern, Weg und Ziel zu zeigen, den Erfolg zu ebnen und das Unglaubliche zu ermöglichen, egal ob situativ, inter-/transaktiv, ideal- oder realtypisch, attributiv, normativ, charismatisch, missionarisch oder systemisch. Es ist entscheidend, daß sie mit hochmotivierten Mannschaften transformative Top-Ereignisse erreichen (Renaissance der »great man«-Vorstellung!). Welche grundsätzliche »Theorieposition« sie dabei beziehen, ob fundamentalistisch oder Realos-orientiert, ob eklektisch Quer-Beet oder nach eigenem Wellenschlag, ist gleichgültig. Der Erfolg zählt.

- Vertrauensansatz:

Es ist ziemlich irrelevant, ob eine Führungskraft den genau »richtigen«, gewünschten und wirkungsvollsten Führungsstil besitzt oder nicht, ob sie ein bißchen zu autoritär oder zu sehr à la laissez-faire vorgeht. Dies ist nur von sekundärer Bedeutung. Cum grano salis gilt dies auch hinsichtlich Fach-, Sach- und Methodenkompetenz. Viel entscheidender indes ist, ob die Mannschaft der Führungskraft vertraut. Ist dieses Vertrauen in fester Form gegeben, sind die eventuellen Führungs- und Kompetenzdefizite in den Augen der Geführten verzeihbar und kompensierbar.[9] Führungserfolg wird trotzdem oder gerade deshalb eintreten.

- Diagnostisch-typologischer Ansatz:

Man muß über verschiedene Diagnoseverfahren (z.B. Persönlichkeits- und Begabungstests, biografische Fragebögen, Interviews, Assessment-Center etc.) die jeweils individuell prägnanten Potential- und Leistungsschwerpunkte von Führungskräften herausfinden. Mit Hilfe dieser Befunde kann dann – siehe oben – der »richtige« Fit zwischen Person und Aufgabe (vgl. IKP) bewerkstelligt werden. Spezifisch indizierte, Potential-orientierte Trainings als auch Verfahren des Job-Redesigns (role making, leader-match-Theorie) können dann dazu dienen, diesen Optimalfit herzustellen und Führungserfolg wahrscheinlich zu machen.

Da diese spezifische Verwendungsform des oben bereits erwähnten situativen Eigenschaftsansatzes relativ häufig vorkommt, sei hier deshalb darauf etwas detaillierter eingegangen. Das dahinterliegende (Führungs)-problem ist klar:

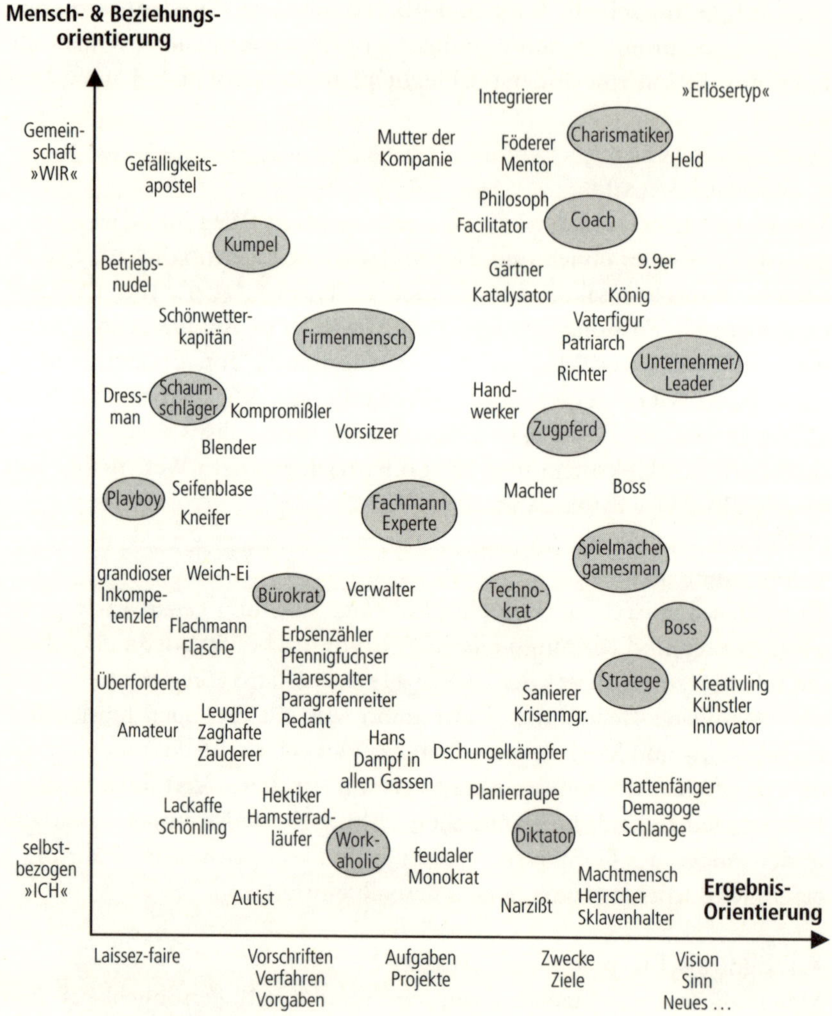

Abb. 2: Alltagstypische Typensammlung

Nicht wenige Personalverantwortliche haben das pragmatische Bedürfnis, das Universum möglicher Führungsverhaltensweisen, Leistungsvoraussetzungen und Führungserfolgsvariablen irgendwie einzuschränken, d.h. zumindest auf einige wenige, typische, situations- und zeitunabhängige Muster und charakteristische Grundverhaltensstile des Denkens, Wahrnehmens, Fühlens, Handelns und Leistens reduzieren zu können.

Potentialsuche und -auswahl, Personalentwicklung und -einsatz sowie

Laufbahnplanungen und Beförderungen würden – so die Hoffnung – dadurch diagnostisch und prognostisch auf »überschaubarer« Entscheidungsgrundlage basieren können, damit für den einzelnen wie für das ganze Unternehmen »hand-habbarer« und dadurch »erfolgsträchtiger« werden können.[10] Zwei »typische« Umgangsweisen mit dieser Thematik lassen sich dabei in Unternehmen beobachten: erstens die alltagsintuitiven Typisierungsversuche und zweitens ernsthaftere, wissenschaftlich-diagnostisch basierte Ordnungs- und Orientierungsbemühungen.

Erstere begegnen einem nahezu permanent, teilweise in lockeren und humoristischen Formen, teilweise aber auch in Versionen, die ins Sarkastische abzugleiten drohen.

Das weite Feld der intuitiven »Alltags-Typologisierungsversuche« haben dabei besonders die Cartoonisten besetzt. Manche sind berühmt geworden, wie Scott Adams mit seiner Dilbert-Figur, aber auch andere wurden bekannt wie Fuchs, Glasbergen usw.

Mitunter tragen sogar Hägar, der Schreckliche, Onkel Dagobert oder Asterix und Obelix zur typologischen Reduzierung von Führungskomplexität bei.

Da hier jedoch kein Cartoon-Buch entstehen soll – so sehr mich das auch reizen würde – beschränke ich mich auf diese kurzen Erwähnungen ... und einige wenige Cartoons, zum Beispiel folgendes, »typisches« Managercartoon von Fuchs (1995, S. 27).

Fuchs fügt seiner selbsterklärenden Darstellung dabei noch folgenden Kommentar hinzu:

»Das Wort ›Manager‹ kommt von:

- ›maneggiare‹ (ital.: handhaben)
- ›manus‹ (lat.: Hand)
- ›Manege‹«

und fährt fort:

»Es ist Diebstahl, anderen Menschen ihre Entscheidungen abzunehmen.«

Trotz allem damit verbundenem Spaß sind dennoch einige warnende Worte diesen folkloristischen Diagnose- und »Typologisierungsversuchen« hinzuzufügen. Wenn wir uns einmal selbst beobachten, erkennen wir schnell, warum. Denn beim Umgang mit »Typen« geht es uns häufig doch ungefähr so:

Auf der einen Seite – so spüren wir – ist die Typenbildung ja irgendwie gerechtfertigt. Nicht selten amüsieren wir uns über solche Typenbeschreibungen recht kräftig. (Falls nicht wir selber gemeint sind!) Mit Heiterkeit und süffisantem Schmunzeln stellen wir verblüfft fest, daß wir ja haargenau solche Typen kennen und daß der Herr X genau »so einer ist«. Auf der anderen Seite erscheinen uns die Aussagen oftmals wiederum viel zu schwammig und zu pauschal. Zuweilen überfällt uns auch das schlechte Gewissen. Wir stellen fest, daß wir bei der »Typenfrage« eigentlich gar nicht so sehr an »Führungswissen« interessiert waren, sondern eher blanke Schadenfreude, Abstempelung und Vor-Verurteilung dahinterlagen und uns antrieben ...

Diese Ambivalenzen und Widersprüche, die einerseits verblüffenden »typischen« Treffsicherheiten und die damit andererseits gleichzeitig verbundenen »Niedermachungen« von Menschen mahnen zu kritischer Vorsicht. Diese Doppeldeutigkeiten spürt man – nebenbei – auch bei den meisten Cartoonisten.

Auf Grund dieser Fragwürdigkeiten von intuitiven Alltagsschnelldiagnosen und Typenbildungen warnen einige Autoren deshalb ausdrücklich vor solchen Versuchen: der situative Kontext, die subjektiven Bewertungsstandpunkte der Beobachter und Typisöre sollten Vorsicht auf den Plan rufen. So schreibt Staehle[11] mit energischen Worten:

»Der Schaden, der mit einer voreiligen, unreflektierten Etikettierung eines Menschen aufgrund einzelner weniger Merkmale angerichtet werden kann, ist so groß, daß man von einer Typenbildung grundsätzlich Abstand nehmen sollte.«

Trotz dieser durchaus ernstzunehmenden Warnungen vor dilettantischen Diagnoseversuchen und vor mißbräuchlichen Typisierungen sollte nicht gleich das Kind mit dem Bad ausgeschüttet werden. Denn es gibt eine Reihe akzeptabler, wissenschaftlicher Versuche, »typische« Korrelationen zwischen Persönlichkeitsstruktur, Führungsstil, Kontextarten und Führungserfolg aufzuspüren und z.B. für Führungskräfteentwicklungen nutzbar zu machen.

Aus der Vielfalt der aus diesem Kontext heraus entstandenen, eher wissenschaftlich-basierten Manager-, Persönlichkeits-, Verhaltens- und Leistungstypologien haben sich in der Literatur wie auch im Managementalltag einige besonders herauskristallisiert.

Sie scheinen für gängige »Praxisanforderungen« brauchbar zu sein, also nicht allzu sehr »danebenzuliegen«.

So greifen z.B. Hersey/Blanchard, Reddin, Czichos u.v.a. wie auch schon zuvor Blake/Mouton auf das bekannte zweidimensionale Schema »Aufgaben– und Mitarbeiterorientierung« zurück, setzen dieses in Beziehung zu allgemein akzeptierten Güte- und Erfolgskriterien (unserer gängigen weißen, westlichen Industriekultur) und kommen dann dabei (z.B. Reddin) auf 13 verschiedene, durchaus »alltagstaugliche« Grundtypen.

Eine große Anzahl von diagnostisch orientierten Typologisierungsversuchen tritt dabei häufig in Form von »Persönlichkeitstests« und »Selfassessment-Instrumenten« auf.

Aus der Fülle solcher Typisierungsverfahren seien einige kurz erwähnt, wie beispielsweise:

- MBTI Myer-Briggs Typenindikator (mit 16 Persönlichkeitstypen) auf der Basis von Daten bzgl. typischer Einstellungen zur Umwelt sowie typischen Wahrnehmungs- und Entscheidungsorientierungen
- DISG Persönlichkeitsprofil (Dominanz, Initiative, Gewissenhaftigkeit, Stetigkeit)
- FFM Five Factor Model (Teamer, Macher, Planer, Stabilisierer)
- KODE (Kompetenz Diagnostik und -Entwicklung) (Erpenbeck/Heyse)
- Struktogramm (basierend auf Gehirnfunktionshypothesen und korrelierenden Denk- und Verhaltensstilen: Rot-, Grün-, Blau-, und Gelb-Typen)
- Lerntypentest (Honey-Mumfort, mit aktiven, reflektierenden, theoretischen und pragmatischen Lerntypendimensionen)

Zwei solcher Verfahren seien hier aus Anschauungsgründen kurz illustrativ eingeblendet.

Das erste Verfahren zeigt die Grundstruktur des MBTI – Myer-Briggs-Typenindikators.

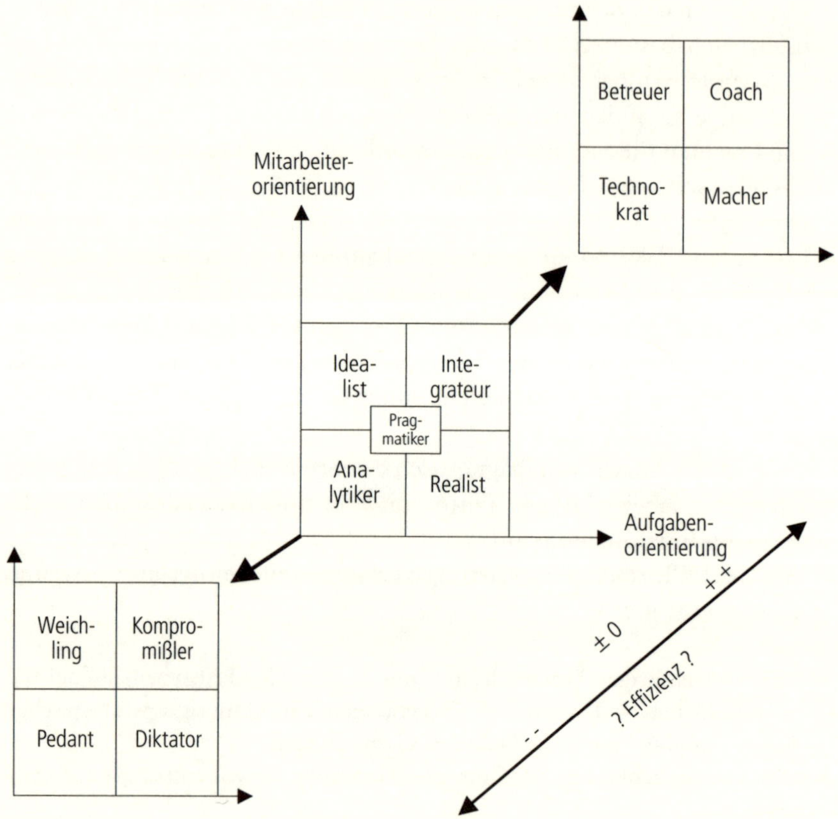

Abb. 3: »Wissenschaftliche« Führungstypen (nach Reddin)

Das zweite Typologisierungsverfahren zeigt den FFM-Test, der auf einem Fünf-Faktoren-Persönlichkeitsmodell basiert.

Wenn man ein Resümee aufgrund dieses kurzen Überblicks ziehen will, läßt sich vielleicht folgendes sagen:

Die Qualitäten und Anwendungsarten von Typisierungen im Führungs- und Managementbereich sind ambivalent. Sie können flach, vorverurteilend, stigmatisierend und verantwortungslos eingesetzt, aber auch ernsthaft und konstruktiv genutzt werden.

In seriöser Form lassen sich Typologisierungsversuche (z.B. MBTI, FFM, KODE, DISG) immer dann verwenden – ja, als diagnostisches Unterstützungstool sogar empfehlen – wenn sie, als persönliche Selbstentdeckungsinstrumente genutzt, Wahrnehmungsimpulse generieren

Ergebnisblatt **MBTI**

Name, Vorname: ______________________ Geburtsdatum: ____________ Datum: __________

Beruf: ______________________

Der MBTI zeigt an, wie Sie bevorzugt (Präferenzen) Ihre Umwelt wahrnehmen und wie Sie bevorzugt aufgrund Ihrer Wahrnehmungen Entscheidungen treffen. Ihre Antworten weisen auf vier Präferenzen hin, die mit vier Buchstaben bezeichnet sind: E oder I, S oder N, T oder F, J oder P. Die vier Buchstaben Ihres »Typs« beschreiben das Ergebnis Ihrer Antworten und zeigen Ihre persönlichen Präferenzen an. Für welche Präferenz jeder Buchstabe steht, wird im folgenden kurz erklärt:

EXTRAVERSION (E)
»E« steht für Extraversion bzw. Außenorientierung und bedeutet: Sie stellen wahrscheinlich bevorzugt eine Beziehung zur Außenwelt (Menschen und Dinge) her als zu Ihrer Innenwelt (Gedanken und Ideen).

SINNLICHE WAHRNEHMUNG (S)
»S« steht für sinnliche Wahrnehmung, d.h. für eine bevorzugte Wahrnehmung über die Sinne und bedeutet: Sie beschäftigen sich wahrscheinlich bevorzugt mit bekannten Fakten und konkreten Dingen als daß Sie nach Möglichkeiten und Zusammenhängen suchen.

DENKEN (T)
»T« bedeutet, daß Sie wahrscheinlich bevorzugt Bewußtseinsinhalte unter Begriffen als nach Ihren Werten anordnen. Dies führt zu wahr oder falsch.

BEURTEILUNG (J)
»J« steht für eine urteilende Haltung und bedeutet: Sie ziehen wahrscheinlich eine planvolle, entschiedene und geregelte Lebensweise einer flexiblen und spontanen Lebensweise vor.

INTROVERSION (I)
»I« steht für Introversion bzw. Innenorientierung und bedeutet: Sie stellen wahrscheinlich bevorzugt eine Beziehung zu Ihrer Innenwelt (Gedanken und Ideen) her als zur Außenwelt (Menschen und Dingen).

INTUITIVE WAHRNEHMUNG (N)
»N« steht für intuitive Wahrnehmung und bedeutet: Sie suchen wahrscheinlich bevorzugt nach Möglichkeiten und Zusammenhängen als daß Sie sich mit bekannten Fakten beschäftigen.

FÜHLEN (F)
»F« bedeutet, daß Sie wahrscheinlich bevorzugt Bewußtseinsinhalte nach Ihren Werten als unter Begriffen anordnen. Dies führt zu: was ich mag oder nicht mag.

WAHRNEHMUNG (P)
»P« steht für wahrnehmende Haltung und bedeutet: Sie ziehen wahrscheinlich eine flexible und spontane Lebensweise einer planvollen, entschiedenen und geregelten Lebensweise vor.

Jede Kombination der verschiedenen Präferenzen hat ihre eigenen Merkmale, Werte und Fähigkeiten:
Selbstverständlich sind bei Ihnen neben Präferenzen auch Verhaltensmerkmale des Gegentyps vorhanden, jedoch äußern sie sich nicht mit der gleichen Lust und Fertigkeit.

Extraversion	**E**															**I**	Introversion
Sinnliche Wahrnehmung	**S**															**N**	Intuitive Wahrnehmung
Denken	**T**															**F**	Fühlen
Beurteilung	**J**															**P**	Wahrnehmung

60 50 40 30 20 10 0 10 20 30 40 50 60

Ihr Typ: ___ ___ ___ ___

Präferenzwerte: ___ ___ ___ ___

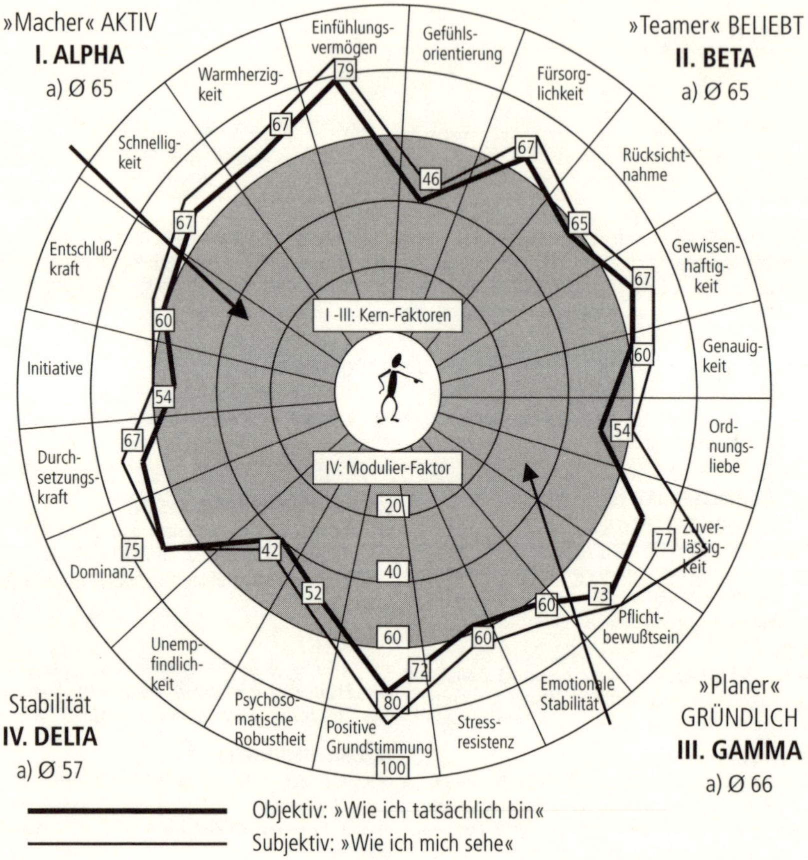

sollen und diese dann in vertrauensgetragenen Feedback- und Reflexionsprozessen eingebunden, diskutiert, balanciert und *entwicklungseröffnend* interpretiert werden. Nicht mehr – aber auch nicht weniger.

Geschieht dies in dieser Qualität, dann können solche Verfahren manch einer Nachwuchsführungskraft oder manchem Manager helfen, seine Stärken, Schwächen, Potentiale und Einsatzmöglichkeiten realistischer einzuschätzen, um vielleicht genau dadurch manche schmerzhaften Entwicklungssackgassen und Leistungsholzwege von vornherein erkennen und vermeiden zu können.

- Erfolgsfaktorenlisten

Ein zweiter heutzutage beliebter Versuch, Über-, Durch- und Einsicht in den Führungs-Komplexitätswirrwarr zu bringen, sind die zahlreich kursierenden Listen von »Erfolgsfaktoren«.

So wurden und werden weltweit immer wieder Führungspraktiken und -theorieentwicklungen durchkämmt, neue Tips gesucht, »Variablen« zusammengetragen, Befunde gesichtet und gewichtet und schließlich in genereller Weise in Listen von »Erfolgsfaktoren« umgegossen.

»Erfolgsfaktoren« stellen dabei Kombinationspakete dar, aus den oben erwähnten Aspekten der eigenschafts-, verhaltens-, situations- und situationsunabhängig orientierten Führungsforschung. Dazu zwei Kostproben. So brachte es beispielsweise Wiswede (1995) in einem solchen Kompaktversuch auf eine Kombination von 25 Erfolgsfaktoren, die im folgenden, leicht paraphrasiert wiedergegeben, aufgelistet sind.

1. Motivieren können
2. Führen (vorangehen, Verantwortung übernehmen)
3. Eigene Stellung mit echter, verdienter Autorität aufrechterhalten
4. Koordinieren, integrieren
5. Organisationsziele klarstellen, mit Individualzielen aufrechterhalten
6. Gemeinsam geteilte Normen selber auch einhalten
7. Komplexe Zusammenhänge überschauen und angemessen angehen
8. Wesentliches von Unwesentlichem unterscheiden
9. Nicht verwalten, sondern führen
10. Schöpferische Kompromisse schließen
11. Gesamtsituation und Vernetzungen überschauen
12. Längerfristige Perspektiven und Kontinuität entwickeln
13. Situationsgerechte Führung (zielorientierte Flexibilität)
14. Führung auch als wechselseitigen Einflußprozeß sehen
15. Feedback geben und empfangen
16. Sensibel für Wechselwirkungen (»Sach- und Beziehungsebene«) sein
17. Disziplin durch Rahmenbedingungen, Belohnung, Selbstkontrolle
18. Mit Bestrafung und Tadel sorgsam umgehen
19. Nur Anordnungen geben, die realistisch befolgt werden können
20. Keine leeren Versprechen oder falsche Erwartungen erzeugen
21. Weniger Einzelkämpfer, mehr Gruppenmitarbeit
22. Kein kumpelhaftes, sozial undistantes Verhalten
23. Mitarbeiter fördern und fordern (Motivation, Kompetenzentwicklung)
24. Zuhören können
25. Selbsterkenntnis, Persönlichkeitskompetenz besitzen

Besondere Berühmtheit erlangen solche »Führungserfolgslisten« immer dann, wenn sie durch Bestseller als »Geheimtips« vermarktet werden und möglichst aus dem Munde von besonders erfolgreichen (Top)Managern des Jahres (oder Jahrhunderts) stammen.

Veröffentlichungen mit steigender Anzahl (Beispiele: Ford, Watson, Iacocca, Nasser, Gates, Dell u.a.) oder jene jüngst erschienene, nachfolgende Erfolgstippliste von Welch (General Electric) lassen beim Lesen nicht selten (anfangs) richtige Hochgefühle aufkommen: »Ja, endlich! Das ist's! Genauso geht's!«. So oder so Ähnliches möchte man am liebsten dabei ausrufen.

Der derzeit (noch) sagenumwobene Jack Welch (Stand 2000) basierte seinen außerordentlichen Management- und Führungserfolg[12] – laut Slater 1996 – auf 31 Erfolgsgeheimnissen:

1. Ändern, bevor es zu spät ist ...
2. Eine Atmosphäre schaffen, in der die Mitarbeiter über Wachstumsressourcen, Möglichkeiten zur Aus- und Weiterbildung sowie Gelegenheit zur Erweiterung des eigenen Horizonts verfügen ...
3. Realitäten niemals ausweichen ...
4. Abspecken: Abbau von Führungsebenen
5. Allzeit bereit und flexibel sein ...
6. Eine Vision prägen und den Mitarbeitern die Umsetzung überlassen
7. Weniger Management ist besseres Management ...
8. Wie ein Kleinunternehmen agieren ...
9. Mit Blick auf das Gesamtunternehmen so früh wie möglich entscheiden, was zu korrigieren, was zu fördern und was über Bord zu werfen ist ...
10. Zum Quantensprung ansetzen ...
11. Sich der Realität stellen ...
12. Kosten senken – gegen allen Widerstand ...
13. Keine zentrale Strategie verfolgen, sondern nur ein paar klare, allgemeine Ziele als Unternehmensstrategie festlegen ...
14. Schneller werden ...
15. Nummer 1 oder Nummer 2 sein ...
16. Grenzen abschaffen ...
17. Rechtzeitig abspecken ...
18. Nach Synergien zwischen Geschäftsbereichen suchen: Bemühen um integrierte Diversität ...
19. Bei Entscheidungen über Veränderungen im Unternehmen keine Rücksicht auf »Heiligtümer« nehmen
20. Die Mitarbeiter ermächtigen
21. Auf der Suche nach dem richtigen Markt Auseinandersetzungen meiden: Sollten Sie in einen Konkurrenzkampf verwickelt werden, müssen Sie gewinnen; sollten Sie nicht gewinnen können, müssen Sie den Rückzug antreten ...
22. Eine Atmosphäre schaffen, in der sich die Mitarbeiter frei äußern können ...
23. Eine Unternehmenskultur schaffen und vermitteln ...
24. Den Leuten zuhören, die die eigentliche Arbeit tun ...
25. Nicht an der Vergangenheit festhalten – für Wandel aufgeschlossen sein ...

26. Unnötige Arbeiten vermeiden ...
27. Die eigene Tagesordnung ständig überprüfen und gegebenenfalls ändern ...
28. Sich vor die Mitarbeiter stellen und deren Fragen beantworten ...
29. Ideen vermitteln, Ressourcen zuteilen – und sich aus allem Weiteren heraushalten ...
30. Drei Ziele verfolgen: Schnelligkeit, Einfachheit und Selbstvertrauen
31. Sicherstellen, daß jeder im Unternehmen Zugang zu allen zur Einscheidungsfindung erforderlichen Informationen erhält ...

Summa summarum läßt sich zu den Erfolgsfaktorenlisten folgendes sagen: So hilf- und lehrreich solche kompakten, praxisbestätigten Listen auch sein können, so haben sie – wie man auch ohne großen theoretischen Background schnell erkennt – (leider) ihre deutlichen Kontextgrenzen. Führungssituationen, Umfeldherausforderungen, Branchenmerkmale, Machtverhältnisse, Problemumfänge, Systemziele usw. können zuweilen so kraß variieren (z.B. Gefangenenlager – Fabrik – Softwarelabor – Megakonzern – Briefmarkenverein), daß Empfehlungs-Tipps stark zu relativieren sind.

Bei methodengläubiger, mechanischer Anwendung werden solche Erfolgsfaktorenlisten zumeist unsinnig, in Einzelfällen sogar gefährlich. (Um das zu verhindern, bräuchte man Managementkompetenz!) Darüber hinaus sind die »Erfolge« solcher Erfolgsfaktoren sehr von dem Persönlichkeitsprofil des jeweiligen Original-Managers abhängig, – vgl. »the great man« – also auch deshalb nicht mal so eben eins zu eins kopierbar.

Zwischenfazit 1

Die bisherige Diskussion läßt hinsichtlich der Befunde der Führungsforschung folgende Bilanz ziehen:

- Führung ist ein psycho-sozialer, interdependenter, interaktiver, (mikro)politischer und zielorientierter Beeinflussungs-, Tausch- und Leistungsprozeß:
  Führung ist ein wechselseitiges, ergebnisorientiertes, labiles Geschehen des Gebens und Nehmens, des Erwartens und Erfüllens zwischen Führungskraft und Geführten. Es handelt sich dabei immer auch um (mikro)politische Prozesse, weil es bei »Führung« nicht nur um quasi-

neutrale psychosoziale »soft facts« wie Beziehungen, Verhaltensweisen, Gefühle, Motivation, Klima, gemeinsame Erfolge etc. geht, sondern immer auch gleichzeitig um Interessen, Macht, Gegenmacht, Abhängigkeit und Herrschaftssicherung (siehe z.B. Betriebsverfassungsgesetze, Gewerkschaften, Direktions- und Sanktionsrechte etc., Wirkgrößen, die – nota bene! – in der traditionellen Führungsforschung gar nicht oder nur sekundär-indirekt am Rande erwähnt werden!). Aufgrund all dieser vielschichtigen Zusammenhänge ist Führung nur als multidimensionaler, komplexer Prozeß zu verstehen. Allerdings lassen sich dabei doch einige Zentralwirkgrößen erkennen (siehe Abb. 4), die identifiziert und beschrieben werden können. Aufgrund besagter hoher Komplexität können jedoch keine allgemeingültigen, empirisch gehaltvollen Wenn-Dann-Aussagen getroffen werden. Prognosen und praktische Empfehlungen sind i.d.S. daher nur sehr schwer möglich.

- Führung ist situations- und kontextabhängig:
  Führungssituationen können somit nur dann angemessen erklärt, interpretiert und erfolgsorientiert gestaltet werden, wenn die Anforderungssituation bzw. der Gesamtkontext (z.B. Organisationsstruktur, Mitarbeiterqualität, Erwartungstrukturen, Unternehmensziele, Marktsituation etc.) individuell mit bedacht wird. Erfolgsmessungskriterien (z.B. bei Suche, Auswahl, Entwicklung, Bewertung und Beförderung von Führungskräften) müssen diese Umstände berücksichtigen (z.B. in Verfahren mit Zielvereinbarungen, Assessment Center etc.).

- Starke Fokussierung auf »Führung«, kaum auf »Management«:
  Bei all diesen Definitions-, Modell- und Empfehlungsversuchen ist auffallend, daß vornehmlich der Mikrokontext »Mensch«, »Führung«, »Aufgabenart« und »Mitarbeiterbeziehung« im Vordergrund steht und in erster Linie Verhaltensweisen und -stile sowie psychologische Persönlichkeitseigenschaften thematisiert und problematisiert werden. Erst in zweiter Linie werden »Systemprobleme« und übergeordnete »Sach- und Machtziele« erwähnt, und auch erst in der Erfolgsfaktorenliste von Welch taucht hier eine klar zum Systemgestaltungsmanagement tendierende Gewichtungsverschiebung auf.

- Keine Rezepte – aber Anhaltspunkte:
  Wie die Welt der Führungskraft komplex ist, so ist es auch die Welt der Führungsforschung. Die verschiedenen Modellversuche samt ihrer Stärken, Grenzen und Widersprüchen spiegeln das wider. Rezepte gibt es nicht, nur Orientierungspunkte. Trotz dieses mageren Befundes

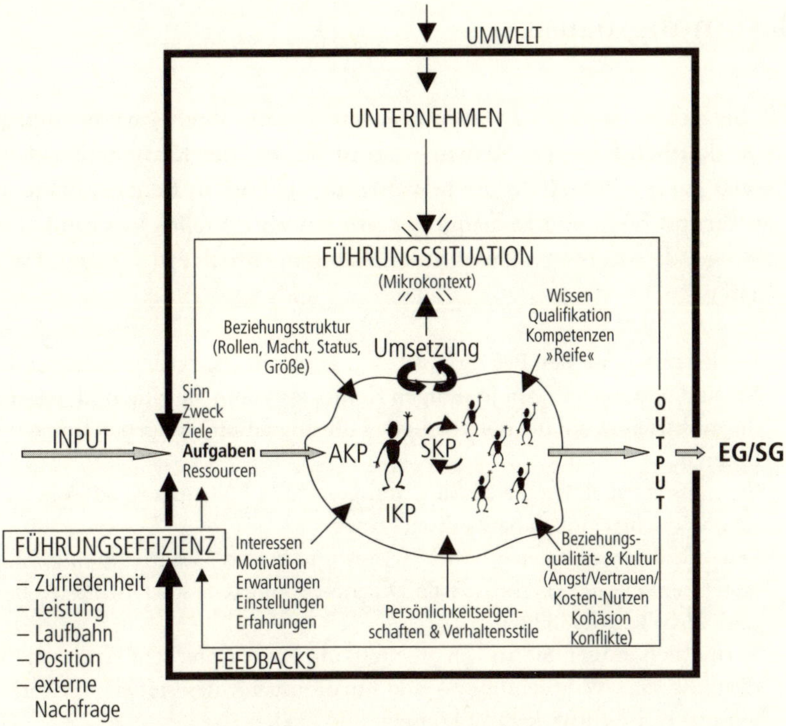

Legende: EG: Existenzgrund(-lage): Basis für Zwecke, Ziele, Aufgaben des Systems
SG: Sinngrund, langfristige Sinnhaftigkeit (Werte) des EG's
IKP: Individueller Kernprozess: Fit zwischen Person Rolle/Aufgabe und Unternehmensinteressen
SKP: sozioökomisches Miteinander, auf EG fokussiert, IKP und AKP integrierend
AKP: Aufgabenkernprozeß (Geschäfts-, Management- und Supportprozesse)

Abb. 4: Führungssituation, Führungskontext, Führungseffizienz

sind die dargelegten Beschreibungs-, Erklärungs- und Empfehlungsmodelle dennoch nicht völlig nutzlos: Sie bringen immerhin etwas Orientierung in den Variablen-Urwald des komplexen Führungsgeschehens. Sie reduzieren den situativen Vielfaltsdschungel auf wenige *zentrale Parameter und Wirkgrößen*. Dadurch gibt es wenigstens einige Anhaltspunkte, worauf man vor Ort schauen und seine Aufmerksamkeit lenken kann. Und das ist besser als nichts. Abb. 4 versucht, diese zentralen Parameter und Wirkgrößen als »Anhaltspunkte« in einen überschaubaren Bildzusammenhang zu bringen und zusammenzufassen.

Besinnungspause

Falls Sie sich nach dieser Lektüre verwirrt fühlen sollten – wenn auch auf einem deutlich höheren Niveau –, so ist das bei der Komplexität dieses Themas ganz verständlich. Es beweist nur, daß Sie in Echt-Kontakt mit dem Kernproblem von Führung gekommen sind. Vielleicht kann jedoch nachfolgende Alternativ-Zusammenfassung nochmals etwas klärend weiterhelfen:

1. Es gibt keinen idealen Führungsstil!
2. Sie sind gezwungen, den jeweiligen Kontext, in dem Sie tätig sind, selbst zu diagnostizieren, um die notwendigen Führungsanforderungen definieren zu können.
3. Sie müssen dabei den jeweils situationsgerechten Führungsstil selbst bestimmen und selber finden bzw. entwickeln.
4. Das erfordert von Ihnen erhöhte (Selbst- und Fremd-)Wahrnehmungsfähigkeiten, erweiterte, psycho-soziale Diagnosekompetenz sowie starke Rollen- und Verhaltensflexibilität.
5. Vermutlich müssen Sie an sich arbeiten, um ein entsprechendes, erweitertes diagnostisches Wahrnehmungs- und situationsgerechtes, steuerbares Verhaltensrepertoire entwickeln zu können, und / oder:
6. Sie müssen bereit sein, Ihre (typenbedingten?) Defizite – so Sie diese denn kennen bzw. erkennen wollen – durch andere geeignete Personen in Ihrem Umfeld bzw. Verantwortungsbereich abdecken bzw. kompensieren zu lassen (z.B. durch mehr gemeinsame Arbeit in Teams und Netzwerken).
7. Schlimmsten- oder bestenfalls liegen Ihre Talente und Ihre Berufung jedoch nicht im Bereich »Führung«, sondern auf einem völlig anderen Gebiet (z.B. Expertenlaufbahn, Unternehmertum, Verkäufer, Künstler, Berater, Lehrer, etc.).
8. Haben Sie den Mut, dem ins Auge zu sehen.
9. Satteln Sie um, und werden Sie der, als der Sie schon immer gedacht und »gebaut« worden waren.
10. Sie werden darin glücklicher sein und mehr Erfolg haben, als wenn Sie neben sich daherleben – und andauernd so tun müssen, als ob... Die anderen merken das sowieso!

Von der Führungs- zur Managementforschung

Die Durchsicht der Führungsforschung hatte deutlich gemacht, daß sie

- primär sozialpsychologisch orientiert war
- und sich vornehmlich auf Situationen im Mikrokontext »Gruppe« (Arbeitsgruppen, Abteilungen etc.) fokussierte.

So unerläßlich wichtig dieser »Mikrokosmos« auch ist, in bezug auf die Gestaltung und Lenkung von größeren Systemen wie Geschäftsbereichen oder ganzen Unternehmen reichen Analyse, Verständnis und Handhabung solcher Mikroorganisationen allein nicht (mehr) aus.

Sobald Organisationen die Größe von überschaubaren Face-to-face-Systemen, wie dies eben Gruppen sind, überschreiten, also Gruppen von Gruppen entstehen und Hierarchien mit indirekten Kommunikationen, überregionalen Ausbreitungen und transindividuellen Strukturen und Regelwerken, dabei neue »Masse« sowie Größen- und Distanzfaktoren (inklusive Teleworking, E-Business etc.) mit ihren implizit »andersartigen« Gesetzmäßigkeiten auftreten, muß »Führung« zusätzliche Inhalte aufnehmen, weitere Herausforderungen wahrnehmen und neuartige Qualitäten annehmen.

Durch die wachsenden Problem- und Aufgabenstellungen haben Führungskräfte nicht mehr »nur« Menschen zu führen, Motivation zu »erzeugen«, Beziehungen zu pflegen und vorgegebene Gruppenziele zu erreichen, sondern auch »übergeordnete« Faktoren zu beachten wie Geschäftsziele, Kunden- und Marktbewegungen, Technologieentwicklungen etc. Sie haben Geschäftsprozesse zu »managen«, Strategien und Strukturen zu gestalten bzw. zu verändern, Budgets zu steuern, Investitionen zu tätigen – also jede Menge sogenannter übergeordneter »Sach- und Systemaufgaben« zu erfüllen.

Natürlich klangen diese »übergeordneten« Themen auch schon bei der Führungsforschung an. Aber dies geschah nur in vermittelter oder indirekter Form – wie beispielsweise bei mikropolitischen Interessen-Spannungsfeldern zwischen Vorgesetzten und Mitarbeitern, zwischen »harten« und »weichen« Zielen usw.

Die Unternehmens- bzw. Gesamtsystemebene wurde dabei vornehmlich als Mesokontext, als Umweltvariable definiert, und Makrokontexte (wie Markt, Gesellschaft) wurden dabei in der Regel gänzlich »außen vor« gelassen.

Mit Überschreiten der »Gruppengrenze« geschieht jedoch für manche Führungskraft gänzlich Neues: Sie sieht sich plötzlich etwas Hochkomplexem, schwer Durchschaubarem, einem kaum lenkbaren »Groß-System« gegenüber.

Dieser Sachverhalt führte – historisch gesehen – dann konsequenterweise auch dazu, die Führungsforschung durch Unternehmens-, Organisations-, Verwaltungs- und systemtheoretische Aspekte zu ergänzen und dies in Richtung eines Gesamtmodells »systemischen Managements« (Syma) weiterzuentwickeln und zu integrieren.[13] Der Weg zu einer solchen integrierten Managementansicht erwies sich bis heute als nicht gerade einfach und mit nicht wenig kantigem Felsgestein übersät.

Damit kommen wir zur nächsten Leitfrage.

Zu Leitfrage 5:

Zum Verhältnis von Führung und Management

Die Diskussion dieser Fragen – Management und/oder Führung – verläuft bis heute ziemlich hitzig, kontrovers und zweigeteilt:

Die psychologische und soziologische Energie- und Begeisterungsseite ist »Führung« (oder leadership), und der technisch-sachliche Leistungs- und Verwaltungsaspekt ist »Management« – so die gängige Polarisierung zwischen diesen beiden Begriffen oder auch Welten.

Bei Führung geht es um Vision und Beflügelung der Herzen, beim Management um kühlen, zweckrationalen Verstand, um sachlich meßbare Ziele, um schlichte Zahlen ... Die meisten Organisationen seien i.d. Sinne in der Regel »overmanaged« und »underled«.

Einige verteufeln Manager als fortschrittsunfähige, zwangshaft–ängstliche Verwalter und Status-quo-orientierte Systemerhalter, als Bürokraten, denen schon als Kleinkinder die unendlichen Weiten ihres Laufstalls Angst einflößten.[14] Echte »Führungskräfte« könnten sich natürlich in einer solchermaßen lebensfeindlichen Managementkultur kaum entwickeln. Bennis (1993) spricht in diesem Kontext sogar von einer Art informellen Verschwörung von Managern gegen »leaders«.

Dritte wiederum sehen in Managern das glatte Gegenteil, nämlich wirtschafts- und gesellschaftsrettende Heroen,[15] was beispielsweise anläßlich der Kür zum »Manager des Jahres« oder beim Davoser Management-

Gipfeltreffen auch stückweit erlebbar wird. Sie sehen in erfolgreichen Managern deshalb so etwas wie einen begrüßenswerten, ja überlebensnotwendigen Ersatz für impotente oder überholte (national-) staatspolitische Führung.

aus: Handelsblatt, März 2000

Manche behaupten, Führungskräfte unterschätzten oder geringschätzten Systemdenken, Organisationsgestaltungsfähigkeiten und klare Ergebnisorientierung hauptsächlich deswegen, weil sie ihre persönlichen Innenprobleme wie Angst- oder Narzißmus-Komplexe nach außen projizierten und auf öffentlichen Organisationsbühnen auslebten und austrügen. Dieses nennten sie dann auch noch visionäres Unternehmertum und hofften auf Applaus im Unternehmenstheater. Sie stehen im scharfen Widerspruch zu denen, die in der »wilden« Energie militant-antibürokratischer, charismatischer Führertypen den geradezu idealen Treibstoff für Innovation, Zukunft und Hoffnung schlechthin sehen.

Einige beziehen noch extremere Positionen und behaupten, daß Führung im Grunde eine nahezu vernachlässigbare Restvariable sei – das Wesentliche würde in den Zentralen der Macht d.h. in den Chef- bzw. Managementetagen globaler Konzerne entschieden, womit im wesentlichen strukturell bereits »alles weitere« vorprogrammiert sei, das Management also das »Sagen« habe: Nicht Kanzler und Könige, sondern Wirtschaftskapitäne drehen das Rad der Geschichte. Führungskräfte seien eigentlich nur noch Ausführungskräfte.

Deutlich wird bei diesen Diskussionen auch recht bald, daß ein analytisch-formales oder auch ideologisch-normatives Auseinanderreißen dieser menschen-, system- und sachbezogenen Aufgabenpakete wenig nutzbringend ist: Im Unternehmensalltag wird immer »alles beides« simultan gebraucht. Eines geht nicht ohne das andere.[16]

Führung *und* Management (F & M) oder Management *und* Führung (M & F) muß es somit zumindest heißen. De Vries[17] formuliert das so:

»Ein Manager ohne Führungsqualitäten ist ein reiner Bürokrat, während ein Visionär, der nicht weiß, wie eine Vision Realität werden kann, ein Unternehmen ins Abseits führt.«

Kotter (1991) bringt in diesem Kontext ein praktisches Lebensbeispiel aus der Procter & Gamble-Welt. Es zeigt plastisch, wie diese Integration von Führen und Managen aussehen kann. Das Beispiel macht ebenfalls deutlich, daß obiges Auseinanderdividieren von Zahlen, Strukturen, Strategien und Management (hard facts) einerseits sowie Menschen, Motivation, Kultur und Führung (soft facts) andererseits absurd ist. Dieses integrative Herzeige-Beispiel »systemischen Managements« lautet wie folgt:

»Nach seiner Gründung im Jahr 1956 war der Geschäftsbereich Papierprodukte von Procter & Gamble über 20 Jahre hinweg mit seinen hochwertigen, preiswerten und geschickt vermarkteten Erzeugnissen nahezu konkurrenzlos. Das sollte sich in den späten 70er Jahren jedoch von Grund auf ändern, wo die Division unter den Druck eines zunehmend heftiger werdenden Wettbewerbs geriet. So schätzten Branchenstatistiker zum Beispiel, daß der P&G-Marktanteil bei Wegwerfwindeln von 75 Prozent in der Mitte der 70er auf 52 Prozent in Jahr 1984 fiel.
In jenem Jahr kam Richard Nicolosi als Associate General Manager in den Bereich Papierprodukte, nachdem er bei Procter & Gamble zuvor drei Jahre in der relativ kleinen und sich dynamisch entwickelnden Sparte Erfrischungsgetränke gearbeitet, hatte. Was er an seinem neuen Platz vorfand, war eine bürokratische und zentralistische Organisation, die sich vor allem anderen mit funktionsinternen Zielen und Vorhaben beschäftigt gab. Beinahe sämtliche Informationen zum Käuferverhalten stammten aus einer hochgradig quantitativ betriebenen Marktforschung. Die Techniker wurden für Einsparungen bei den Herstellungskosten belohnt, und den Mitarbeitern im Verkauf ging es lediglich um Masse und Marktanteil: praktisch befanden sich beide Gruppen nahezu im Krieg.
Im Spätsommer 1984 kündigte das Topmanagement nun an, daß Nicolosi ab Oktober die Sparte Papierprodukte leiten werde, doch inoffiziell übernahm er die Aufgabe bereits im August. Sogleich begann er, neue Schwerpunkte zu setzen, indem er für den Bereich mehr Kreativität und Marktorientierung forderte – denn lediglich zu niedrigen Kosten zu produzieren, werde künftig nicht mehr ausreichen. »Ich mußte völlig klarstellen«, berichtete Nicolosi später, »daß sich die Spielregeln geändert hatten«.
Zum neuen Kurs gehörten ein größeres Maß an Teamarbeit und ein stärker nach verschiedenen Rollen differenzierender Führungsstil. So verwirklichte Nicolosi einen Plan, mit dem nun der Bereich und seine einzelnen Produkte durch Gruppen gemanagt wurden. Im Oktober bestimmte er sich selbst und sein Team zum »Board« des Geschäftsbereichs Papier, ein Gremium, das zuerst monatlich, dann wöchentlich zusammentrat. Im November richtete man »Category Teams« ein, die die wichtigsten Markenprodukte (wie Windeln, Taschentücher, Handtücher) betreuen sollten und die dafür die Verantwortung übertragen bekamen. »Sucht große Sprünge zu machen und nicht die kleinen«, gab Nicolosi ihnen auf den Weg mit.
Im Dezember begann Nicolosi, sich mit ausgewählten Aktivitäten des näheren zu befassen. Er traf sich mit Vertretern der Werbeagentur und lernte so die entscheidenden kreativen Leute kennen. Er forderte den Marketingleiter für Wegwerfwindeln auf, ihm direkt zu berichten, wodurch eine Hierarchieebene wegfiel. Und eingehend sprach er mit jenen Mitarbeitern, die an der Entwicklung von neuen Produkten arbeiteten.

Im Januar 1985 verkündigte der Board eine neue Organisationsstruktur, die nicht nur »Category Teams«, sondern auch »New Brand Business Teams« vorsah. Für den Frühling plante der Board dann eine große Veranstaltung zwecks Motivationsförderung, auf der die neuen Ziele der Division Papierprodukte so vielen Leuten wie möglich vermittelt werden sollten. Am 4. Juni 1985 fand das Ereignis statt: Im Masonic Temple von Cincinatti trafen sich alle in der Stadt beschäftigten Mitarbeiter der Sparten sowie die Verkaufsgebiets- und Werksleiter – insgesamt einige tausend Leute. Nicolosi und andere Board-Mitglieder erläuterten ihre Vorstellungen von einem Unternehmen, »in dem jeder von uns eine Führungskraft ist«. Die Veranstaltung wurde per Video aufgezeichnet und in alle Verkaufsbüros und Fertigungsbetriebe geschickt; jeder der beim großem Treffen nicht dabei gewesen war, sollte sich die Bilder ansehen.

Durch all diese Maßnahmen entstand eine der Unternehmenslust förderliche Atmosphäre, von der viele Mitarbeiter angeregt wurden, an der Realisierung der neuen Vorgaben mitzuwirken. Die meisten Verbesserungsvorschläge kamen von Leuten, die mit den neuen Produkten zu tun hatten. Ultra Pampers, erstmals im Februar 1985 am Markt, erhöhte den Marktanteil der gesamten Pampers-Produktgruppe von 40 auf 58 Prozent und brachte diesen Produkten den Sprung über den Break-Even-Punkt in die Gewinnzone. Und innerhalb nur weniger Monate nach Einführung der Luvs Delux im Mai 1987 stieg der Marktanteil der gesamten Artikelgruppe um 150 Prozent.

Andere Mitarbeiterinitiativen richteten sich mehr auf einzelne Arbeitsbereiche, und manche kamen sogar von ganz unten. So gründeten im Frühjahr 1986 einige Sekretärinnen der Division, ermutigt von der neuen Unternehmenskultur, ein »Secretaries Network«. Diese Vereinigung bildete wiederum Unterausschüsse, die sich mit Fragen der Weiterbildung, der Entlohnung und Anerkennung sowie mit dem Problem befaßten, wie es um die »Sekretärin der Zukunft« bestellt sein wird. Eine der Beteiligten gab den Gefühlen von vielen ihrer Kolleginnen Ausdruck, als sie meinte: »Ich sehe nicht ein, warum nicht auch wir etwas zum Erreichen der neuen Zielsetzung der Abteilung beitragen können.«

Resultate? Über eine Vierjahresspanne nahmen die Erlöse des Geschäftsbereiches Papiererzeugnisse von P&G bis Ende 1988 um 40 Prozent zu. Der Gewinn erhöhte sich um 60 Prozent. Und das wurde erreicht, obgleich der Wettbewerb noch an Schärfe zulegte.

Ich bin der Überzeugung, daß diese balancierte Integration bzw. Synthese zwischen Führung und Management nicht nur möglich, sondern unter heutigen Wettbewerbs- und Empowerment-Bedingungen absolut notwendig und unumgehbar ist. Da aber die fortlaufende gleichzeitige Nennung dieser beiden Begriffe »Führung und Management« jedoch ziemlich umständlich wäre, werde ich im folgenden integrativ von Management im Sinne »systemischen Managements« (Syma) sprechen. Führung ist dabei eine abgeleitete Funktion, also Teil des Managens, des »systemischen Managens ...«

Zu Leitfrage 6:

Funktionen und Aufgaben des Managements

Das obige Fallbeispiel von Kotter hat implizit diese Frage schon beantwortet. Schaut man sich das Verhalten und die Rolle jenes »Vorbildmanagers« etwas systematischer an, so kann man vier Management-Grundfunktionen entdecken. Diese vier Grundfunktionen und die damit zusammenhängenden Aufgabenstellungen kann man natürlich auch bei anderen Managern wiederfinden, ebenso in zahlreichen Lehrbüchern aufstöbern.

Und das erscheint mir jedoch insofern erfreulich, als man im Gegensatz zur Führungsforschung beim Thema »Management« offensichtlich Aussagen machen kann, die höhere Grade an Allgemeingültigkeit besitzen sowie empirisch-deskriptiv stichhaltig und relativ stabil erscheinen. Es läßt sich damit also etwas Konkretes anfangen.

Allerdings sind auch diese Aussagen, Befunde und Antworten immer noch ziemlich komplexer und vernetzter Natur – was wohl bei einer solch umfassenden Thematik auch nicht anders möglich sein wird.

Das zusammenfassende Schaubild Abb. 9 versucht diese komplexeren Managementfunktions- und -aufgabenzusammenhänge auf einen »Blick« und einem Blatt »systemisch« vor Augen zu führen.

Was also inhaltlich von Managern, sprich: systemischen Managern wahrzunehmen und zu leisten ist, läßt sich im wesentlichen auf vier *Grundfunktionen* reduzieren. Und diese sind:

- Existenzgrund (EG) sichern

Manager haben in Hinblick auf diese Grundfunktion die Aufgabe, unter langfristiger (Sinn-) Perspektive die Existenzgrundlage und den Wert ihrer Organisationen in Gegenwart und Zukunft zu sichern (Eigentümer-/Stakeholderauftrag). Märkte, Kunden, Konkurrenten, Umfeldentwicklungen etc. sind zu beobachten, Wettbewerbsfähigkeit ist sicherzustellen, Leit-Bilder und Strategien sind zu entwickeln und zu kommunizieren. Manager haben unternehmenskritische Initiativen zu ergreifen und dafür zu sorgen, daß Ziele gesetzt, kommuniziert, verstanden und für das System positive Ergebnisse erreicht werden.

Die benötigten materiellen und immateriellen Ressourcen sind zu beschaffen. Diese und andere (in Abb. 9 gezeigten) Aufgaben gilt es, im Rahmen der Funktion »Existenzgrund sichern« zu übernehmen bzw. ausführen zu lassen.

- Systeme gestalten/umgestalten

Um diese komplexen, strategischen und operativen Zielsetzungen bei größeren Systemen zu erreichen, langt – wie gesagt – personendirekte Führung allein nicht mehr aus. Manager müssen sich deshalb personenunabhängige und Personen-transzendierende Realisierungsinstrumente schaffen, designen, anpassen. Mit anderen Worten: es ist ein »System« zu gestalten!

Das Gesamtsystem der Unternehmensorganisation ist in seinen strukturellen, technischen, ökonomischen, sozialen und identitätsstiftenden kulturellen Dimensionen zu konstruieren, samt seinen Aufbau- und Ablaufstrukturen, den Geschäfts-, Support- und Managementprozessen, den Substrukturen und Hilfssystemen, Technologien, Programmen, Regeln und Richtlinien. Die wesentlichen Schnittstellen (intern wie extern) sind zu bestimmen und die zentralen Schlüsselrollen mit entsprechend vertrauenswürdigen und kompetenten Menschen (=Mitmanagern) zu besetzen.

Um die »Systemgestaltung und -umgestaltung« in ihrer Bedeutung ein wenig verständlicher zu machen, kann der OSTO-System-Ansatz von Nutzen sein (siehe Abb. 5). Mit der »Brille« dieses System-Ansatzes werden Unternehmen modellhaft als komplexe, gegliederte, selektiv offene (bzw. geschlossene) *Systeme* verstanden. Sie nehmen *Input* auf und verwandeln diesen über ihren *Transformations-Kernprozeß* in *Output* (z.B. Rohstoffe ➔ Produkte ➔ Verkäufe ➔ Gewinne). Sie versuchen dadurch ihre *Existenzgrundlage (EG)* zu sichern und dies vor dem Hintergrund langfristiger Wert- und Verantwortungsfragen *(Sinn- und Urgrund: SG/UG)*.

Systeme dieser Art steuern sich dabei mit Hilfe und unter Bezug auf ihre jeweiligen *Zielsetzungen* und *Strategien* (Selbstreferenz) sowie unterschiedlichen *Feedback-/Feedforwardmechanismen* (Qualitäts-, Innovations-, Verantwortungsfeedback etc.). Sie müssen dies angesichts oder inmitten zahlreicher Beziehungsnetze zu ihren komplexen, dynamischen, überraschungsreichen *Umwelten* bewerkstelligen und dabei versuchen *»Selbstbestätigungsfeedbacks«* (»Selbst-Reverenz«) zu entgehen ... und Betriebsblindheiten zu vermeiden. Durch Herausbildung differenzierter instrumenteller *Systemstrukturen* sowie spezifisch (Kultur- und Identitäts-) geregelter individueller und kollektiver *Verhaltensweisen* versucht das System dabei die jeweils vom Umfeld und von der Zukunft geforderten *Leistungen* hervorzubringen und sicherstellen zu können: *Geschäftsergebnisse, Geschäftszukunft, Geschäftsverantwortung.*

Die dazu benötigte Systemstruktur enthält spezifische, eng miteinander vernetzte Substrukturen oder Subsysteme, die im OSTO-System-

Ansatz mit Design-Elementen bezeichnet werden. Diese sind, wie das Schaubild (Mitte) zeigt:

- FA: Funktionen und Aufgaben (jobs)
- PSO: Prozeß- und Strukturorganisation
- TS: Techniksystem
- ES: Entscheidungssystem
- KBS: Kontroll- und Belohnungs-/Bestrafungssystem (reward systems)
- EES: Erneuerungs- und Entwicklungssystem
- IKS: Informations- und Kommunikationssystem
- RS: Ressourcensystem

Diese OSTO-Designelemente (samt Zielen, Strategien und Plänen des Gesamtsystems) liefern in Ergänzung zu den oben sozialpsychologisch umschriebenen, personendirekten Führungsmöglichkeiten den strukturellen, indirekten, überindividuell benötigten »Systemcounterpart«, der eben für großvolumige Steuerungen und Kontrollen menschlichen Verhaltens »jenseits der Gruppengröße« unerläßlich ist. Führung von Personen *und* Führung durch Strukturen (einschließlich der geschriebenen und ungeschriebenen Gesetze der Unternehmenskultur) stellen dementsprechend die gängigen Zwillingsmittel für Führung und Management sozialer bzw. sozio-techno-ökonomischer Systeme dar.

Im Mittelpunkt der Design-Elemente (Systemstruktur) befindet sich – konsequenterweise – dann auch jener erstere »Zwillingsbruder« wieder, der Mensch, mit seinen Rollen und Verhaltensweisen im System und seinem Bedürfnis nach direkter Führung. Der Mensch steht hier – als Mensch und »Humanressource« – bewußt im Mittelpunkt, weil ohne dessen Wollen und Können die Systemstruktur nichts bewirkt, frei nach dem Motto: Organisation ist fast alles, aber nichts ohne den Menschen (was nicht mit Sozialromantik zu verwechseln ist!).

Notgedrungen ist hier die Darstellung des OSTO-System-Ansatzes sehr knapp und abstrakt ausgefallen. Nachfolgende grafische Darstellung (Abb. 5) versucht deswegen »optisch« noch etwas Anschauung nachzuliefern. Für detailliertes Interesse sei auf ausführlichere Darlegungen verwiesen[18] sowie auf das im Anhang unter »SYMA« beschriebene Management-Trainingsseminar.

Es ist nun die Aufgabe des Managers (oder des Managements), im Rahmen seiner zweiten Grundfunktion »Systeme gestalten / umgestalten« sich genau einer solchen umfassenden sozio-techno-ökonomischen Systemgestaltung anzunehmen, und zwar von Input bis Output, von Kunde zu Kunde, von Natur zu Natur, d.h. vom Existenzgrund über die Ziele,

Strategien, Strukturen und Verhaltensweisen bis hin zum Thema Geschäftsergebnisse, Zukunft und Verantwortung.

Durch die Übernahme systembezogener Funktionen wie »Existenzgrundsicherung« und »Systemgestaltung« wird die »ehemalige« Führungskraft nicht nur gezwungen, das relativ überschaubare sozialpsychologische Innenfeld ihres Subsystems (Arbeitsgruppe, Abteilung) zu verlassen und auf einer mehr indirekt wirkenden Meta-Ebene tätig zu werden, sondern sie kommt darüber hinaus auch in stärkerem Maße in ein weiteres Zwischengebiet hinein, nämlich in eine Interface-Rolle zwischen Binnen- und Außensystem (Gesamtsystemebene).

Von diesem Hintergrund aus gesehen übt das Management seine Hauptfunktionen sozusagen »auf der Grenze« aus: Einerseits ist es für die Gestaltung und Steuerung des Systems in seinen Umwelten und Zukünften zuständig, andererseits muß es aber auch bei direkten Führungsverantwortungen sowie in Pionier- und Krisenzeiten in die internen Systemprozesse entscheidend, gestaltend, operativ einzugreifen bereit sein. Im ersten Falle arbeitet das Management *am* System (und *ums* System herum), im zweiten Falle *im* System. Es agiert sozusagen permanent in zwei Welten.

Oder bildhaft gesprochen: Mal sitzt der Manager im Hubschrauber und im Jeep (am System, ums System), mal auf dem Trecker und im U-Boot (im System).

Immer jedoch muß der (ideale) Manager dabei das »Ganze« im Auge behalten, die Zusammenhänge, Kausalitäten und Wechselwirkungsnetze verstehen und bei seiner Gestaltungs- und Veränderungsarbeit (Systemdesign und -redesign) integral mit einbeziehen. Mit anderen Worten: Existenz- und Sinngrund, Ziele, Strategien, Strukturen (und »Designelemente«) sowie Verhalten, Umweltbedingungen und Ergebnisentwicklungen sind simultan zu erfassen und fortwährend »systemisch« zu »managen«. (Vgl. Balanced Score Card-Ansatz!)

Und noch etwas weiteres ist explizit zu betonen: Der Manager muß nicht nur in diesem ganzheitlichen Sinne Systeme und System-Umwelt-Verhältnisse gestalten, sondern diese auch verändern, weiterentwickeln, anpassen können: Redesign, Reorganisation, Reengineering, Organisationsentwicklung, Personalqualifikation, Konfliktregelung etc. gehören damit zum weiteren kontinuierlichen Aufgabenportfolio dazu. Damit wird Change-Management zum unverzichtbaren, erfolgsstrategisch absolut notwendigen Zusatz-Know-how und Alltags-Bestandteil des erweiterten Anforderungsfeldes heutiger Manager.

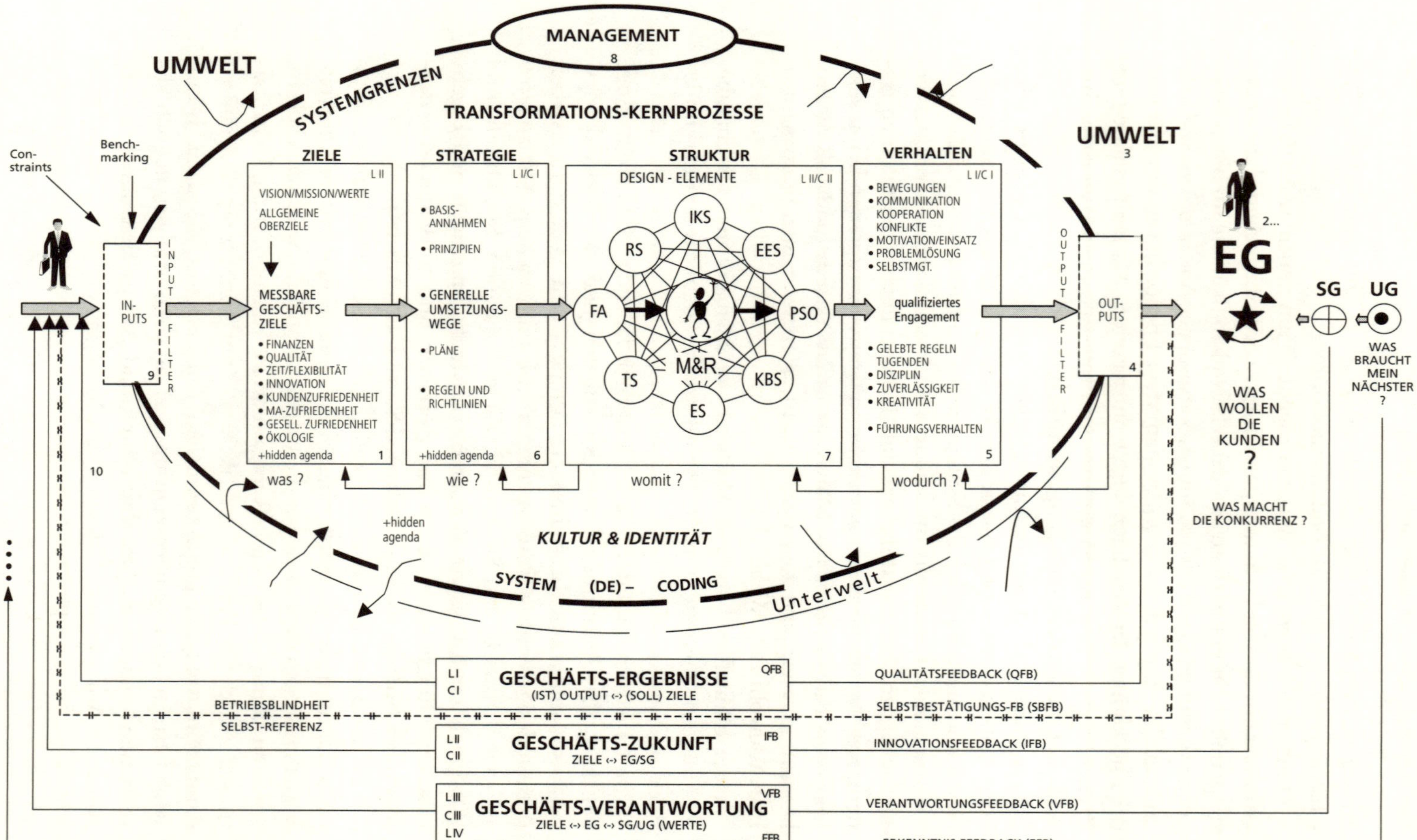

Abb. 5: OSTO-System-Modell

- Menschen führen

Diese beiden ersten Funktionen kann der systemische Manager jedoch – und es ist natürlich trivial, dies zu betonen – niemals auf sich alleine gestellt ausführen. Der Manager braucht dazu Menschen, sprich Kollegen, Mitarbeiter, Betriebsräte, Kapitalgeber, Kunden, Lieferanten, Berater usw.

Und damit muß er automatisch – ob er es will oder nicht, ob er es kann oder nicht – generell mit Menschen umgehen (lernen). Im Innenverhältnis übernimmt der Manager damit (auswegslos) die Rolle einer Führungskraft (z.B. in seiner Managementorganisation). Er hat all das zu tun, was oben unter dem »sozialpsychologischen Mikrokontextaspekt« über personendirekte Führung bereits ausgeführt wurde.

Er muß Mitarbeiter rekrutieren, auswählen, motivieren, qualifizieren, anleiten, ermutigen, konfrontieren ... Er hat sie emotional, interaktionell, mikropolitisch, kommunikativ und zielorientiert zu führen und so zu beeinflussen, daß mit »fokussierter Synergie« alle zusammen die Unternehmensziele verstehen, erreichen und damit den Existenzgrund (EG) sichern (wollen können). Als Führungskraft hat er dabei die mit seiner Rolle und Position verbundenen Machtgrundlagen, Befugnisse und Wirkungsqualitäten sowohl zum Wohle der ihm anvertrauten Menschen als auch zum Nutzen des Unternehmens situativ angemessen einzusetzen. Darüber hinaus muß der Manager in jener (Teil-) Funktion als Führungskraft (leader) nicht nur interne Mitarbeiter als Einzelpersonen führen, sondern häufig auch Teams, Großgruppen und Konferenzen leiten (z.B. Betriebsversammlungen, Open Space-Tagungen, Teilorganisationen, Gesellschaften, Aktionäre etc.). Das Know-how aus dem führungspsychologischen Teil dieses Buches ist damit absolut gefragt.

Auch nach außen hin hat der Manager jene soziale und kommunikative Führungskompetenz aufzubringen, wenn er beispielsweise mit Interessen- bzw. Stakeholdergruppen (z.B. Gewerkschaften, Greenpeace, Bankern, Aktionären, Gesellschaftern) oder unternehmensübergreifenden Netzwerken kooperieren will sowie mit Kunden, Konkurrenten, Lieferanten, Behörden, Journalisten etc. »existenzgrundsichernd« umzugehen hat. »Management« erlaubt somit auch aus diesem Grunde keine Flucht vor Führung!

- Selbstführung

Bei all diesen drei Grundfunktionen muß dem Manager bewußt bleiben, daß er auch sich selber gegenüber eine wichtige Führungsaufgabe hat. Er hat als Mensch in seiner Management- und Führungsrolle weitreichende Vorbild- und Multiplikatorfunktionen. Deswegen ist neben seiner professionellen Qualifikation »menschliche« Qualität, sein konkretes Verhalten, sein Charakter und seine »Persönlichkeitsausstrahlung« von hoher Bedeutung: für die Kultur und Leistungsfähigkeit seines »Systems«, seiner Mitarbeiter und seiner Umweltbeziehungen. Er wird als wichtige Humanressource nur dann akzeptierte Autorität und qualitätsprägende, unternehmerische Leitkraft haben, wenn »(s)he walks his(her) talks«,[19] also Wort und Tat einander entsprechen.

Der Volksmund drückt das in Sprichwörtern aus: »Wie der Herr, so das Gscherr«. Oder: »Der Fisch fängt am Kopf zu stinken an«.[20]

Zu Leitfrage 7:

Managementprozeß und -tätigkeiten

Bei der Bewältigung der Anforderungen, die die vier *Managementgrundfunktionen* und die daraus abgeleiteten *Aufgabenstellungen* mit sich bringen, hat der Manager dabei zyklisch bzw. fortwährend immer wieder dieselben *Grundtätigkeiten* auszuführen. Diese auch als Managementprozeß bezeichneten Aktivitäten machen gleichsam den engeren, beobachtbaren Kern seines Alltagsgeschäfts aus.[21] Das nachfolgende »Management-Rad« führt diese zyklischen Grundtätigkeiten des Managementprozesses vor Augen. Diese Tätigkeiten sind im einzelnen:

- *Probleme, Risiken, aber vor allen Dingen auch, Optionen und Chancen erkennen* und definieren, die für den weiteren Unternehmensprozeß relevant erscheinen (Existenzgrundsicherung).
- *Entscheidungen herbeiführen, ob etwas und wenn ja, was getan werden soll.*
- *Prioritäten und Ziele setzen*, erwartbare Ergebnisse formulieren, Meßbarkeit herstellen, kommunizieren, Engagement gewinnen, *Sinn vermitteln.*
- *Konzeptionieren und planen, wie die Ziele strategisch und operativ umgesetzt werden sollen*, inkl. Meilensteinen, back up's etc. (Der Gefahr, dabei ein Planungsriese zu werden und als Umsetzungszwerg zu enden, ist entgegenzuwirken! Risiko ist letztendlich nicht weganalysierbar!)
- *Ressourcen sind zu beschaffen*, materielle, immaterielle und humane, ohne die sich Strategie und Pläne nicht umsetzen lassen.
- Anschließend gilt es *Initiativen zu ergreifen*, Zusammenhänge zu *organisieren, Aufgaben/Verantwortungen zu übertragen* und zu *koordinieren* (Aktivitäten, Menschen, Abläufe, Systeme, Kontexte etc.).
- Alsbald ist für die *Durchsetzung bzw. Umsetzung* zu sorgen. (Motto: Es gibt nichts Gutes, es sei denn, man tut es!) Die richtigen »systemischen« *Interventionen* sind zu eruieren (Indikation), zu planen und mit *Konsequenz* durchzuführen.

- *Kontrolle (Controlling)* von Zielen, Mitteln, Prozessen und Ergebnissen (zuweilen auch Menschen) ist dabei sowohl schrittweise (rechtzeitige, präventive Korrekturmöglichkeiten) als auch gesamthaft sicherzustellen (Feedback).
- Beim Abschluß des Zyklus sollte ein *Review* stattfinden: Ziele erreicht? Lektionen gelernt? *Kollektives Lernen, Innovation, Systemchange, Wissensmanagement* etc. sind nur über solche bewußten Schritte zu erreichen.

Nachfolgende Abbildung skizziert diesen typischen, zyklischen, manageriellen Problemlösungsprozeß (»Management-Rad«) und dessen einzelne Phasen. Beispielhaft werden einige dazugehörende Arbeitsschritte, Tätigkeitsanforderungen sowie häufig anzutreffende Themen, Ansätze, Techniken und Tools angefügt.

Definitionsversuch »Management«

Wenn man die hier dargelegten Funktions- und Tätigkeitsdarstellungen in eine Management-Definition packen würde, ließe sich vielleicht folgendes formulieren:

Management ist die existenzgrund- und leistungsorientierte, zweckrationale Gestaltung, Steuerung, Sicherung und Entwicklung sozio-technoökonomischer Systeme (Unternehmen, Netzwerke). Dies geschieht durch zielfokussierten Einsatz optimal kombinierter und koordinierter materieller wie immaterieller Ressourcen unter fachlich-sachlichen sowie menschlichen, gesellschaftlichen und ökologischen Gesichtspunkten. Management ist primär eine vorbereitende und veranlassende Meta-Funktion: it get's things done through others. Management arbeitet deshalb vornehmlich strategisch *am System,* ist jedoch in direkten Führungsfunktionen sowie in Pionier- oder Krisenzeiten auch punktuell bzw. »auf Zeit« operativ *im System* tätig. Management ist ganzheitlich-systemischer Natur, ist Verhalten, Funktion, Rolle, Institution zugleich.

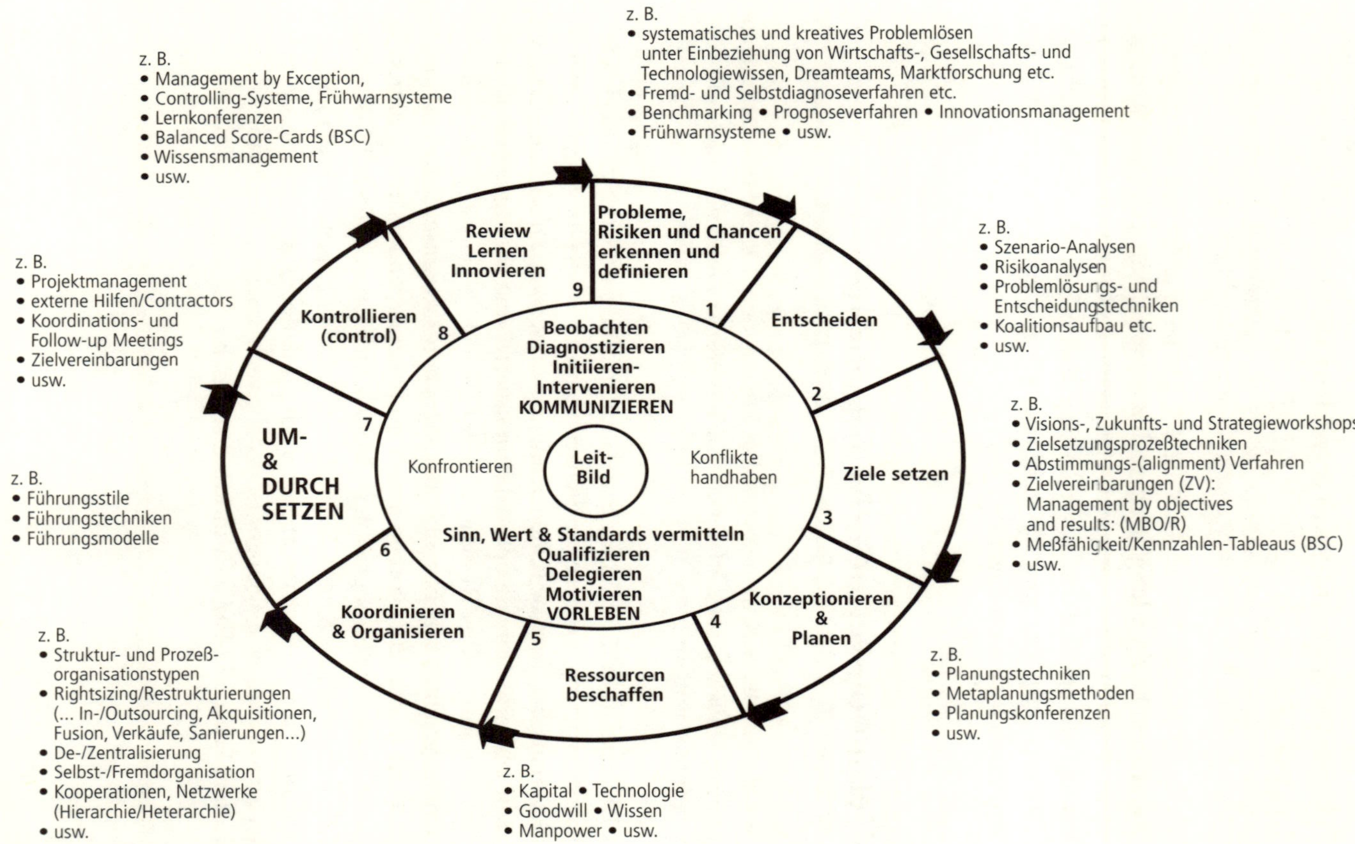

Abb. 6: Managementprozeß (»Managementrad«)

Exkurs 1: Manager tun nichts, sie reden nur und laufen rum ... !

Vielleicht kennen Sie die Geschichte: Ein berühmter Topmanager wird von seinem kleinen achtjährigen Sohn überraschend in seinem Büro besucht. Er will endlich herausfinden, welchen Beruf sein Vater eigentlich hat und was er denn so den ganzen Tag lang macht.

Bei anderen Vätern ist das ganz klar: Sie fahren LKWs, bauen Häuser, untersuchen Patienten usw.

Der Knabe spielt »Schatten«, läuft mit seinem Vater überall mit und beobachtet ihn bis in den Abend hinein (als Managementforschungsmethode wird dies »Shadowing« genannt).

Wieder zuhause angekommen, antwortet er auf die Frage seiner Mutter, was er denn herausgefunden habe: »Papa, tut eigentlich gar nichts! Er redet nur immer und läuft viel herum.«

Diese »lustige« Geschichte – oft erzählt – hat allerdings ungeahnte theoretische Abgründe unter sich und Herausforderungen vor sich.

Denn die Beobachtungen des Knaben sind ja nicht so einfach von der Hand zu weisen ... Und sie scheinen – wenn man ehrlich ist – unsere sauberen (und vielleicht auch meine bisher dargestellten) Managementtheorien ganz schön durcheinanderzuwerfen.

Vielleicht sind unsere sachlichen, rationalen, wohlstrukturierten Theorien, Modelle und Auffassungen von »Management« nur mythologische Wunsch-Konstruktionen, Laborergebnisse oder simple folkloristische Vorstellungen (Mintzberg) ... Die Wirklichkeit ist indes ganz anders.

Auch in der Managementforschung wurde seit den 70er Jahren diese (irritierende) Infragestellung einige Male aufgenommen. Man wollte herausfinden, was denn nun wirklich das »Eigentliche« der Managementfunktion sei. So spielten einige Forscher wie unser achtähriger Knabe »Managerschatten«.[22] Sie fanden folgendes heraus:

- Management ist eine variierende Kombination und Mixtur genereller Leitungstätigkeiten (Meta-Ebene) mit spezifischen, sachlich-fachlichen Elementen und operativen Eingriffen.
- Real-Life-Manager üben in der Tat ihre Tätigkeiten weit weniger systematisch, geplant und strategisch wohlkalkuliert aus, als dies häufig angenommen wurde. Nicht selten steht nicht das im Vordergrund, was aus langfristiger Sicht für das Unternehmen das »Wesentliche« und

Zentrale wäre, sondern eher das Dringliche, Dingliche und Triviale. Es wird mehr »im System« gearbeitet (wie ein Vorarbeiter) als »am System« – wie ein Manager. 80:20 Prozent?[23]

- Häufig erledigen Manager »die Dinge lieber gleich selbst«. Statt (umständlich) zielorientiert zu delegieren (und vorher zu qualifizieren!). Oder statt analytisch zu diagnostizieren (Symptome und Schuldige statt Ursachen!), entscheidungslogisch zu planen und strategisch-aufwandsintelligent vorzugehen. Sie werden lieber aktivistisch, hektisch und wurschteln sich irgendwie durch ...
  Gleichzeitig wundern sich dann viele, daß sie im Tagesgeschäft fast ertrinken, zuviel im »Hamsterrad« stecken und dabei kaum von der Stelle kommen – und dies trotz größter Anstrengungen ...
- Managementverhaltensweisen sind schwer vorauszusagen. Sie hängen von vielen Kontextfaktoren ab (z.B. Leitungsspanne, Planungshorizonte, Aufgabenkomplexität etc.) und werden in hohem Maße von Ereignissen bestimmt, auf die Manager nur geringen Einfluß haben.[24]
  »Sie üben ihre Tätigkeiten in einem dynamischen Netzwerk von wechselseitigen Beziehungen zu anderen Menschen aus. Der Manager ist zwar dazu da, seine Umgebung zu lenken, aber manchmal lenkt die Umgebung ihn. Bewußt oder unbewußt versucht er zu planen, zu organisieren, zu führen und zu kontrollieren, aber seine Tätigkeit besteht fast unvermeidlich in einer durcheinandergewürfelten Abfolge von Ereignissen ...
  Der Manager übt seine Tätigkeit von Tag zu Tag unter Bedingungen unbegrenzter Vielgestaltigkeit, Turbulenz und Unvorhersehbarkeit aus ... (Er muß) ein Spezialist für mehrdeutige Situationen sein und die Fähigkeit haben, widersprüchliche und unklare Anforderungen zu bewältigen«.[25] Demzufolge verbringen Manager viel Zeit mit »trouble shooting«, Feuerwehraktionen und adhoc benötigten Problemlösungen. Sie springen notgedrungen von Problem zu Problem, von Thema zu Thema, von Abteilung zu Abteilung. Dazu Armstrong:[26]

> »Im Verlauf eines typischen Arbeitstages muß ein Unternehmensleiter möglicherweise mit dem Marketingdirektor das Programm für eine Produkteinführung besprechen, mit dem Personaldirektor über die Reorganisation der Vertriebsabteilung entscheiden, mit dem Produktionsdirektor klären, warum die Produktionskosten pro Einheit steigen und was dagegen unternommen werden kann, und mit dem Finanzdirektor vor der nächsten Aufsichtsratssitzung die aktuellen Rechnungsberichte für die Unternehmensleitung durchgehen ...«

- Andererseits üben Manager auch wiederum durchaus deutliche Führungsrollen aus:

  - Sie setzen etwas durch, sorgen für Bewegung, stellen sicher, daß Aufgaben erledigt werden (manchmal sogar unter Schutz von Bodyguards);
  - sie finden heraus, ob und was zu geschehen hat, treffen Entscheidungen;
  - sie reagieren auf neue Situationen und Probleme, transformieren diese in Ziele, geben Orientierung, vermitteln Sinn, setzen Prioritäten;
  - sie antworten auf neue Anforderungen und Anfragen, lassen sich was einfallen;
  - sie besorgen und verteilen Ressourcen
  - und müssen dabei mit widerstreitenden »Parteien« verhandeln und Handlungsfähigkeit sicherstellen.
- Manager stellen – intern wie extern – Verbindungen her, Kontakte und »Brücken« zwischen Menschen, Organisationen, Problemen und Zeithorizonten.
- Manager müssen deshalb viel kommunizieren, in Meetings, am Telefon, unter vier Augen usw. Sie müssen überzeugen, Problemstellungen, Entscheidungen und Planungen verständlich machen, Konflikte handhaben. Sie müssen (mikro)politisch geschickt balancieren, um Kooperation, Unterstützungen und Leistungswillen möglichst vieler Menschen zu gewinnen bzw. zu erhalten. Dazu müssen sie Einfluß auf menschliches Verhalten gewinnen, Verantwortungsübernahmen ermöglichen, Energien freisetzen.
- Als »Informations-Arbeiter« und »brain worker« halten Manager – ähnlich dem Auge oder dem Nervensystem – dauernd ihr Unternehmen unter Beobachtung (monitoring). Sie sammeln Eindrücke und Daten (»Berichtswesen«), verarbeiten diese zu Informationen, um sie dann (manchmal zielorientiert) zu verwenden bzw. weiterzuleiten und zu verteilen.
- Andererseits scheint der Umgang mit dem Thema »Information« häufig wenig professionell zu sein: Neben formalen und offiziellen Daten (»Controlling«) zählt oft viel mehr das, was informell, ungeplant, spontan, en passant, in der Kantine, auf dem Flur, im Flugzeug, in der Sauna, im Tennisclub usw. »aufgeschnappt« wird. Manager bevorzugen mündliche und schnell erreichbare Informationen, Telefonate, Meetings, Rückrufe etc. (E-Mails werden eher ambivalent aufgenommen). Systematisches Informationsmanagement und gezielt dialogische Kommunikation (mit eingebautem Feedback) sind rare Ausnahmen, Ein-Weg-Infos die Regel. Lernende Organisation, Wissensmanagement und echte Begegnungen finden eher selten statt.

- Zeitweise treten Manager auch als Lehrer und Trainer auf, um dadurch Ziele zu verdeutlichen, Verständnis und Qualifikation zu verbessern, Veränderungen zu erleichtern.
- Manager sind Symbolfiguren, Abgesandte, Spokesmen und Repräsentanten ihres Unternehmens: Vortragstätigkeiten, Pressekonferenzen, Interviews, Lobbying, den »Kopf hinhalten« usw. sind dabei zentrale Tätigkeiten.
  Oftmals fühlen sie sich dabei verpflichtet, Prozeduren, Rituale und Zeremonien durchzuführen bzw. diese geduldig zu ertragen, auch wenn wenig »dabei herumzukommen« scheint.
- Daß »Management« ein (wissenschaftlicher) Beruf sein könnte, fällt manchen unter dem Druck dieser empirischen Alltagsbefunde schwer zu glauben. Manche lehnen den Professionsgedanken schlichtweg als Mythos ab (Mintzberg 1973). Managementwissen und -können seien primär impliziter Natur.
  Intuition, judgement und »best guestimates« haben mehr mit Management zu tun als objektive Daten, Zahlen, Zeiten und Planungen. Es ist mehr Kunst als Handwerk.
  Soweit ein kurzer Überblick über die Befunde.

Fazit: Manager reden nur und laufen viel rum? Hatte unser achtjähriger Knabe doch recht?

Es erhebt sich nun die Frage, wie ein solchermaßen beschriebenes IST-Managementverhalten zu erklären ist und wie dies seitens der Theorie mit Vorstellungen professionellen Managements verbunden werden kann.

Ich bin der Meinung, die Kontingenz-, Konflikt- und Systemtheorie von Organisationen bzw. Unternehmen kann hier klärend helfen.[27]

Nach dem Kontingenz- und Konfliktansatz werden Organisationen (Prozeß- und Strukturorganisationen) als differenzierte, z.T. in sich konfligierende Systeme von Subsystemen gesehen.

Aufgrund vertikaler und horizontaler Arbeitsteilung und Spezialisierung (Umwelt, Aufgaben, Verantwortungen, Macht etc.) differenzieren sich unterschiedliche Subsysteme mit je eigener Sub-Umwelt, »Denke«, Sprache, Qualifikation, Aufgabenanforderungen, Erwartungen und Interessenlagen heraus – die oftmals darüber hinaus unterschiedlichen Leistungs-, Kontroll- und Belohnungsmustern unterstehen, und auch von daher unterschiedliche Ziele, Strategien, Unterstrukturen und Subkulturen entwickeln – und genau dadurch sich einander entfremden, mißverstehen, Kontakte abbrechen, sich gegenseitig abwerten usw.

Diese dynamisch und strukturell bedingten Entwicklungen führen unumgänglich zu Spannungsfeldern und Widersprüchen mit eingebauten Dauerkonflikten in Organisationen. Dazu einige Beispiele:

- Innendienst (Produktion) – Außendienst (Verkauf)
- Forschung & Entwicklung – Produktion – Vertrieb
- Verwaltung – »produktiver Bereich«
- Kapitaleigner – Arbeitnehmer
- Zentrale – Dezentrale

Vor diesem Hintergrund haben Manager das Problem zu lösen, daß der »Sack voll Flöhe« (des hochdifferenzierten Systems »Unternehmen«) nicht auseinanderfliegt. Sie müssen daher ständig kommunizieren, koordinieren, integrieren, um Zusammenarbeit und Synergie über Grenzen hinweg herzustellen, aufrecht zu erhalten, den Zielfokus sicherzustellen.

Denn der Gesamterfolg des Systems ergibt sich nur aus dem konzertierten, koordinierten, aufeinander abgestimmten Zusammenspiel der Teile und nicht aus der simplen Addition aller teiloptimierten Subsystemleistungen. Der Gesamterfolg ist das Ziel, ist die Voraussetzung und Sicherung der langfristigen Existenzgrundlage des Unternehmens (oder des jeweiligen rekursiv betrachteten Systems). Anders ausgedrückt: Geht das Unternehmen unter, gehen nicht selten auch die Subsysteme unter – selbst wenn sie sich perfekt selber optimiert haben sollten.

Das ergibt die erste Erklärung für den Befund, daß Manager viel reden und rumlaufen (müssen).

Ein zweiter, unumgehbarer Faktor kommt noch hinzu, die Stakeholder-Umgebungsstruktur von Organisationen (Arbeitnehmer, Manager, Kapitalgeber, Gewerkschaft/Betriebsrat, Kommunen, Öffentlichkeit, Behörden, Parteien etc.).

Organisationen sind von Menschen bzw. dominanten Koalitionen gebildete Zweck-Konstruktionen, durch politische Willensbildungs- und Durchsetzungsprozesse, auf dem Wege von Kommunikation, Konflikt und Entscheidung gestaltete Systeme stark gegliederter Art. Diese Systeme haben dabei bzw. dadurch gleichzeitig und prinzipiell immer unterschiedlichen Herren mit oft hochgradig widersprüchlichen Orientierungen, Denkweisen, Weltbildern und Absichten zu dienen.

Das führt dazu, daß man zwischen Zielen *der* Organisation (Systemeigeninteressen), Ziele *für* die Organisation (aufgrund Stakeholder-Interessen) und Ziele *in* der Organisation (Subsysteme, Individuen) grundsätzlich unterscheiden lernen muß. Ziele können dadurch kompatibel, indifferent und konfliktär zueinander sein, dazu von expliziter, offiziell formulierter Art (Hochglanzziele) oder inoffizieller, unbewußter oder gar geheimer Natur sein (hidden agenda!). Auch aus diesen Gründen müssen Manager um Integration und Fokus bemüht sein, also viel kommunizieren und herumlaufen.[28]

Darüber hinaus wiesen einige Organisationssoziologen (z.B. Luhmann, Sievers u.a.) darauf hin, daß es auch ohne Kontingenz und Stakeholderansicht organisations(selbst)erzeugte Dauerkonflikte eo ipso gäbe, mit denen Manager zu leben hätten wie beispielsweise zwischen

- Individuum / Person ↔ Rolle
- Gruppe ↔ Hierarchie (Heintel)
- Struktur ↔ Prozeß
- Oben (Macht) ↔ Unten (Ohnmacht)
- Partizipation ↔ Oligarchie
- Freiheit ↔ Sicherheit

Manche Wissenschaftler machten diese quasi-ontologischen Widerspruchsquellen von/in Organisationen sogar zeitweilig zu ihrem Hauptthema und sprachen dann von grundsätzlich eingebauten Zwickmühlen für Führer/Manager.[29] Die damit verbundenen Dilemmata seien schlichtweg weder auflösbar noch wegorganisierbar. Ein Entweder-Oder gäbe es nicht, nur ein Sowohl-als-Auch.

In Anlehnung an Neuberger lassen sich diese System- und Managementdilemmata wie folgt (fast beliebig) auflisten:

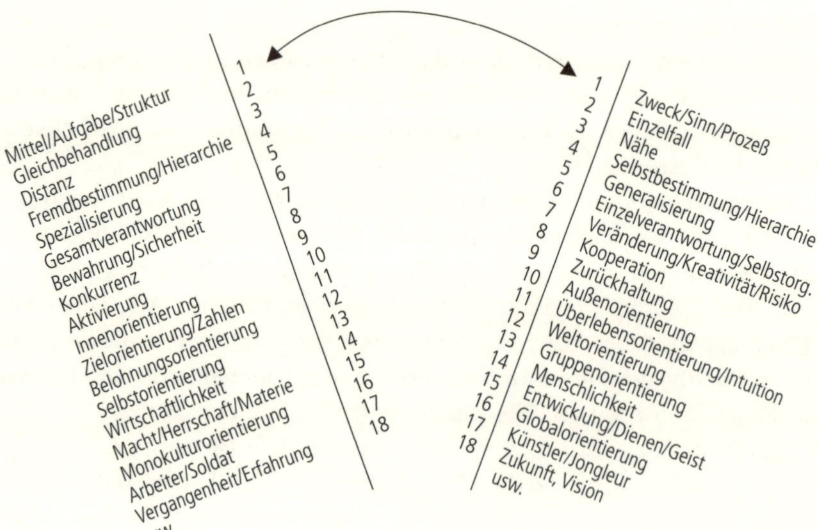

Abb. 7: Management Dilemmata

Thompson (1998) beschrieb ebenfalls solcherart Widerspruchsfelder. Er arbeitete Paradoxien heraus, die besonders im Bereich *Total Quality Management* (TQM) virulent waren, aber auch Allgemeingültigkeit besitzen, und zwar überall dort, wo partizipative, teamorientierte Arbeitsorganisationen und Managementkulturen geschaffen werden sollen (oder müssen), um Wettbewerbsfähigkeit sichern zu können. Seine sieben »griffigen« Paradoxien sind folgende:

Paradox 1. Seek diversity, but build a shared vision
Paradox 2. Encourage creativity, but be consistent in everything
Paradox 3. Focus on continuous process improvement, but make breakthrough change (or right sizing) an important part of the job
Paradox 4. Use autonomous work groups to enhance performance, but ensure careful and uniform control of product and service quality
Paradox 5. Build a cohesive work team, but welcome conflict when critically analyzing ideas
Paradox 6. Set realistic, yet challenging goals for maximum performance, but use stretch targets to dramatically improve performance
Paradox 7. Reward team effort, but create a high performance climate for individuals

Das Fazit, das daraus gezogen werden kann, legt nahe, daß diese Widersprüche fortwährend als Beeinflussungsfeld mit wechselseitigen Abhängigkeitsverhältnissen zu interpretieren und von Managern prozessual zu balancieren sind. Dies erinnert stark an Tätigkeiten und Fähigkeiten eines Jongleurs: Der »Vorgesetzte« hat sowohl die »Dinge« in Fluß und Bewegung als auch im Griff und unter Kontrolle zu halten. Und nicht nur ein »Ding«, sondern immer gleichzeitig mehrere und unterschiedliche. Er hat dabei mindestens drei Ziele gleichzeitig zu erreichen: ergebnisorientierte Kunden-, Chef- und Mitarbeiterzufriedenheit und seine eigenen persönlichen Ziele natürlich auch ... obwohl er für deren Hintanstellung ja eigentlich »bezahlt« wird).

Diese permanenten Spannungsfelder gehen manch einer Führungskraft zuweilen auch deutlich unter die Haut. Es ist alles andere als leicht, diesen sich widersprechenden Erwartungen durchgängig gerecht zu werden. Neuberger[30] läßt das einen Manager hinsichtlich »Führung« wie folgt ausdrücken:

»Kommt man morgens zu spät, ist man ein schlechtes Vorbild;
kommt man pünktlich, gilt man als Aufpasser;
Ist man zu seinen Mitarbeitern freundlich, will man sich anbiedern;
ist man zurückhaltend, gilt man als hochnäsig.
Kümmert man sich um die Arbeit seiner Leute, ist man ein Schnüffler;
tut man es nicht, hat man von der Sache keine Ahnung.
Teilt man Lob aus, ist man ein Schmeichler;

tadelt man, wird man als Verleumder hingestellt;
bleibt man abends etwas länger, markiert man den Überbeschäftigten;
geht man pünktlich, fehlt das Firmeninteresse;
beharrt man auf seinem Standpunkt, ist man stur;
tut man es nicht, gilt man als verkalkt;
ist man jünger, hat man keine Erfahrung;
hat man neue Ideen, ist man ein Phantast;
bleibt alles beim Alten, gilt man als rückständig«

Alles zusammengenommen, also die Kontingenz-, Konflikt-, Stakeholder- und Organisations- bzw. rollensoziologischen Theorien kombiniert, zeigen deutlich, daß Manager gar nicht anders können, als viel zu reden und dauernd rumzulaufen. Es ist wahrlich nicht einfach, solche »Flohsackorganisationen«[31] zusammenzuhalten und konzertierte, zielfokussierte Ergebnisse zuwege zu bringen.

Last but not least sei noch der letzte Erklärungsansatz – die »systemisch-selbstreferentielle« Organisations- und Managementtheorie angeführt, die ebenfalls die Informations-, Kommunikations- und Verbindungsfunktion von Management betont. Dazu muß ich allerdings kurz etwas weiter ausholen:

Ein spezifischer Aspekt bei der Betrachtung sozio-techno-ökonomischer Systeme – also Unternehmenssysteme – ist, wie oben schon im OSTO-Modell partiell angedeutet, deren dichtgewobene »systemische« Komplexität und ihre spezifische identitätsbesorgte Selbstbezogenheit, auch Selbstreferenz (oder »Selbst-Reverenz«) genannt (vgl. »Selbstbestätigungsfeedback«). Aufgrund dieser (beobachtbaren) Eigenschaften sind solche Art Systeme sowohl schwer durchschaubar als auch ebenso schwer bewegbar und veränderbar. Diese Systeme haben aufgrund ihrer hohen Binnenkomplexität, ihrer häufig langjährigen Routine- und Gewohnheitsmuster, vielfältiger »traditioneller« Interessenslagen und erwähnter impliziter, labiler und »wackeliger« Widersprüche großen Widerwillen, große Widerstandskraft gegenüber jeglicher Art von Eingriffen und Veränderungen, also allem, was Destablisierung und Change hervorrufen könnten. Sie sind aufgrund ihrer vielfältigen Vernetzungen sowie Abhängigkeits- und Wechselwirkungsverhältnisse intern wie extern in ihren Freiheitsgraden darüber hinaus stark eingeschränkt. Im Grunde – und simpel ausgedrückt – versuchen solche Systeme eigentlich immer nur ihr Eigen- und Überleben zu sichern, sind egoistisch, bequem, wollen ihre Ruhe haben, versuchen Anstrengungen und Umstellungen zu vermeiden, solange es nur irgendwie möglich ist... (»Resistance to change«).

Wie oben bereits erwähnt, sind solche Systeme Produkte oder Konstruktionen menschlicher Absichten und im Laufe zahlreicher anstrengender Investitionen durch Kommunikation, Entscheidung und Arbeit konstruiert, d.h. mit viel Schweiß, Mühe, Nerven, Zeit und Geld gestaltet, aufgebaut und zusammengehalten. Und natürlich oft auf Dauer angelegt, denn sie sollen über Routinen entlasten, sich amortisieren, Kontinuität und Sicherheit verschaffen. Menschen, als Konstrukteure, Inhaber und Nutznießer (oder Sklaven?) solcher Systeme sind dann dementsprechend als »System-Umwelt« oder »System-Kunden« zu sehen. Und es ist genau diese Art von komplexen, widerständigen und eigensinnigen Systemen, die dem Manager in seiner Meta-Position gegenübertreten und in die hinein er wirken soll und muß.

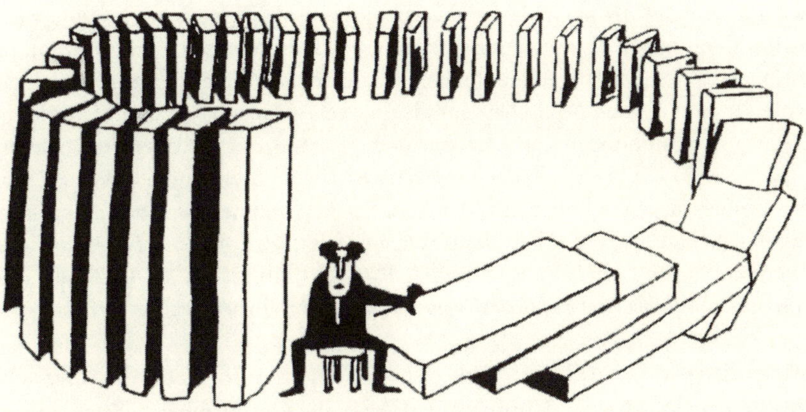

Manager sind immer auch Teil des Systems, das sie gestalten

Gleichzeitig ist er nicht gänzlich unbetroffen, unbeteiligt oder unvoreingenommen dabei: Als »Grenzgänger« ist er zwar Teil der Umwelt des Systems, teilweise aber auch Teil im System samt dessen Problematiken und Verfangenheiten. Denn zum einen profitiert er von den Systemleistungen und -bequemlichkeiten, zum anderen muß er bei operativen Führungssituationen (Management-Grundfunktion Nr. 3) und/oder Pionier- bzw. Krisensituationen ins System hinein. Und vor allem bei Changeprozessen sind solche systeminternen Aktivitäten unumgehbar. (Auf die Nicht-Managementmitglieder bzw. Arbeitnehmer-»Kunden« des Systems trifft natürlich Analoges zu.)

Manche Theoretiker gehen aufgrund dieser komplexen, vieldimensionalen Verwobenheitsproblematik dann auch so weit, daß sie angesichts jener vernetzten, selbstreferentiellen Systemeigenschaften und -eigensinnigkeiten die Hoffnung auf (interne wie externe) Systembeeinflussung oder gar geplant-gezieltes Change Management nahezu aufgeben. Aus dieser systemisch-konstruktivistischen Sicht heraus seien Managementmöglichkeiten stark beschränkt. Demzufolge plädieren sie für eine (ziemlich umgewöhnungsbedürftige bis radikale) Neufassung des Organisationsbegriffs sowie der Managementrolle und deren (mageren) Handlungsmöglichkeiten. Mayrhofer[32] versucht das folgendermaßen auf den Punkt zu bringen:

»Management im systemtheoretisch-konstruktivistischen Sinn bringt radikale Umstellungen mit sich: nicht mehr Menschen, sondern Kommunikationen stehen im Mittelpunkt von Managementbemühungen; Organisationen sind nicht mehr offene soziotechnische, sondern in ihren Basisprozessen – d.h.: Kommunikationen und in der Folge Handlungen bzw. Entscheidungen – autopoietisch geschlossen und ordnen Menschen und damit auch »Manager« in ihre Umwelt ein: Steuerungsbemühungen von Managern sehen sich damit der doppelten Schwierigkeit von (a) unüberwindbaren Grenzen zwischen System und den Managern in der Umwelt des Systems und (b) der Abhängigkeit von den Selbststeuerungsprozessen des Systems gegenüber; *damit aber löst die von der Eigengesetzlichkeit und -sinnigkeit des Systems sich abhängig machende Kunst der Intervention die Vorstellung einer prinzipiell möglichen zielorientierten Steuerung ab.«* (Hervorhebung des Verfassers)

Wenn dem so ist und vor allem dem Manager »nur« noch das schwache Interventions-Mittel »Kommunikation« als Gestaltungs-, Steuerungs- und Veränderungsinstrument zur Verfügung steht,[33] würde auch aufgrund dieser Theorieansicht abermals verständlich, daß Manager viel reden (und zuhören) müssen, ja daß das dann sogar den eigentlichen Kern ihres Jobs ausmachen würde, ausmachen müßte, und dies auch nur Erfolg haben könnte, wenn die Eigensinnigkeit des Systems den Kommunikationsversuchen des Managers (zufälligerweise, aus Gründen vielleicht guter Laune oder drückender Not) das Ohr zu leihen geneigt wäre.

Es fragt sich nun, welche Schlußfolgerungen aus diesem ganzen »Theorienmix« zu ziehen sind und welche Konsequenzen daraus für das hier insgesamt entfaltete »Managementbild« zu folgen hätten. Meine Antworten sind folgende:

- Die Aussagen des Theorienmix (Kontingenz- bis selbstreferentieller Systemansatz) scheinen in hohem Grade (leider?) mit der Wirklichkeit übereinzustimmen.

Die Schwierigkeit, komplexe, eigensinnige Organisations- und Kooperations-Netze und selbstbezogene Denk-, Kommunikations- und Entscheidungsprozesse (als Manager) zu ändern, wird von allen, die mit (Change) Management ein wenig vertraut sind, in ähnlicher Weise erlebt. Auch manche Mißmanagement- und Konkursgeschichten lassen sich eindeutig darauf zurückführen.

- Wird jedoch diese These oder Auffassung verabsolutiert und zur ausschließlichen Wahrheit über Organisation, Führung und Management erhoben, so ist sie abzulehnen. Denn glücklicherweise gibt es auch eine Reihe von Erfolgsstories, in denen Organisationen durchaus verändert wurden, Manager die »richtigen« Interventionen setzten und ganze »Systeme« auf neuen Kurs brachten.[34]
- »Macht« ist neben Kommunikation ein weiterer wichtiger und hier zu betonender Einfluß-Faktor (z.B. auch in Form von Geld), der bei Change-Prozessen, aber auch in der täglichen Managementarbeit ein zentrales, wirksames Gestaltungs- und Veränderungsmittel darstellt und nicht »systemisch« übersehen werden darf. Eigentümermacht kann beispielsweise neue Strukturen beschließen und darüber Neuausrichtungen ganzer Systeme sowie verändertes Verhalten großer Menschenmengen bewirken. Freilich sind Machtquellen, Machtkosten, Wertefragen, Legitimationsbandbreiten usw. dabei zu beachten. Das »Phänomen« Macht erklärt auch den Umstand, daß Manager manchmal genau das Gegenteil obiger »systemischer« Kommunikationsempfehlungen tun: nämlich wenig reden und kaum zuhören!
- Dennoch ist der kontingente, konstruktivistische und systemische Grundcharakter unternehmerischer (wie auch gesellschaftlicher) Realität und ihre zähe, komplexe, schwerfällige und mit zahlreichen Spannungsfeldern versehene Netz-Natur nicht hinwegzudiskutieren. Bescheidenheit und ein gewisses Maß an Demut sowie weiser Selbstbeschränkung hinsichtlich Verstehbarkeit, Machbarkeit, Steuerbarkeit, Veränderbarkeit von Systemen – und damit auch die Bedeutsamkeit von Management – sind durchaus angeraten.

Mayrhofer (1999, S. 269) spricht in diesem Zusammenhang vom »Glanz und Elend« der Manager. Er weist dabei ebenfalls auf jene Spannungsfelder und (leidvollen) Widersprüche in den Managementrollen hin mitsamt den restriktiven, systemischen Kontexten ihrer Interventionsmöglichkeiten. Sinngemäß – so sagt er – sind Manager

- draußen und doch ganz drin (als Innenminister im System, als Außenminister am und ums System herum),
- ohnmächtig und doch wirksam,

- strukturgesteuert und doch menschenbezogen,
- leben in konstruierten, z.T. realitätsfernen Welten und stehen doch mit beiden Beinen fest in der Wirklichkeit,
- sind abhängig und eingebunden in Traditionen, vielfältigen Vernetzungen sowie Sach- und Strukturzwängen und doch verantwortlich, mit Macht, Freiheitsgraden und Spielräumen ergebnis- und zielorientiert umzugehen.

Wenn diese Gesamtsicht von »Management« Realität hat – und meine Erfahrung stimmt dem weitgehend zu –, dann wird insgesamt erklärlich, warum Manager so viel reden, so viel reisen, so viel mündliche, schnelle Kommunikation bevorzugen, auf so vielen Hochzeiten gleichzeitig tanzen, in so vielen Meetings hocken und relativ selten logisch-rational-strategisch-geplant-kontinuierlich vorgehen (können). Oder im Bild gesprochen: Manager sind keine Kapitäne, sondern Surfer, die ständig versuchen müssen, in unterschiedlichen Gewässern auf dem Brett zu bleiben. Die Realität ist zu komplex, zu multidimensional, zu widersprüchlich, zu sprunghaft, zu dynamisch, als daß sie mit mechanistisch-rezeptologischen Einstellungen und Tools alleine schon zu »managen« wäre.[35]

Trotz dieser Sachverhalte heißt das aber – um es zu wiederholen – alles in allem keinesfalls, daß man kaum noch etwas aussichtsvoll tun könne und man z.B. auch Management Development besser gleich vergessen sollte.

Wer bei diesen Gedanken stehenbleibt, ist bereits jener anderen bekannten Gefahr verfallen, nämlich auf die andere Seite vom Pferd zu kippen, ins andere Extrem abzurutschen.

Glaubte man früher, Manager hätten alles im Griff und könnten (fast) alles machen (wenn man ihnen nur die richtige Macht, ausreichende Ressourcen und die notwendige Qualifikation mitgeben würde) –, so ist andererseits auch der Auffassung jener Zeitgenossen zu widersprechen, die aufgrund bodenloser, systemischer Komplexität nun fast gar nichts mehr für machbar halten: wir seien alle eingebundene, perplexe »Systeminsassen« (Heintel) – und »auf- oder abgeklärte Resignation« sei deshalb einzig angemessener und realistischer Standpunkt.

Für mich ist die *Konsequenz* dagegen eine ganz andere (sonst würde ich ja auch nicht dieses Buch geschrieben haben), nämlich:

- Die drängenden Probleme unserer Zeit lassen uns einfach keine andere Wahl, als weiterhin »gestaltende Verantwortung« zu übernehmen. Wir können uns weder aus unserer Geschichte wegstehlen noch uns irgendeine erdferne »Komplexitätsapathie« leisten!
- »Gute« Manager und Führungskräfte werden mehr denn je gebraucht (und lernende, veränderungsfähige Organisationen dazu)!

- Manager haben deshalb möglichst professionell ihr Handwerk zu lernen und ihren Managementberuf qualifiziert auszuüben.
- Statt »systemischer Resignation« und Apathie – und nun kommt der springende Punkt! – ist »systemische Realistik« gefordert. *Systemische Realistik* beinhaltet:
  - Statt Aufgeben ist Kompetenz zu entwickeln im Bereich Kommunikation (dialogische Begegnung statt Einweg-Musik von vorne (!), ob unter vier Augen oder auf Massenbasis, gepaart mit Mut, Aufrichtigkeit und Fairneß).
  - Der gezielte Umgang mit unternehmensinternen wie – externen Kontaktfeldern, Netzwerken und Einflußbeziehungen ist bewußt zu üben und zu pflegen[36].
  - Die (Teil-)Rolle als Manager, nämlich auch so etwas wie der »Direktor eines Flohzirkus« zu sein, ist als normaler Aspekt von Organisationswirklichkeit zu akzeptieren, mehr sogar noch, als eine wichtige Funktion von Management und Führung ernsthaft wahrzunehmen.
    »Issue-Jumping« und »Management by walking around« ist nicht von vornherein Inkonsequenz, Inkompetenz und Labilität oder gar nur aktivistische, wichtigtuerische Herumrennerei, sondern nicht selten Notwendigkeit, Zeichen von Sensibilität und sozialer Intelligenz sowie des Gespürs für den Fluß der Dinge (»panta rhei«) und die wechselvollen Zusammenhänge alles Lebendigen. Zu wissen, wann was dran ist (Kairos etc.), Planen oder Loslassen, Handeln oder Warten, Rumlaufen oder Stehen – das macht einen Teil der Kunst des Managens offensichtlich aus. Und hier liegt auch die Herausforderung: auf dem Pferd zu bleiben und nicht in ein falsches Entweder-Oder abzurutschen. Dementsprechend:
  - Massive Verbesserungen im Bereich Systemverständnis, Systemdiagnose und Interventionskompetenz (Erhöhung interner Management-Anschlußfähigkeiten »ans System«),
  - Stärkung sozialer, personaler und führungsbezogener Kompetenz (Zielklarheit, Empathie, Vertrauen, Verhaltenssicherheit, Vorbild etc.),
  - Strategien, Methoden, Instrumente und Erfolgsvoraussetzungen des Change Managements (weiter)entwickeln, verbessern und »meistern« lernen (vgl. MOC Training/Anhang),
  - Mehr Wahrnehmung, Verständnis und Sicherheit generell im »systemischen Management« entwickeln (vgl. »SYMA« – Training/Anhang).
- Im Rahmen dieser »systemischen Realistik« ist auch der bereits oben erläuterte OSTO-Systemansatz durchaus brauchbar (Abb. 5). Dazu zwei Anmerkungen: Der OSTO-Systemansatz zeigt wesentliche Kausallogiken komplexer Unternehmenssysteme auf (z.B. Input–Existenz–Sinngrund–Ziele–Strategie–Struktur–Verhalten–Output bzw. zentrale Design-Elemente von Systemstrukturen und Feedback-Systemen). In der praktischen Reduktion systemischer Komplexität auf wenige Zentralvariablen liegt dabei der instrumentelle Vorteil dieses Praxis-Modells. (Und dies ist immer noch komplex genug!) Resignativem Versacken in den Unendlichkeiten komplexer Netze und bodenloser systemi-

scher Untiefen wird dadurch vorgebeugt. Denn ohne Reduktion auf Reduziertes sind wir nicht handlungsfähig. Und genau dort liegt auch die Herausforderung, nämlich in der Frage, wie man »richtig« reduziert und »falsches« Reduzieren vermeidet, auch und obwohl der Mensch irrt, solang er strebt (Dormann).

Allerdings kann beim OSTO-Modell kritisch angemerkt werden, daß es zu stark lineare, machbare Kausalität zu suggerieren scheint (Kästchen, Pfeile, Ingenieurlogik etc.) und damit, zumindest teilweise, die sichtlich hohe Vernetzungskomplexität »realer, systemischer Systeme« und damit verbundener Machbarkeitsgrenzen und Veränderungsresistenzen (»Systemabwehr«) tendenziell leicht »schönfärbt« und herunterspielt. In der Praxis hat dieser Nachteil, d.h. die ingenieurtechnisch-rationalistische Anmutung des Modells, z.B. in seiner grafischen Veranschaulichung (Abb. 5) jedoch wiederum auch einen nicht unterschätzbaren Vorteil: Es holt die Menschen (unserer Kultur) mental dort ab, wo sie denk- und gewohnheitsmäßig stehen und leitet sie erst anschließend sachte weiter in jene höheren Gefilde größerer Komplexität und Undurchschaubarkeit. Die Komplexität des Systemmodells samt seiner Struktur- und Designelemente erzeugt anschließend und in der Regel mit genügender Glaubwürdigkeit dann immer noch allemal den geforderten und benötigten Komplexitäts- und Realitätsrespekt.

Summa summarum scheint das Modell[37] zufriedenstellend komplex, systemisch, konstruktivistisch und selbstreferentiell (vgl. »Selbstbestätigungsfeedback«) zu sein, um *sowohl* Realität »genügend realistisch« abzubilden *als auch* handlungsfördernd hinreichend stark genug zu reduzieren.

Da es gesellschaftlich-geschichtlich gesehen jedoch keinen (reduzierenden) Weg »zurück zur Natur« mehr gibt – geht es nur noch nach vorne. Und pragmatisch heißt das für Manager, »Systemkompetenz« zu trainieren, Allround-Qualifikationen zu verbessern, Reduktionsweisheit zu erwerben, Management Development zu verstärken.

Das führt uns damit auch zum nächsten Punkt.

Zu Leitfrage 8:

Management Basisqualifikationen und Kompetenzarten

(»Management-6-Eck«)

Sie erinnern sich: Systemisches Management beinhaltet:

- die *vier Grundfunktionen*, also:
  - Existenzgrund (EG) sichern
  - Systeme gestalten/umgestalten
  - Menschen führen
  - sich selber führen;
- die *damit verbundenen Aufgabenstellungen* – aufgelistet auf dem großen Übersichtsblatt »Komponenten genereller Management-Kompetenz« (Abb. 9)
- und jene neun *Managementgrundtätigkeiten* innerhalb des Managementprozesses (»Management-Rad«) einschließlich einiger dort skizzierter Tools und Methodenbeispiele (Abb.6).

Es ist nun keine Frage, daß zur erfolgreichen Ausübung dieser Funktionen, Aufgabenstellungen und Grundtätigkeiten ein gehöriges Maß an Wissen, Verstehen, Können (und Wollen) gehört.

In der Praxis (und in zahlreichen Unternehmensveröffentlichungen wie beispielsweise bei VW, DaimlerChrysler etc.) haben sich diese Basisqualifikationen mehr oder weniger in Form von sechs unterscheidbaren *Kompetenzarten* herauskristallisiert:

- Unternehmerkompetenz (UK) (strategisches Initiativ-Management)
- Führungskompetenz (FK)
- Sach- & Fachkompetenz (SFK) (inkl. Methodenkompetenz)
- Gestaltungskompetenz (GS) (Systemdesign und -redesign)
- Sozialkompetenz (SK)
- Persönlichkeitskompetenz (PK)

All diese Teilqualifikationen benötigen, bedingen und ergänzen sich gegenseitig. Sie sind dadurch ebenfalls systemischer Natur und ergeben als »Konzert« dann die allgemeine Management-Kompetenz (MK).

Die Abb. 8 – das »Management-6-Eck« zeigt diese Teilqualifikationen

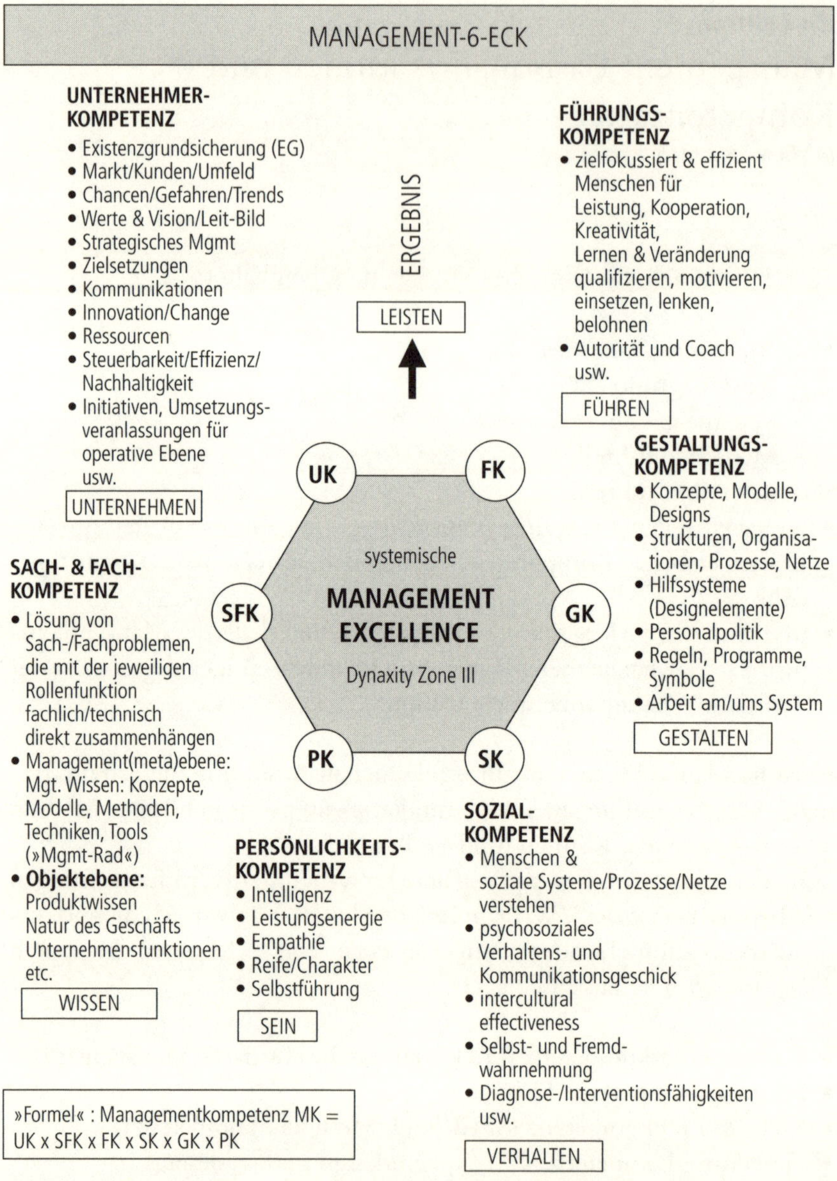

Abb. 8: Sechs Management-Basisqualifikationen und Kompetenzarten

und Kompetenzen im Überblick. Ebenso die zusammenfassende Gesamtübersicht Abb.9 weiter unten.

Da diese Teilqualifikationen mittlerweile allgemeinverständlich und insofern selbsterklärend sind, sollen sie hier nicht weiter erläutert werden.

Zusammenfassung: Management auf einen Blick und einem Blatt ...

Als Gesamtzusammenfassung der vier Managementfunktionen, der Aufgabeninhalte und neun Grund-Tätigkeiten im Managementprozeß sowie der sechs Basiskompetenzen professionellen, systemischen Managements soll das anschließende große Übersichtsblatt dienen.

Man hat dadurch – wenn auch ziemlich komplex, kompakt und (leider sehr) kleingedruckt – alle wesentlichen Inhalte sowie deren Vernetzungen sogleich vor Augen. Und das alles auf einen Blick. Eben systemisch.

Gleichzeitig soll diese Zusammenfassung als »Managementlandkarte« dienen. Sie soll Orientierung und Anregung geben für Selfassessments sowie als Inputgenerator fungieren, und zwar hinsichtlich inhaltlicher Lernfragen im Rahmen von Management-Development-Maßnahmen und -Programmen. Dies wird für den Teil II notwendiges Roh- und Rahmenmaterial darstellen.

Zuvor jedoch müssen noch dringend einige weitere Managementthemen und Aspekte diskutiert werden.

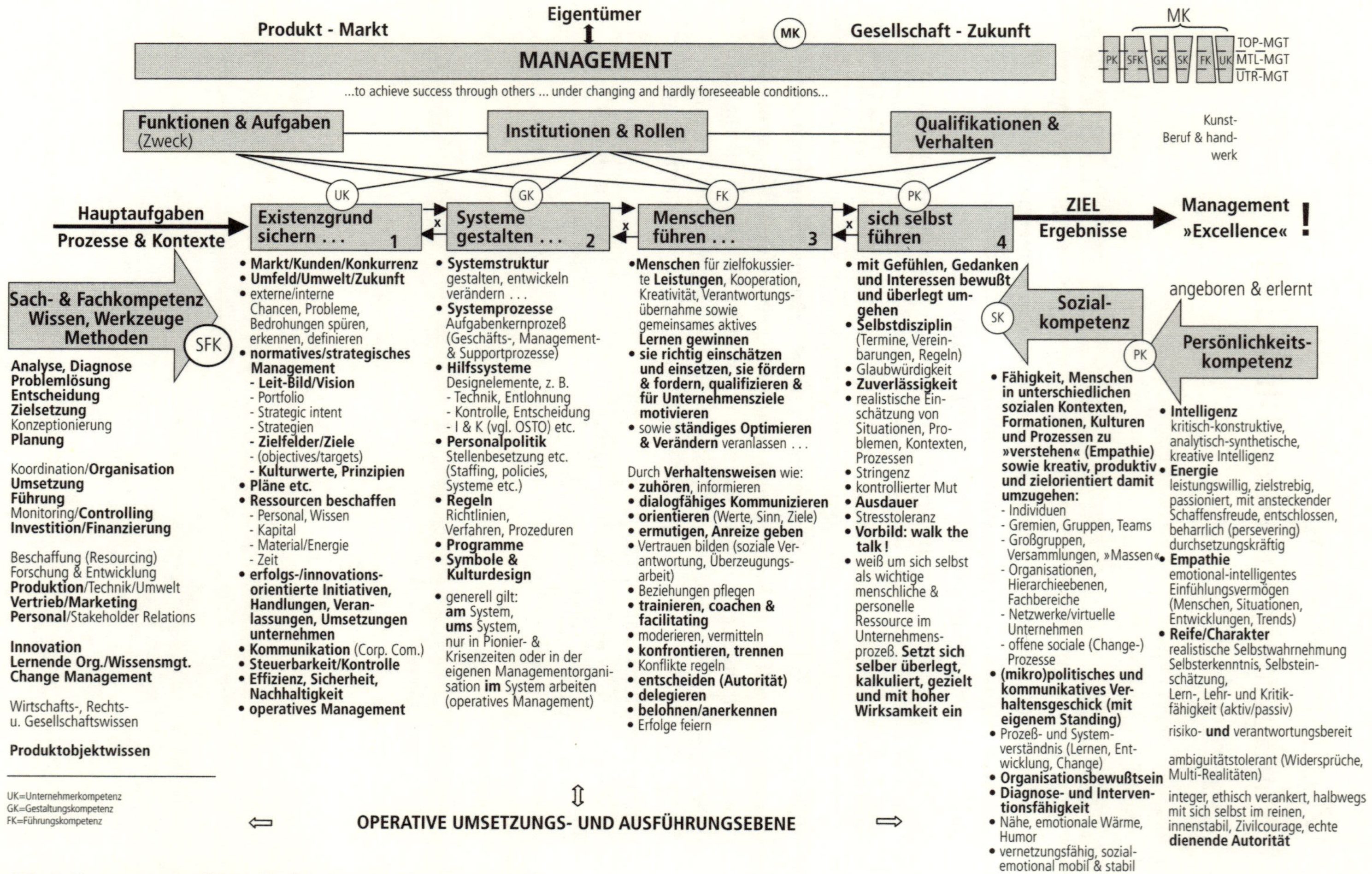

Abb. 9: Komponenten allgemeiner Managementkompetenz (MK)

Notwendige Relativierungen

Das Gesamtbild der hier entwickelten Vorstellung »systemischen Managements« ist natürlich sehr breitgefächert und anforderungsreich. Realistischerweise müssen einige Relativierungen (Einschränkungen, Spezifizierungen, Indikationskriterien, Anwendungsvoraussetzungen) hinzugefügt werden. Und derer sind mehrere:

Erste Relativierung: Machbarkeit versus idealtypische Überforderung

Nur »Universalgenies« – so Malik[38] – schaffen jene differenzierten, systemischen, globalen Managementanforderungen. In den vielen Jahren seiner Zusammenarbeit mit Managern, so führt er weiter aus, habe er noch keinen einzigen getroffen, der diesem Allround-Profil fachlich, beruflich oder charakterlich entsprochen hätte. Das ist auch meine Erfahrung.

Auch Manager sind Menschen mit Grenzen, auch im Management wird nur mit Wasser gekocht, und keineswegs geht es dort immer nur um kompetentes Wissen, Können und Gestalten, um Gemein- und Verantwortungssinn, um »rein« objektive Geschäftsziele, Strategien und Ergebnisorientierungen.

Raffinierte (mikro-)politische Kämpfe um Einfluß, Privilegien, Eitelkeiten mischen kräftig mit. Hinter höfischen Maskenspielen verbergen sich zuweilen grandiose Inkompetenzen, Dummheiten, Faulheiten sowie massive Eigeninteressen und Charakterschwächen. Die Wirtschaftspresse ist voll davon. So schrieb beispielsweise das Manager Magazin[39] unter dem Titel *Von allen guten Geistern verlassen* über das Leben in Vorstandsetagen:

»Schöne Elite: Sie gelten als honorig, rational und kompetent. Tatsächlich vergeuden Topmanager ihre Zeit mit kindlichen Machtspielen und unwürdigen Revierkämpfen.«

»Manager sind fade und feige«, schreibt Gansterer (1999). Und ähnliches auch Ogger (1995) unter dem Titel *Nieten in Nadelstreifen* oder Noll/

Handelsblatt Febr. 2000

Bachmann (1987) in ihrer realistisch-satirischen Analyse von Managern als »grauen Männern über 50«, von nur sich selbst versorgenden, »kleinen Machiavellis«. Noch krassere »Untergrunddarstellungen« über Machenschaften und Gebaren von Topmanagern und Wirtschaftskapitänen schilderten unter dem Titel *Ihr da oben – wir da unten* in den 70er Jahren in besonders peinsamer Form auch Engelmann und Walraff.[40]

Desgleichen beschreibt und durchleuchtet mit scharfsichtiger, analytischer Beobachtungskunst auch Doppler (1999) in seinem aus einer Art Tagebuchnotizen bestehenden Buch *Dialektik der Führung* die vielen narzißtischen, voyeuristischen, aggressiven und angstbesetzten Täter-Opfer-»Spiele« zwischen Vorgesetzten und Mitarbeitern.

Es ist auch klar, daß gemäß dem Prinzip fraktaler Selbstähnlichkeit diese Management-Muster nicht nur in den oberen Etagen, sondern auch auf den unteren Managementrängen munter anzutreffen sind. Es »menschelt« überall. Grenzen, Überforderungen, Defizite, Versagen sind allenthalben präsent. Und das Management ist dabei keine Ausnahme.

Die bescheiden-demütige Einsicht in diese allzu menschlichen, normalen Relativierungen hilft dennoch nicht aus der Qualitätssackgasse: Wir brauchen trotzdem »gute« (oder bessere) Manager. Die Frage ist vielmehr, wie stark (realistischer) Machbarkeitswille hinsichtlich »high-quality« Management in den Unternehmen und Organisationen ausgeprägt ist bzw. sein muß.

Denn das oben dargestellte »Globalmodell« qualifizierten systemischen Managements (Abb. 9) entspringt ja auch nicht primär einer idealistisch-mystischen Wunschvorstellung, sondern ist vielmehr Resultat eines empirisch untermauerten Wissens- und Bewußtseinszustandes bezüglich dessen, was heute unter »professionellem Management« verstanden und herausgestellt werden muß.[41]

Das »systemische Managementmodell« spiegelt genaugenommen das wider, was unter heutigen, dynamischen, komplexen Umfeldbedingungen (vgl. weiter unten »Dynaxity Zone III«) Managern sowieso bereits abverlangt wird bzw. abverlangt werden muß. Es geht nicht um »nice-to have«, sondern um »urgently needed-to-have« ...

Die Lösung kann also nicht in einem resignativen, lethargischen Sich-damit-Abfinden und weiterem Durchwursteln liegen. Sondern in der Suche nach anforderungsgerechten, neuen Lösungs- und Entwicklungswegen.

Um nur einen Lösungsansatz unter vielen zu nennen: z.B. mehr Teamarbeit auf Managementebene! Partialkompetenzen einzelner Führungskräfte könnten sich durch Teamzusammenarbeit gegenseitig synergetisch ergänzen (vgl. obige »Besinnungspause« S. 36) und dadurch die Managementqualität und Erfolgswahrscheinlichkeit insgesamt heben. Und wenn man das will, ist das durchaus machbar: Wo ein Wille ist, ist ein Weg. Wo kein Wille ist, sind Gründe.

Ist man bereit, diesen Team-Weg zu gehen – was bei weitem noch nicht überall der Fall ist –, müßte man allerdings auch dafür offen sein, die Zusammenarbeitsmuster je nach Aufgabenstellung und Kontext immer wieder neu kreativ zu formieren.

Die funktional bedingten Ergänzungs- und Kombinationsmuster der Manager-Kooperationen würden dadurch sehr fließend, flexibel und volatil. Die Willigkeit und Fähigkeit von Managern zu solchen permanent sich rearrangierenden Kooperationsformen müßte natürlich gegeben sein bzw. entwickelt werden (und sind bereits in Einstellungs- und Beförderungskriterien und/oder Management-Developmentprogrammen zu verankern!).

Vor dem Hintergrund dieser Anforderungen, Zusammenhänge und Argumentationen gewinnt dann die hier dargestellte hochkarätige Kompakt-Auffassung von »Manager und Management« doch wieder ihren realistischen Sinn und ihre praxisgemäße Berechtigung.

Selbst wenn man die komplexe Vorstellung eines »systemischen Managements« als zu idealtypisch, zu visionär oder gar als utopisch einstufte, so hätte sie selbst unter solchen Vorzeichen noch eindeutig praktischen Wert:

- sie kann als Leit-Bild und Langfristorientierung dienen
- sie kann als Benchmark fungieren und helfen, die eigene Managementqualität und -auffassung kritisch zu überprüfen (Selfassessment / Management Audits)
- sie kann dazu beitragen, Management-Development-Programmen inhaltliche und qualitative Richtungs-Impulse zu vermitteln
- sowie, last not least, das generelle Verständnis von und für professionelles, systemisches Management fördern
- und damit auch dem Gedeihen unserer Unternehmen und Organisationen von deutlichem Nutzen sein.

Zweite Relativierung: Historisch-gesellschaftliche Zeitbedingtheit

(Dynaxity-Zonen I, II, III)

Inhalte, Ausmaß, Komposition, Qualität und Erfordernis der sechs unterschiedlichen Managementkompetenzen (Unternehmenskompetenz bis Sozialkompetenz) variieren je nach situationsbedingter Aufgabenstellung und historisch-gesellschaftlich bedingter Kontextumgebung des Managers.

Das gleiche trifft auch auf die jeweiligen Schwerpunktsetzungen bei den vier Managementgrundfunktionen zu (Existenzgrundsicherung, Systemgestaltung, Menschenführung, Selbstführung). Mit anderen Worten: Das hier von mir skizzierte Bild von Management und Managern trifft vermutlich *hauptsächlich* auf unsere heutigen und zukünftigen gesellschaftlichen und ökonomischen Lebenskontexte zu.

Unsere Lebenssituation ist nahezu allseits durch steigende Komplexität und Dynamik, durch zunehmende Lern- und Wissensbasierung von Unternehmen und durch permanenten Wandel mit entsprechenden Vernetzungs-, Flexibilitäts- und (interkulturellen) Mobilitätsanforderungen gekennzeichnet. Traditionell gewichtige Rahmenbedingungen aus Zeiten der Agrarwirtschaft, der Grund- und Schwerindustrien, umhegt von geschlossenen Wirtschaftsräumen, beflügelt von ungesättigten Verkäufermärkten etc. – solche Bedingungen nehmen rapide ab bzw. sind bereits verschwunden. Statt dessen: zunehmender Wettbewerb, widersprüchliche Kunden, Globalität, wachsende Bedeutung weicher »Soft«-Faktoren wie Lernen, Wissen, Initiative, Service, Kreativität, Selbstmanagement, Kommunikation, Sinn, Zukunftsfähigkeit etc. Diese Faktoren haben mittlerweile fast überall weltweit Relevanz gewonnen.

Gesucht werden daher mit zunehmender Tendenz flexible Allround-Generalisten (mit jeweils einer Tiefenspezialisierung), teamfähige Wissenswerker, energievolle Facilitators, sozialkompetente Moderatoren, kombiniert mit Kommunikationen, Kooperationen und »virtuellen« Verbindungen quer über alle Konkurrenzlinien, Kultur- und Zeitgrenzen hinweg und dergleichen mehr (Netzwerkfähigkeit). Das alles ist in den mobilen »placeless« Dienstleistungs- und Informationsgesellschaften von heute und morgen gefragt. Das ist – historisch gesehen – in dieser Breite und Tiefe bisher noch nie der Fall gewesen.

Ich habe an anderer Stelle versucht, die solchermaßen dahinterliegende Entwicklungsbewegung im Begriff der »Dynaxity« und dreier unterschiedlicher Dynaxity-Zonen zu umschreiben.[42]

»Dynaxity – als Kunstwort aus dyna(mics) und (comple)xity gebildet – bezeichnet dabei das *gleichzeitige* Ansteigen von Komplexität und Dynamik (siehe Schaubild 10), und dies Hand in Hand mit paradoxen Entwicklungen wie Technologiemacht vs. Handlungsüberforderung, Kreativität vs. Risikozwängen, Wissensexplosionen vs. Hungerkatastrophen usw.

Wie Abb. 10 zeigt, lassen sich die Dynaxity-Zonen inhaltlich in folgender Form kurz beschreiben:

- Zone I

Die Dynaxity-Zone I zeichnet sich durch große Stabilität und Transparenz aus. Bildhaft gesprochen läßt sie sich vergleichen mit der »Welt« einer (z.B. mittelalterlichen) Dorf- und Familienidylle, mit dem »menschlichen Maß« durch- und überschaubarer Gruppensysteme sowie einfachster organisatorischer Differenzierungen: Haus, Baum, Garten, Werkstatt, Stall, Zaun, Familie, Handwerk ist das Zentrum. Der Beruf – vom Vater, Großvater und Urgroßvater ererbt – gilt lebenslang. Und die »Wahl« des Bürgermeisters ist schon hohe Politik. Die Arbeit wird noch größtenteils durch »Zuruf« und direkte Kommunikation »geregelt«. Die Umwelt ist konstant, mögliche Turbulenzen werden durch Improvisation rasch gemeistert, was bei gering komplexen Kontexten noch leicht gelingt. Small ist eben beautiful.

Daß diese »Spitzweg«-Vorstellung von Zone I aus heutiger Sicht großteils nur Wunschprojektion ist, dürfte unstrittig sein. Als Sehnsucht ist sie jedoch real und hat starken Einfluß auf unsere Handlungen. Dennoch war die Zone I phasenweise durchaus historische Wirklichkeit, und in einigen gesellschaftlichen Nischenbereichen und geografischen Reservaten gibt es sie auch heute noch.

Die Zone I – in ihrer romantischen Version – ist auch jene Zone, wohin sich die meisten Menschen eigentlich (zurück)sehnen: das eigene kleine Haus, die eigenen vier Wände, my home is my castle – hier kenn' ich mich aus, fühle mich geborgen, aufgehoben in Familie und dörfischer Gemeinschaft, umgeben von Ruhe, Blumen und Sonnenschein. Als Haushaltsvorstand bin ich hier ein kleiner König, die Hausfrau und Mutter die Königin. Kinder sind Reichtum, Freude, Zukunft. Alle verbindet der Wunsch nach Frieden, Glück und Gesundheit, nach Einheit mit Schöpfer, Schöpfung und Mitmensch. Eine Welt zum Aufatmen..!

- Zone II

Aber man ahnt und weiß es ja auch: Zone I war (oder ist) nicht haltbar. Der Mensch – in seinem dunklen Drange – wollte und brauchte unbedingt mehr, die Dynaxity – Zone II nämlich.

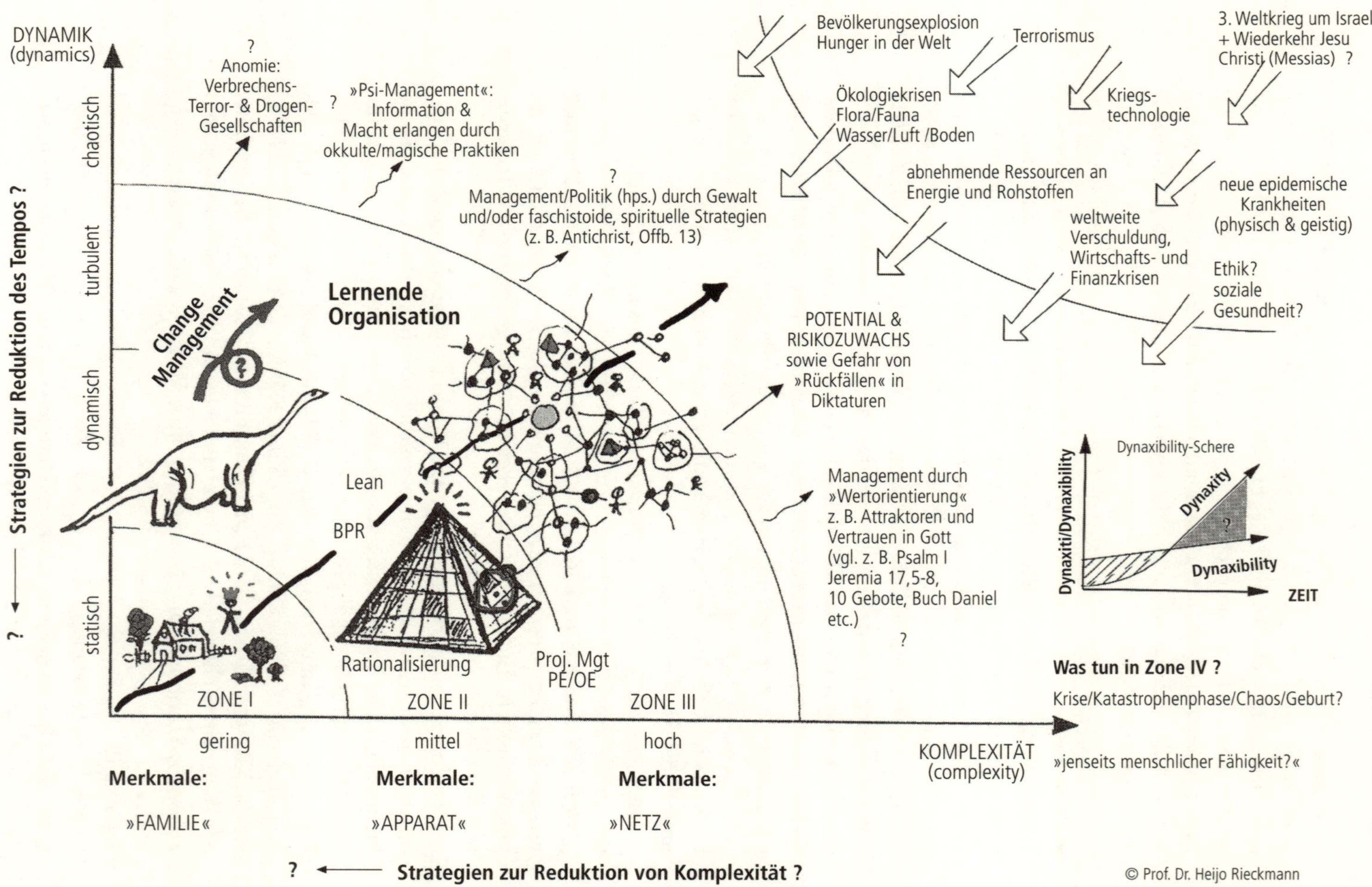

Abb. 10: Kontinuum der Dynaxity

So stiegen Komplexität und Dynamik an, und zwar gleichzeitig. Damit kommen wir in die für die Zone II typische »Zeit« der hierarchischen Großorganisationen, jenen straff in »Kästchen« gegliederten Pyramidensystemen mit starker funktionaler Linie-Stab-Gliederung, mit Befehls-, Gehorsams-, Kontroll- und Mißtrauenskulturen, mit Silo-Effekten und großer Binnenkomplexität, Unbeweglichkeit, Taylorismus, Bürokratie, Amtsautorität und kundenfeindlicher Selbstbezogenheit. Trotz dieser und anderer gehöriger »Nachteile« (aus heutiger Sicht) konnten diese »Systemmaschinen« und »Dinosaurier«-Organisationen erstaunlich viel Volumen mit ihren Technik-, Kapital-, Arbeiter- und Angestelltenmassen bewegen, große Komplexitäten (bei mittlerer Dynamik) geplant, gezielt, vorhersehbar, sicher, kontrolliert und zufriedenstellend verarbeiten, dabei viel Output produzieren und Wachstum (Masse, Größe, Macht, Sicherheit) generieren. Der Mensch war freilich zumeist nur ein Rädchen im System, nur zuständig für seine streng definierte Kästchen-Funktion, genoß dafür aber Aufgabenklarheit, Halt, Ordnung, Orientierung, Größe und Bedeutsamkeit durch seine Organisationszugehörigkeit, also durchaus begehrenswerte Dinge.

- Zone III

Kritisch wird es für solche Großpyramidensysteme und ihre maschinentheoretisch-bürokratischen Struktur-Kultur-Vorstellungen, Mentalitäten und Ordnungen von Organisationen jedoch dann, wenn die Umwelt, der Markt etc. in seiner Dynaxity weiter kräftig und deutlich zulegt, also hoch komplex und turbulent wird und in Zone III eintritt. Der Organisations-Umfeld-Fit gerät in eine Krise, der »Dinosaurier« schafft das Tempo nicht mehr und kommt aus dem Takt. Er müßte schneller, schlanker und intelligenter werden, eventuell fliegen lernen (Lean Management, Projektorganisation etc.). Dynaxity-Zone III erfordert deutlich mehr Flexibilität und Kreativität und damit neuartige, turnschuhmäßige Formen von Organisations-, Kommunikations-, Qualifikations- und Managementverständnis, -formen und -inhalten, z.B. Teams, Open Space Meetings, Teleworking Koordinationsparties, Netzwerke etc. Und damit auch einen fast paradigmatischen Change-Sprung in bezug auf ganz »andere« Welt-, Lebens- und Rollenvorstellungen, in bezug auf Lernen und Arbeiten, Stabilität und Sicherheit, Ruhe und Ordnung, Führung und Management, Intelligenz und Wissen, Kontrolle und Steuerung. Organische Organisationsauffassungen und systemisches Management werden notwendig. »Our formal organization is a joke«, sagte 1995 CEO Platt von Hewlett Packard einmal bzgl. Zone III …

Nach diesem kurzen Dynaxity-Exkurs möchte ich nun wieder auf das obige Thema »Relativierung« zurückkommen.

Denn: Die vier Managementgrundfunktionen und die damit einhergehenden Aufgabenpakete und Kompetenzanforderungen entsprechen in ihren Notwendigkeiten und Akzentuierungen den Anforderungen der jeweiligen Dynaxity-Zone, in der sich das Unternehmen befindet und die Manager zu handeln haben.

Die Dynaxity-Zonen bringen jeweils eigene, sozusagen zonenspezifische Nachfrage- und Kompetenzprofile hervor mit unterschiedlich gewichteten Wahrnehmungen der vier Grundfunktionen (Existenzgrundsicherung etc.). Die Schwerpunktsetzungen und Qualifikationsanforderungen und damit auch das Managementverhalten sind also dementsprechend als »relativ« anzusehen. Dazu einige Beispiele:

Das traditionelle, technokratisch-bürokratische Management paßt eher zu Zone II (»Pyramide«), systemisch-organisches Management eher zu Zone III (»Netzwerke«), der patriarchalische Pionierunternehmer mit seiner auf ihn fokussierten Firmenfamilie (»Gruppe«) wahrscheinlich eher in Zone I (oder auch Zone III, allerdings offensichtlich nur in Netzwerkverbindungen und mittlerer Komplexität).

Ein Zone III-Manager in einer typischen Pyramiden-Zone-II-Kultur z.B. würde als Chaot, Zigeuner oder linksliberaler Unterwanderer angesehen werden – in der Regel zumindest. Und ein Zone I-Patriarch würde sich in einer vernetzt-kommunikativen Heterarchiewelt mit fließenden Team- und Projektgruppen, Open space Konferenzen und intellektueller (Internet)-Demokratie vermutlich sehr schwertun oder gar verrückt werden. Ebenso der klassische Zone II-Manager: Während viele seiner Methodenkenntnisse und Organisationsfähigkeiten durchaus auch in Zone III gebraucht werden, so wird er jedoch wahrscheinlich mit seiner »Zone II-Beton-Kopf-Mentalität« – wie manche sagen – sprich mit seinem sicherheits- und stabilitätsorientierten Routine-Verhalten in der kreativ-kommunikativen, z.T. überraschungsreich-ungeordneten Welt der Zone III auf Widerstand stoßen. Und all das gilt analog auch in umgekehrter Richtung.

Es ist mir dabei wichtig zu betonen, daß diese metapherhaften, grobrasterigen Zonendefinitionen und die damit verbundenen Managementauffassungen und –stile zunächst erst einmal wertfrei anzusehen sind! Wichtig ist lediglich der Fit: Managementverständnis und -verhalten, aber auch das der Mitarbeiter (!), müssen zur jeweiligen Zonen-Anforderung – dem Umfeld – passen. Nicht mehr, nicht weniger.

Dritte Relativierung: Unternehmens(entwicklungs)situation

Unternehmen können sich in unterschiedlichen Entwicklungsstadien und/oder Lebenssituationen befinden[43] und daher unterschiedlich spezialisierte Managertypen benötigen. Manchmal wird ein »Saubermann« gebraucht, manchmal ein rigider Turn-around-Sanierer gesucht, manchmal ist ein genialer Innovator, ein Pionier oder Massenverkäufer gefragt. Und wiederum ein anderes Mal scheint ein feinfühliger und interkulturell versierter Global Manager der Richtige zu sein.

Und niemand schafft das alles auf einmal. Persönlichkeitseigenschaften und spezifische Stärken/Schwächen, Neigungen/Abneigungen, Erfahrungen/Unkenntnisse spielen dann – trotz evtl. »führungstheoretischer« Bedenklichkeiten – wieder eine große, teilweise entscheidende Rolle. (Die situative »Eigenschaftstheorie« kommt hier wieder voll zum Zuge!)

Damit sind wir fast wieder beim obigen Zwischenfazit 1: Was das richtige Managen oder der/die richtige Manager(in) ist, ist abhängig vom Kontext, von der jeweiligen Dynaxity-Zone, von der spezifischen Unternehmenssituation, von der Branche, von der Konjunktur etc. Das jeweils benötigte Set an Tätigkeitsschwerpunkten, Wahrnehmungsfeldern, Managementqualifikationen und Persönlichkeitseigenschaften variiert also dementsprechend.

Vierte Relativierung: Unternehmenstyp

Unternehmen haben sehr unterschiedliche Existenzgründe, Zwecke, Sinngrundlagen und Geschichten. Deswegen gab es Versuche, Unternehmenstypen oder -klassen zu definieren. Zum Beispiel:

- Produktionsunternehmen (Schwerpunkt »Materie«: Muskelkraft, Maschinen, Anlagen)
- Dienstleistungsunternehmen (Schwerpunkt »Menschen«: Service, Motivation, Beziehungen etc.)
- Wissensunternehmen (Schwerpunkt »Geist«: Forschung, Entwicklung, Beratung etc.)

Oder:
- Profit-/Non-Profit-Unternehmen
- Unternehmen mit freiwilliger Mitgliedschaft (Vereine, Genossenschaften, Kooperationsnetze)
- Zwangs- und Gewaltunternehmen (Gefängnisse, kriminelle Organisationen, Arbeits- und Vernichtungslager etc.)

Es leuchtet ein, daß der jeweilige Unternehmenstyp gravierenden Einfluß auf den Kontext hat, in dem Management und Führung realisiert wird. Deswegen sind diese Relativierungspunkte mit zu bedenken, wenn über Managementanforderungen, Management-Qualität und Management Development entschieden werden muß.

Fünfte Relativierung: Management-Ebenen

In der Literatur wie in der Praxis wird häufig zwischen oberen, mittleren und unteren Management- oder Führungskraft(FK)ebenen unterschieden:

Top Management: (TM /OFK)	Vorstand, Geschäftsführung, Bereichsleiter mit richtungsweisender, normativ-strategischer Funktion und Verantwortung (auch häufig Obere Führungskräfte (OFK) genannt)
Mittleres Management: (MM / MFK)	Haupt- oder Abteilungsleiter, Business-line-Leiter etc., mit planerischer, organisatorischer, umsetzungs- und »übersetzungsorientierter« Funktion (»Sandwich-position«) (auch oft Mittlere Führungskräfte (MFK) genannt)
Unteres Management: (UM / UFK)	Gruppenleiter, Schichtleiter, Vorarbeiter mit direkter, produktbezogener Operationsaufgabe »vor Ort« und »zum Anfassen« (untere Führungskräfte, UFK)

Die weiter oben skizzierten vier Managementbasisfunktionen (Existenzgrund/Systemgestaltung/Menschenführung/Selbstführung) sowie die sechs unterscheidbaren Management-Kompetenzanforderungen (Sach-,

Fach- bis Persönlichkeitskompetenz) sind dabei in Relation zu den jeweiligen Schwerpunktanforderungen der einzelnen Managementebenen zu sehen.

Die Groß- und Grobeinteilung in verschiedene Managementebenen macht dabei auf den ersten und zweiten Blick durchaus Sinn, erscheint empirisch und plausibel.

In fraktaler Hinsicht zeigt sich jedoch, daß diese gröberen Unterscheidungs(kompetenz)merkmale (TM, MM, UM) mit prinzipiell auftretender Selbstähnlichkeit auch auf den jeweils anderen Managementebenen wiederzufinden sind: jede Managementebene enthält nämlich genaugenommen normative, strategische und operative Dimensionen und Tätigkeiten wiederum in sich selber.

Auch ein Werks- oder Abteilungsleiter (MM) muß heutzutage (z.B. unter internen Marktbedingungen) normativ, strategisch und nicht nur umsetzungsorientiert denken und handeln. Auch Vorstände haben »Operatives« zu tun, auch Vorarbeiter, Schichtmeister (UM) etc. müssen »Managen« lernen, wenn anforderungsreiche Wettbewerbsbedingungen ganze Unternehmen zwingen, Selbstorganisation, Selbstmanagement und unternehmerisches Mitdenken aller Organisationsmitglieder zu fördern und zu fordern.[44]

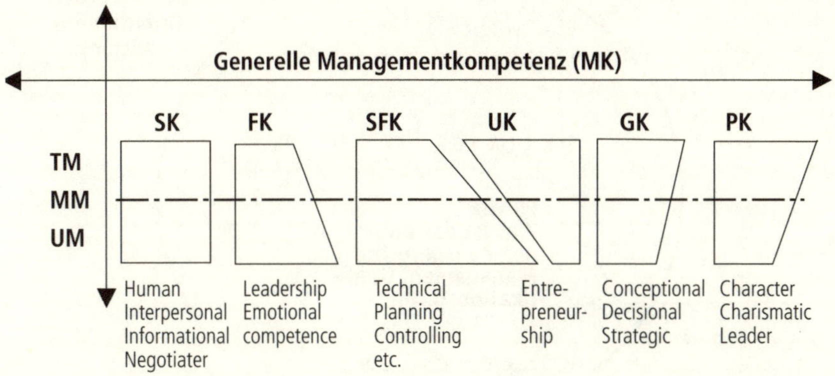

Der KVP-Ansatz zum Beispiel (»Kontinuierlicher Verbesserungsprozeß«), das Unternehmensführungsmodell (»Business Excellence«) der European Foundation for Quality Management (EFQM, Brüssel) oder dezentrale Unternehmensführungsansätze mit Installation teilautonomer

Gruppen und Netzwerke (Syma/Open System Ansatz)[8] machen alle gleichermaßen vermehrt Managementverhalten und -können (mit Zone III-Fitness-Merkmalen) notwendig, und zwar »quer Beet« auf allen Ebenen.

Es zeigt sich bei genauerem Hinsehen also beides: Die Funktionsorientierungen und Kompetenzanforderungen zwischen den Management-Ebenen beginnen sich anzunähern, wobei jedoch die Relevanzen und damit die Schwerpunktlagerung graduell weiterhin unterschiedlich nach Ebenen verteilt sind bzw. auch sein müssen (vertikale Arbeitsteilung).

Die obenstehende Illustrationsskizze[45] versucht diese Differenzierungen – ergänzt durch amerikanische Merkmalsbegriffe – vornehmlich mit symbolischer Absicht vor Augen zu führen.

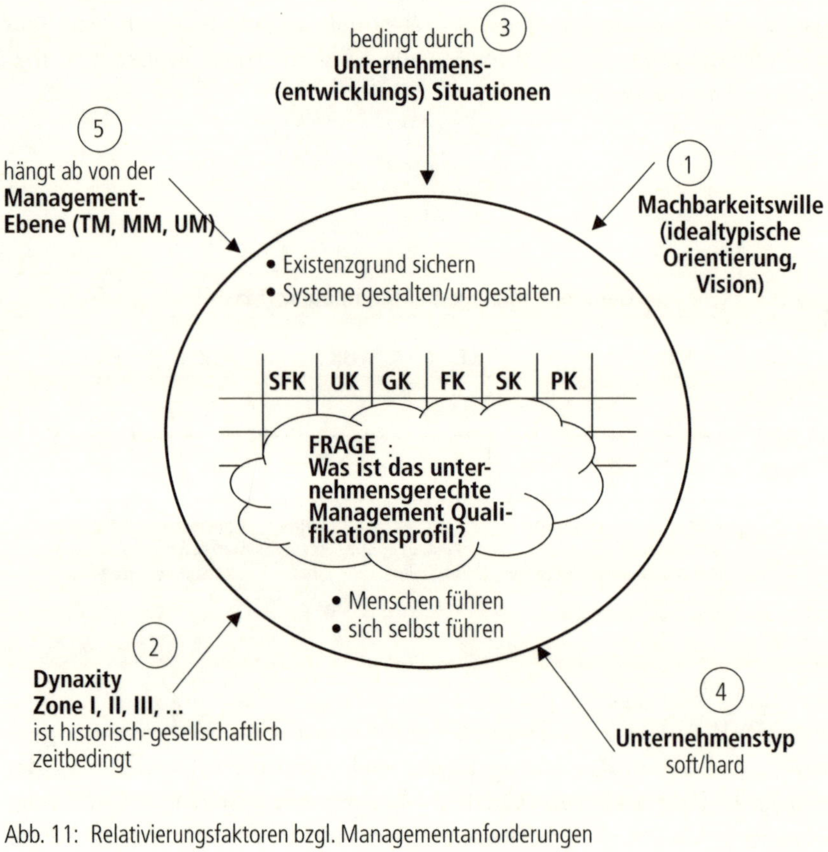

Abb. 11: Relativierungsfaktoren bzgl. Managementanforderungen

Die jeweiligen »Profile« und Qualifikations-Akzentierungen der einzelnen Managementebenen hängen darüber hinaus von weiteren Wirkgrößen ab wie:

- Unternehmensgröße / Differenzierungsgrad / Leitungsspanne
- Produkttyp / Produktcharakter (psychische / soziale »Natur« des Produktes z.B. »Staal« oder Software« ...)
- Markt- und Branchensituation
- historischer, kultureller und gesellschaftlicher Kontext
- Grad der Lern-, Wissens- und Innovationsbasiertheit des Unternehmenserfolges
- »Dynaxity« – Zone des Umfelds

Das Schaubild Abb. 11 versucht diese fünf Relativierungsfaktoren bildlich zusammenzufassen.

Management ist Profession!

Hier lauteten die Leitfragen 9–10, ob man Managen und Führen lernen lernen kann und muß.

Es wird beim Lesen deutlich geworden sein, daß hier die Überzeugung vertreten wird, Management im integrativen Sinne sei keineswegs irgendein Anhängsel im Berufsalltag, das jeder mehr oder weniger so nebenher noch mit betreiben und mit entwickeln kann. Ganz das Gegenteil ist der Fall.

Manager zu sein, eine nachhaltig erfolgreiche, für Mensch und Unternehmen fruchtbare (nicht furchtbare!) Management-, Führungs- und Gestaltungskraft zu werden oder sein zu müssen, ist ein eigener Berufsweg, ist eine eigene komplexe Profession.[46] Vieles von diesem Beruf kann man lernen (wenn man will!), manches davon ist auch Talentsache und insofern Kunsthandwerk. Aber auf jeden Fall ist Managementqualität kein »ad-on«. Management ist ein anspruchsvoller, verantwortungsreicher, spannender und eigenständiger Beruf und wird es in Zukunft noch mehr sein!

Im Alltag vieler Unternehmen wird das jedoch immer noch nicht so gesehen. Manche halten den »Managerberuf« für einen Mythos – also »vergebliche Liebesmüh« oder realitätsfernes »unsinniges Ansinnen«. Es koste u.U. viel Geld, und die Wirksamkeit professionellen Managements läßt sich kaum messen.[47] Hinzu kommt, daß nicht wenige Unternehmen sich bei ihren Einstellungs- und Managementbeförderungsentscheidungen auch fatalerweise immer noch vom »Oberschraubendreher-Syndrom« (Sprenger) leiten lassen.

Das Oberschraubendreher-Syndrom

Wie dieses Syndrom und das in ihm verpackte »Entwicklungsprinzip« funktioniert, zeigt folgendes Praxisbeispiel:

Herr Huber hat sich als hervorragender Fachmann bestens bewährt. Er war darüber hinaus stets fleißig, pünktlich, zuverlässig. Und deswegen soll er auch belohnt werden. Außerdem hat gerade eine Führungskraft gekündigt – welch' Pech – und die Stelle ist rasch neu zu besetzen. Die Wahl fällt auf Herrn Huber. Er wird zügig befördert.

Man macht den Spitzenfachmann umgehend zur Führungskraft mit der »herausfordernden« Aufgabe, eine größere Organisationseinheit als Ganzes leiten zu dürfen.

Und der Effekt? Ein halbes Jahr später stellt man frustriert fest, daß das Unternehmen eine Spitzenfachkraft verloren und einen schlechten Manager hinzubekommen hat. Der Rollen- und Berufswechsel hat nicht geklappt.

Was war geschehen? Der »Oberschraubendrehereffekt« hatte zugeschlagen.

»Der Vorgesetzte« (Fuchs, 1995, S. 23)

Im Bild gesprochen: Die ehemalige Spitzenfachkraft war so etwas wie der beste aller Schraubendreher. Deswegen wurde er ja auch zum Oberschraubendreher befördert. Schlagartig hatte er damit aber etwas völlig anderes zu tun, nämlich

- sich in komplexen Unternehmenssystemen zurechtzufinden,
- Mikro-Strategien und Pläne zu schmieden, Entscheidungen zu treffen,
- Ziele zu definieren, zu kommunizieren, zu ermöglichen und zu kontrollieren,
- sich mit internen und externen Kunden »rumzuschlagen«,
- Märkte, Kunden, Trends und Entwicklungen zu beobachten, Budgets zu erkämpfen, Organisationen zu bauen und umzubauen, »Change-Management« zu betreiben ...
- Leistungen zu generieren, Ergebnisse sicherzustellen, (interne) Wettbewerbsfähigkeit herzustellen, Innovationen zu ermöglichen ...
- und last, but not least – statt wie früher hauptsächlich nur Zahlen, Zeiten und Fachfragen zu bearbeiten – waren nun Menschen zu führen, also Wesen, die im Gegensatz zu früheren Objekten plötzlich eigenartige Bedeutung gewannen, die sich unangenehm irrational verhielten, sich als kompliziert, widersprüchlich und anstrengend entpuppten, ganz anders also als die früheren Sach- und Fachfragen... die »Schrauben« und »Schraubenzieher«.

Auf diese völlig neue Welt war unsere Spitzenfachkraft, Herr Huber, der Weltmeister aller Schraubendreher, jedoch überhaupt nicht vorbereitet. Weder innerlich noch äußerlich. (Ob er überhaupt talentiert war, wurde zuvor natürlich nicht geklärt.)

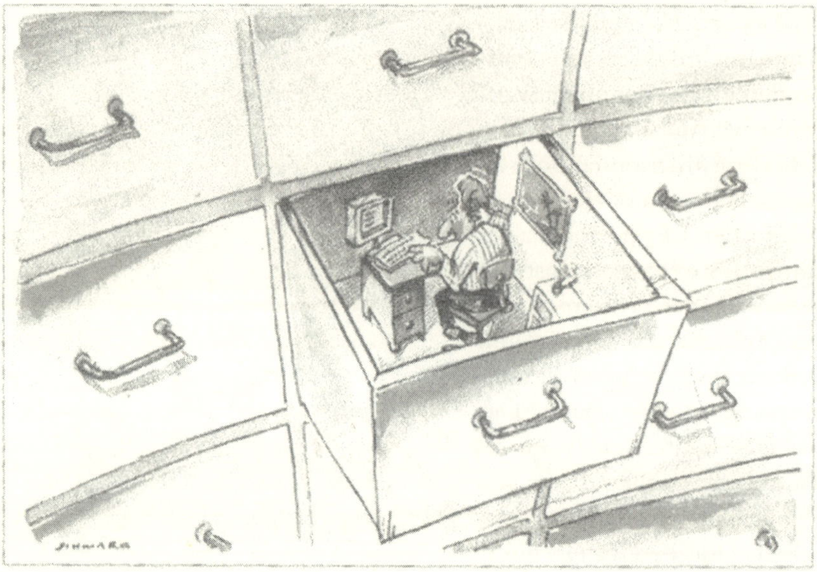

»Der Fachmann« (Fuchs, 1995, S. 89)

Was also tat Herr Huber, um mit seinem Schock fertig zu werden?

Halb bewußt, halb unbewußt flüchtete er sich wieder in das zurück, was er bestens konnte, wo er sich sicher, wohl und kompetent fühlte, nämlich ins ehemalige Schraubendrehen. Allen ihm untergebenen Schraubendrehern nahm er folgerichtig der Reihe nach die Schraubenzieher aus der Hand. Er zeigte ihnen, wie man das eigentlich wirklich richtig macht! Er regierte und regierte »rein«. Natürlich immer nur aus rein sachlichen Gründen. Die »Mitarbeiter« jedoch lehnten sich langsam zurück: »Wenn der Alte eh' alles besser weiß und kann, soll er's doch gleich selber machen!« Gesagt – getan. Unser Oberschraubendreher bekam nach und nach fast alles wieder zurückdelegiert und ertrank zusehends in der Tagesarbeit. Und irrwitzigerweise tat er »das« auch noch mit Engagement. Er hatte nämlich darin einen geheimen Lustgewinn entdeckt: Je mehr er sich mit Tagesarbeit zuschaufelte (zuschaufeln ließ), desto weniger mußte er das tun, was er gar nicht konnte, nämlich Menschen führen und komplexere Unternehmens(sub)systeme gestalten und lenken lernen.

Der Schaden war daher mittlerweile dreifach:

Das Unternehmen hatte Probleme mit den fachlichen und wirtschaftlichen Ergebnissen, die Mitarbeiter waren frustriert, unterfordert und innerlich gekündigt, und unser Oberschraubendreher holte sich im Hamsterrad seines Tagesgeschäfts ein Kreislaufproblem nach dem anderen ...

Und obendrein – um sein Versagen zu verbergen – wurde unser Oberschraubendreher zunehmend autoritärer. Er begann seine Leute anzubrüllen, weil er immer weniger zu sagen hatte ... Er machte sie zur Schnecke und wunderte sich, daß sie noch langsamer arbeiteten ...

Hätte doch die Geschäftsleitung gewußt, daß »Managen und Führen« ein gänzlich neuer Beruf ist und daß eine entsprechende Auswahl, Ausbildung und Entwicklungszeit unumgänglich gewesen wäre. Was wäre dann allen erspart geblieben!

Ein geschätzter Kollege, selbst in Managementfunktionen, Wilhelm Lauer (Siemens Österreich), drückte das Oberschraubendreherphänomen in einer noch viel drastischeren Form aus. Er inszenierte ein kleines Rollenspiel und fungierte dabei als Unternehmensleiter, namens Dr. Durchblick. Sein Gegenüber war der Werkschauffeur, Willi Bleifuß. Der Dialog lief wie folgt ab:

Dr.D.: Bleifuß, wie lange sind Sie schon bei uns ?
W.B.: 23 Jahre, Herr Doktor.
Dr.D.: Und wie lange fahren Sie schon unseren Werkswagen ?
W.B.: 20 Jahre !
Dr.D.: Können Sie ihn auch warten und reparieren ?
W.B.: Ja, Herr Doktor ! Schon oft gemacht.
Dr.D.: Und wie lange fahren Sie schon unfallfrei ?
W.B.: 20 Jahre !
Dr.D.: Wunderbar, wunderbar, Bleifuß !
Dann können Sie ja ab morgen auch unseren neuen Werkshubschrauber fliegen!

Spontan würde man sagen, daß etwas so Idiotisches kein gesunder Vorgesetzter täte. Trotzdem glauben aber immer noch zahlreiche Führungskräfte, daß das Gestalten, Lenken und Entwickeln von Unternehmen, das Führen von Menschen und der Umgang mit Kunden offensichtlich viel einfacher sei als das Hubschrauberfliegen. Ein simpler *Fach*führerschein reicht hier anscheinend immer noch aus. (Anders verhält es sich, wenn Unternehmen auch reine Fachlaufbahnen anbieten, obwohl auch hier systemische Managementqualitäten durch Projektarbeiten immer weniger unumgehbar werden.)

Auch das Rekrutierungs- und Personalmarketingverhalten zahlreicher Unternehmen unterschiedlicher Branchen und Größenordnungen zeigen offensichtlich eine ähnlich sorglose Einstellung (trotz der Erfindung der Assessment-Center). Eine umfassende Analyse von Personalsuchanzeigen (Zeitungen, Zeitschriften, Internet) zeigte, daß Nachwuchsführungskräfte – frisch von der Fachhochschule oder Universität – immer noch primär nach sachlich-fachlichen Gesichtspunkten ausgewählt werden (Chemiker, Ingenieur, Betriebswirt, Mathematiker, Informatiker, Controller etc.).

Weiche Faktoren (Verhalten, Persönlichkeit, Lebenserfahrung, Teamfähigkeit, innovative Interessen etc.) wurden eher nur in Einzelfällen gefordert.[48] Werden hier – so war unsere Frage – die Oberschraubendreher der Zukunft gesucht und erfolgreich falsch für Führungsaufgaben vorbereitet ?

Fazit: Wer kurzfristig durch Verzicht auf ein gezieltes Management Recruiting and Development (MD) Geld sparen will, läuft Gefahr, für die Auswirkungen von inkompetenten Führungskräften und Mißmanagement teuer bezahlen zu müssen.

Management muß gelernt und gelehrt werden. Sowohl unsere Alltagserfahrung als auch wissenschaftliche Untersuchungen (z.B. die Insolvenzforschung) machen deutlich, daß die Qualität und Qualifikation der Führungskräfte (und deren Managementorganisation) von höchster strategischer Bedeutung für die Wettbewerbsfähigkeit von Unternehmen sind. In einer von Watson Wyatt Worldwide 1998 veröffentlichten Umfrage unter Topmanagern von 2.143 Unternehmen aus 22 Ländern heißt es: »Mehr als drei Viertel der Geschäftsführer identifizieren schlechte Führung als vorrangige Ursache für den Fehlschlag von Unternehmen. (Sie) bewerten deshalb die Entwicklung von Management-Know-how und die Verbesserung der Mitarbeiterkenntnisse und -fähigkeiten als die beiden Säulen für zukünftigen Erfolg.«[49]

Fazit:

»Business Excellence« ist ohne Investition in die professionelle Entwicklung von Managern und Managementorganisationen nicht zu gewinnen.

Und Management Development (MD) ist »nichts für so nebenbei« oder nur ein Hobby für reiche Firmen. Es ist für Unternehmen unter heutigen komplexen und turbulenten Bedingungen der *Überlebensfaktor Nr. 1.*

Dietrich Over (Volkswagen Coaching GmbH) brachte das für mich einmal treffend auf den Punkt: ein Spruch – wenn ich mich richtig erinnere – hing dort an einer Wand: *If you think, education (=MD) is too expensive, try it with incompetence!*

Auch die EFQM-EFMD-Bewegung der »European Foundation für Quality Management«/Management Development (Brüssel) räumt ebenfalls der Qualität und Kompetenz von Managern unter den »enablern« für Business Excellence einen zentralen Platz ein.

Gleichermaßen wird auch in punkto »Lernende Organisation/Wissensmanagement« Managementqualität immer lauter gefordert.

Sagte man früher, daß die Großen die Kleinen, später dann, daß die Schnellen die Langsamen und heutzutage die Intelligenten die Dummen fressen, so unterstreicht auch diese Entwicklung die unabdingbare Notwendigkeit exzellenter, systemisch kompetenter Manager als Initiatoren und Moderatoren von Innovation und Produktivität, als Facilitatoren und Mentoren für organisationales Lernen, Wissensmanagement und Zukunftsfähigkeit.

Denn nur durch exzellentes, systemisches Management(verhalten) entsteht überhaupt erst die Chance, eine kreative Kultur und eine Wissen produzierende, lernende, also intelligente Mannschaft und Unternehmung zu gestalten, die Dynaxity-Zone-III-Fitneß generieren kann.

Beschränkte, inkompetente und/oder falsch eingesetzte und damit hoffnungslos überforderte frustrierte Führungskräfte können nur »dumme Organisationen« und sklerotische Verhinderungs-Kulturen herstellen. Denn durch unweisen, unsensiblen, furchtsamen, unbeholfenen, risikoscheuen Umgang mit Menschen, Macht und Möglichkeiten – den Kerneinsatzgebieten von Managern – können schlechte Führungskräfte sehr effektiv Angst, Hemmungen und Abschottungen in ihren Organisationen bewirken und dadurch erfolgreich Erfahrungsaustausch, individuelles und kollektives Lernen sowie den Aufbau einer intelligenten Unternehmenskultur und -struktur unmöglich machen. Die meisten Firmen, die ich kenne oder von denen ich höre, können sich das aber nicht (mehr) leisten. Sie sind einfach nicht mehr reich genug, um dumm bleiben zu können. Und Abhilfe kann hier primär nur vom Management kommen.

Es dürfte mittlerweile nachvollziehbar sein, daß die Qualität von Führungskräften und Managern strategischer Aufmerksamkeit bedarf und dementsprechend Zielgröße Nr. 1 werden muß.

Die Frage ist nun: Woher »Qualitätsmanager« nehmen und nicht stehlen? Und kann man das überhaupt lernen (bzw. lernen lassen)? – so fragten wir bereits weiter oben

Die Antwort ist ein klares »Jein«:

Systemisches Management läßt sich lernen und lehren. Allerdings – ehrlicherweise – erfolgreich nur bei Führungskräften,

- die das erstens wollen,

- zweitens gewisse lern-offene Persönlichkeitseigenschaften/Talente mitbringen
- und drittens, auf ihrem Entwicklungsweg step-by-step weiterbegleitet und kontinuierlich gefördert werden. Einmalige Hauruckmaßnahmen sind verpufftes Geld. Nach der ersten (oder einzigen) Fahrstunde ist man ja schließlich auch noch kein Formel-1-Rennfahrer.

Wenn diese drei Bedingungen gesehen, bejaht *und* praktiziert werden, kann die Frage der Erlernbarkeit von Management und Führung eindeutig mit ja beantwortet werden.

Die Lernziele für die Entwicklung systemischer Manager beziehen sich dabei in der Regel auf die oben bereits beschriebenen vier Managementgrundfunktionen in der Dynaxity-Zone III:

1. langfristige Existenzgrundsicherung des Unternehmens(teils), und dies
   - bei turbulenten Umwelten,
   - mit umfangreichen Problemstellungen und wandernden Zielsetzungen (moving targets) und
   - bei unsicherer Zukunft und engen Planungshorizonten;
2. das Managen, (d.h. Gestalten, Lenken und Verändern) von komplexen, vernetzten, lern- und selbstregulationsfähigen Unternehmenssystemen;
3. in Zusammenarbeit mit intelligenten und anspruchsvollen Mitarbeitern; (individuell und kollektiv)
   - also dem Führen von Menschen, in nationalen, globalen und interkulturellen Kontexten;
4. Wahrnehmung und Steuerung des eigenen Verhaltens.

Praktisch formuliert heißt das, daß die Aufgabe von Managemententwicklungsmaßnahmen darin bestehen muß, jungen (und/oder auch älteren) (Nachwuchs-)Führungskräften aller Management-Ebenen zu helfen, fähig zu werden, eben diese komplexen, d.h. sachlichen wie psychosozialen Probleme in vernetzten Systemen und turbulenten Umwelten zu verstehen, um sie dann auch erfolgreich und kreativ zu lösen bzw. – auf Metaebene – durch Mitarbeiter lösen lassen zu können.[50]

Managementqualifikationen, die den heutigen Rahmenbedingungen Rechnung tragen können, beziehen sich auf die bereits erwähnten sechs Management-Kompetenzfelder sowie auf die im Managementprozeß notwendigen Tätigkeiten. Diese beinhalten Qualitätsanforderungen besonders folgender Dynaxity-Zone III-bezogenen Art:

- die Fähigkeit, schlecht definierte, komplexe, diffuse Probleme, Chancen und Entwicklungen rechtzeitig wahrzunehmen (»awareness«), »richtig« zu diagnostizieren und zu »reduzieren« und in motivierende, sinn-machende Ziele transformieren zu können (MK)

- und dabei die problemgerechte Anwendung grundlegenden Management-Know-hows wie Marketing, Finanzierung, Controlling, Unternehmenskommunikation, Organisation etc. zu beherrschen (SFK) bzw. zu ermöglichen,
- auf den Existenzgrund des Unternehmens gerichtete Zusammenarbeit (»fokussierte Synergie«) erzeugen zu können... (SK, FK, GK),
- systemisch – vernetzt – zu denken, zu konzeptionieren, zu planen, zu handeln... (GK, PK),
- Widersprüche, Mehrdeutigkeiten und unterschiedliche Kulturen, Konstruktionen und Realitäten verstehen und aushalten zu können (Streßstabilität, Ambiguitätstoleranz, Geduld, »Weisheit«) (PK),
- Vorbild und Orientierung vermitteln können (PK),
- Selbstregulation und Selbstmanagement zu fördern (Kontext- oder Metamanagement durch Verantwortungsdelegation, Personalentwicklung, Organisationsentwicklung etc.) (FK/GK),
- komplexe, partizipative (individuelle wie kollektive) Lern- und Problemlöseprozesse zu moderieren (SK, FK), d.h. über einen hohen Grad an psychosozialer und kommunikativer Kompetenz zu verfügen, d.h. effizient mit Menschen, Gruppen, Organisationen, Netzwerken und partizipativen Problemlöse-, Innovations- und Changeprozessen umzugehen bzw. die dafür notwendigen Systeme, Strukturen und Kulturen zu entwickeln (Organisationsbewußtsein), also Gestaltungskompetenz (GK) und Unternehmer-Elan zu entwickeln, dabei Rahmenbedingungen zu schaffen, unter denen Mitarbeiter (»die Geführten« und Untergebenen?!) sich gleichzeitig sowohl beruflich als auch als Person weiterentwickeln können und dadurch exzellente Beiträge zur Unternehmensentwicklung beizutragen vermögen (IKP).

Moderne Managemententwicklungsmaßnahmen müssen erreichen, daß Führungskräfte wie Unternehmer (bzw. Subunternehmer) denken und handeln lernen. Sie müssen lernen – Vollmacht und Qualifikation vorausgesetzt –, ihre jeweiligen Unternehmensbereiche und Kooperationsnetze selbstregulativ und unternehmerisch zu managen (»entrepreneurship«). Nur dann werden »Fachspezialistentum«, »Funktionärsdenken« und »Beamtenmentalitäten« abgebaut bzw. verhindert.

Weniger »Schulung«, mehr existenzielles Lernen!

Die hier aufgeführten Anforderungsqualitäten haben indes fürs Lernen und Lehren (im Rahmen von Management Development) nicht zu unterschätzende Konsequenzen sowie Implikationen, die ebenfalls lange noch nicht breitflächig erkannt und akzeptiert werden. Denn Management-Lernen wird großteils zu existenziellem Lernen! Der Manager selbst ist an der Reihe als Mensch, als ganze Person. Er kann hier nicht mehr lernen lassen. Er *selbst* muß die wichtigste (Meta-)Ressource in seinem Arbeitsfeld werden und sein. Das ist undelegierbar.

In didaktischer Hinsicht wissen wir, daß der höchste Wirkungsgrad im Bereich »Erwachsenenlernen« nicht durch klassisch-verkopftes Seminar-Lernen erreicht, sondern nur vermittels Lernen durch Betroffenheit erzielt wird: Projektlernen, »action learning«, Job rotation, Verhaltenstrainings, Supervision/Coaching, selbstgesteuertes Lernen, Feedback, Selfassessments, Unternehmenssimulationen (vgl. SYMA) sind hier – stichwortartig – die effektivsten Lehr- und Lernformen (Seminar-Lernen: 10%, existenzielles Lernen: > 80% Behaltensrate).

Existenzielles Lernen ist vor allem hinsichtlich Menschen- und Selbstführung sowie sozioemotionaler Führungskompetenz (FK) unabdingbar. Denn: Menschenführung und sozialemotionale Kompetenz (SK) lernt man nur, wenn man auch gewillt ist, sich selber besser kennen und verstehen zu lernen (Zielabsicht: Vermeidung von zeit-, geld- und synergieraubenden Übertragungskonflikten, nutzlosen Projektionen, mangelhaften Empathiefähigkeiten etc.). Oder, wie es im »Selbstverständnis der Führungskräfteentwicklung« eines größeren deutschen Chemie-Unternehmens (Wacker) zu lesen war (zit. n.P.F. Drucker): Führungskräfte sollten einsehen, daß sie letztlich nur eine Person führen müßten, und diese Person seien sie selber.

Eng verbunden mit der Auffassung, daß für zentrale Management-Kompetenzentwicklung existenzielles Lernen unverzichtbar ist, ist auch die Vorstellung bzw. Überzeugung, daß ferner letztlich Führungskräfte nur durch Führungskräfte entwickelt werden können.

Denn: Was Führen beinhaltet, wie es erfolgreich geschieht und was es menschlich bedeutet, kann letztlich nur der beurteilen, der selbst in Führungspraxis und Managementverantwortung steht bzw. stand. Stabsabteilungen wie Personal, Bildung, Controlling etc. oder externe Management-Trainer können dabei im wesentlichen nur beraten, kreativ-kritisch begleiten, koordinierend mitwirken und Trainingsunterstützung geben. Das ist zwar unerläßlich – aber nicht ausreichend genug (vgl. Boss als Coach).

Ein solches existenzielles Lernen »by doing«, ist natürlich deutlich riskanter als traditionelles Lernen in der »Schule«: Es geht tiefer als nur unter die Haut, Fehler können (müssen!) passieren, Emotionen können, dürfen, sollen auftreten … Man ist selber dran, selber umfassender verantwortlich, und das Feedback kommt schnell. Und für manche ist das unangenehm, für viele ungewohnt, bei einigen verhaßt.

Zukunftsfähige MD-Maßnahmen haben dieser erfahrungsorientierten und existenziellen Dimension des Lernens jedoch Rechnung zu tragen. It's worth the pain. Wenn »mehr« gelernt werden soll, muß mehr riskiert werden.

Oder bildhaft gesprochen:

Die »Methodik des vorsichtigen Vaters« ist ausgeschlossen. Aufgrund seiner Vorsicht scheute jener existenzielles Lernrisiko und empfahl den Schulungsansatz. Er sagte deswegen zu seinem Sohn: »Du kommst mir erst ins Wasser, wenn du schwimmen kannst.«

Der Sohn versuchte daraufhin, sich das Schwimmen durch fleißiges Lesen von Schwimmkundebüchern und interaktiven PC-Programmen im Internet beizubringen. Resultat: Er kann bis heute nicht schwimmen. Weiß aber alles darüber!

Der Management-Lern(und-Lehr-)Prozeß und damit Management Development überhaupt, darf das Wasser jedoch nicht scheuen: Existenzielles Lernen ergreift – wie eben das Wasser – den ganzen Menschen mit Leib, Seele und Geist, ist einbeziehend, aktiv, erlebnisdirekt, anwendungsbezogen.

Also – im Bild gesprochen – gleich rein ins feuchte Naß, erst an flacher Stelle zwar, dann aber immer tiefer, allerdings mit anfänglicher Beratung und Unterstützung durch Schwimmprofis (Trainer, Mentoren, Coaches) – und dann weiter in Richtung Frei-, Fahrten-, Rettungs- und Olympiaschwimmer. Und dann selbst Trainer und Coach werden für die nachrückende Managementgeneration. Dadurch bleibt das Lernen und Lehren lebendig, sprich selber lernorientiert, d.h. praxis- und zeitgemäß. Und macht sogar Spaß!

Es wird deutlich: Die anspruchsvollen, systemischen (»aber« auch interessanten, abwechslungsreichen und spannenden) Qualitätsanforderungen an heutige Manager und Führungskräfte lassen sich nicht mehr im alten Stil »schulen«.

Universitärer Vorlesungsstil, frontale Verschulungspädagogik und (Lerntypen ignorierendes) primäres Fachlernen sind hier deutlich an ihre Leistungsgrenzen gekommen. Auch interaktives Computerlernen ist in diesem Zusammenhang kein Ausweg, schlimmstenfalls eine restaurative Pseudolösung, günstigstenfalls nur lernunterstützend.

Denn es müssen neben neuartigen Fertigkeiten und Kompetenzen vor allem »Mentalitäten« (Bewußtseinsweisen) entwickelt und trainiert werden, die konventionelle Schulungsformen transzendieren, diese oft sogar sprengen. Neben kognitivem, auf primär funktionale Sach- und Fach-

Themen bezogenes Lernen ist deshalb »ganzheitliches« Lernen gefordert. (Zone III Fitneß).

Mein starkes Beharren auf existenziellem Lernen und sozialer Kompetenz und meine kritische Distanz zu traditionellen Management-Schulungsformen soll nun aber wiederum keineswegs heißen – und das meine ich mit allem Nachdruck –, daß sachlich-fachliches und methodisch-technisches Können von Managern zweitrangig ist (was systemisch außerdem ein Widerspruch in sich selbst wäre). Die unverzichtbaren instrumentellen, sachlichen und kognitiven »Wissensaspekte« (Fachwissen, Tools, Methoden, Skills) von Management werden natürlich voll gebraucht (SFK). Diese sollten jedoch so eng wie möglich im Verbund mit dem Training der Management-Grundfunktionen vermittelt (vgl. auch Management-Rad), also anwendungsbezogen gelernt und *damit* transferverlustarm (zeitlich, geldlich, umsetzungsbezogen) effektiviert werden. Unerläßlich ist dabei auch die Entwicklung von Ökologiebewußtsein und Umweltverantwortung. Sie hat heutzutage selbstverständlicher Teil der Entwicklungsmaßnahmen zu sein.

Management – ein Kunsthandwerk?

Diese Frage wurde bereits oben kurz gestreift und in einem gewissen Sinne mit einem bedingten Ja beantwortet. Managen und Führen kann man über weite Strecken lernen, vor allem dann, wenn man sich nicht – wie gesagt – vor existenziellem Lernen scheut. Man kann Management soweit lernen, wie man auch ein Instrument zu spielen lernen kann, oder ein Orchester zu dirigieren. Einen Zusatzgedanken möchte ich jedoch hier noch kurz hinzufügen:

Um Effizienz, Erfolg, Leichtigkeit und Virtuosität im Managementberuf zu erreichen, braucht es m.E. allerdings jenes berühmte 1% Begabung oder Begnadung noch darüber hinaus. Spaß, Kreativ-Intelligenz und Seelenkraft muß vorhanden sein oder sich beizeiten einstellen (siehe Eigenschaftstheorie), um die komplexe und turbulente Welt des Managers auch attraktiv zu finden – sonst sollte man eher Fachkraft werden oder bleiben). Günther Kämpf, ein zäher Mitkämpfer auf dem Gebiete von »Syma«-Management (3M), spricht hier interessanterweise immer vom »Unterhaltungswert«, den es braucht, um den nötigen Schaffenselan als Manager zu besitzen und behalten zu können.

Unterhaltungswert fällt indes mehr in den Bereich »Kunst« und »Lebenskünstler«, ist also eher schwerlich extern vermittelbar und lehrbar.

Was sich jedoch im Bereich »Handwerk« durchaus trainieren und entwickeln läßt, sind jene dargestellten Grundfähigkeiten im Bereich Fach-, Sozial-, Führungs-, Gestaltungs- und Unternehmenskompetenz, immer vorausgesetzt, daß Fach- und existenzielles Lernen dabei didaktisch ganzheitlich verknüpft werden und die innere Bereitschaft des Managers auch zu existenziellem Lernen vorliegt. (Manchmal muß man auch jemanden sachte zu seinem Glück zwingen, und mancher ist hinterher dankbar, daß ihm jemand den notwendigen Tritt verpaßt hat.)

In diesem Sinne ist *vor* Antritt jeglicher Schulungs-, besser: Management-Development-Maßnahmen unbedingt anzuraten, die »Förderkandidaten« ex ante sorgfältig potentialstrategisch auszuwählen, Stärken, Schwächen, Einstellungen und Interessen zu diagnostizieren sowie die Lern- und Förderziele persönlichkeitsspezifisch zu konkretisieren und dementsprechend »anzudocken«.

Es hat keinen Zweck, aus guten Kühen schlechte Rennpferde machen zu wollen. Das klappt selbst bei besten Trainings nicht, und umgekehrt gibt es auch keinen Sinn. Wie ganzheitliche, kunsthandwerkliche Entwicklungswege für professionelles Management aussehen können, strategisch, inhaltlich, methodisch, didaktisch und im Detail, ist dem Teil II des Buches vorbehalten.

Zwischenfazit 2

Bevor ich auf die Leitfrage 11 (»Schattenseiten«) eingehen werde, möchte ich in grafischer Form festhalten, was bisher über Management, Führung, Situation und Kontext gesagt wurde.

Abb. 12 versucht dies auf einem Blick vor Augen zu führen. Natürlich systemisch.

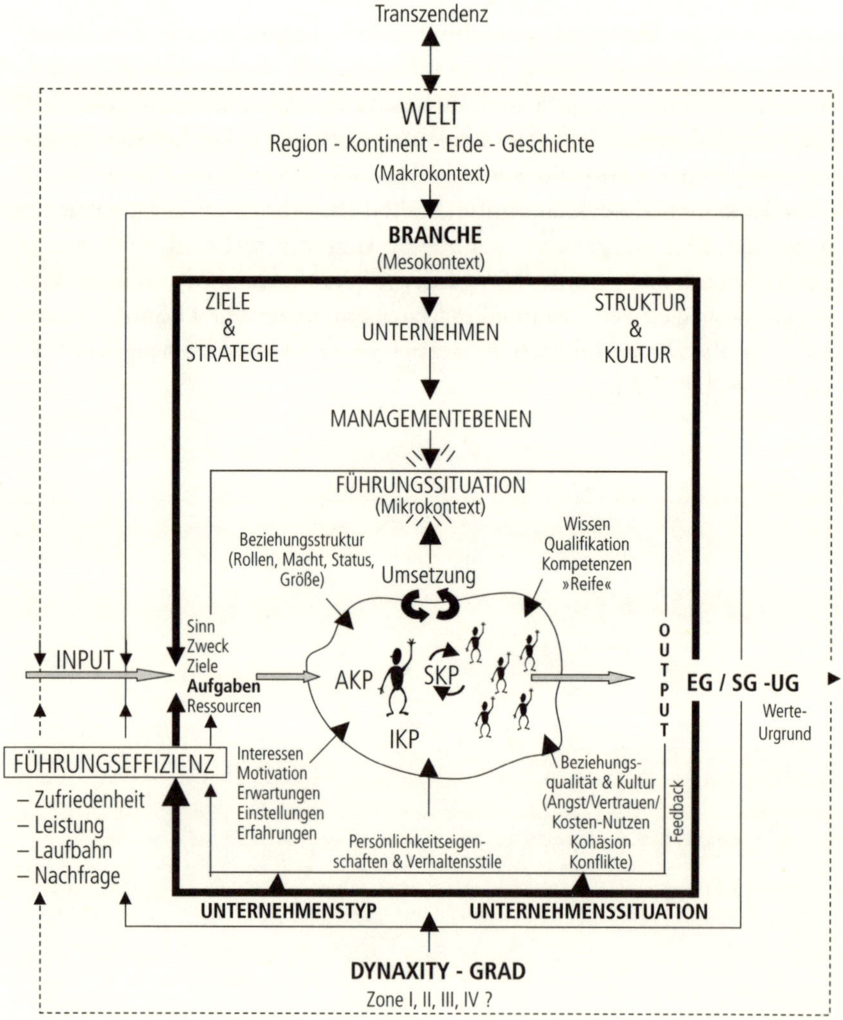

Abb. 12: Management, Situation und Kontext

Die dunklen Seiten von Management & Führung

Es gibt nichts auf dieser Welt, was nicht auch seinen Preis hätte. Im Managementleben ist das natürlich nicht anders. Deswegen nun zur 11. Leitfrage, zu den Schattenseiten von Management und Führung.

Das primäre Interesse dieses Buches ist herauszufinden und zu beschreiben, was denn »gutes Führen und kompetentes, zeitgemäßes Managen« sein könnte oder zu sein hätte. Und die meisten Ausführungen habe ich daher dieser »positiven« Seite vom Management gewidmet (und dabei nicht anders gekonnt, als auch meine persönlichen Werturteile – mehr oder weniger bewußt und kräftig – mit beizumischen). Deshalb nimmt es auch nicht Wunder, daß bisher auf die allerortens und zu allen Zeiten ja nun auch immer wieder zahlreich anzutreffenden Schattenseiten des Managements, auf dessen Nachteile, Krankheiten, Fehlformen und Abarten bisher noch nicht eingegangen wurde. Das sei deswegen nachgeholt.

Risiken, Kosten und Krankheiten des Managementberufes

Die Beanspruchungen von Managerinnen und Managern sind körperlich-nervlich und geistig-seelisch nicht gerade gering. Komplexität, Widersprüchlichkeiten, Turbulenzen, Risiko und Verantwortung in einer Welt hoher Konkurrenzdichte und abnehmender Planungssicherheiten erzeugen Druck, Streß, nicht selten deutliche Ängste, psycho-somatische Beschwerden und mitunter ernsthafte Erkrankungen.

Die Liste der typischen Managerkrankheiten ist bekannt: von einfacher Nervosität über Alkohol-, Tabletten- und Sexmißbrauch bis hin zum Burn-out, Familienzusammenbrüchen und Herzinfarkten läßt sich fast alles finden.[51]

Prof. Kenter vom Institut für Arbeits- und Sozialhygiene (Karlsruhe) zeichnet nach 6000 Gesundheitschecks von Führungskräften[52] ein dementsprechend düsteres Bild vom Gesundheitszustand der Manager:

»An erster Stelle der Diagnosen stehen Befindensstörungen an Herz, Kreislauf und Magen-Darm. Diese lassen sich als managerspezifisches Krankheitsbild bezeichnen. Ebenfalls hoch auf der Skala der Beschwerden stehen mit 75 Prozent Störungen des Fettstoffwechsels sowie mit 73 Prozent Wirbelsäulen- und Gelenkbeschwerden. Letzteres geht vor allem auf mangelnde Bewegung zurück. Gewichtsprobleme, Bluthochdruck und übermäßiges Rauchen folgen mit 38, 24 und 22 Prozent auf der Diagnose-Skala. Begünstigt werden dadurch Schlaganfälle und Herzinfarkte, das Krebsrisiko steigt.«

Häufig werden diese Krankheiten und damit verbundene (Schein-)Lösungswege tabuisiert, da Manager als Symbole der Stärke und des Machbaren (»alles im Griff«) Ängste und Schwächen nicht zeigen bzw. sich erlauben dürfen.[53]

Unter dem Titel »Großer Mann – ganz klein« führt Krieger[54] u.a. eine Reihe tieferliegender Ursachen an:

- Dauernde Spannung zwischen notwendiger leistungsbezogener Strenge einerseits und Motivation und Teamgeist andererseits. (vgl. Teil I, Exkurs 1)
- Hamsterrad und Tretmühle: dauernde Eile, keine Zeit, keine schöpferischen Pausen, schlechtes Gewissen, nicht genügend zu arbeiten, nicht genug Informationen eingeholt zu haben.
- Ethische Probleme und Schuldgefühle, da die Geschäfte immer härter, unanständiger und sittenloser werden.
- Falsch eingesetzt: blendende Fachleute, die nicht wirklich zur Mitarbeiterführung fähig sind (vgl. »Oberschraubendrehersyndrom«).
- Überlastungen: selbstverschuldet durch extreme, ehrgeizige Leistungsorientierung, die den Druck selbst verursacht. Ursache ist: Selbstbewußtsein und Selbstwertgefühl werden abhängig gemacht von Leistung, Erfolg, Einkommen, Gefragt-Werden (Liebesersatz)[55]. Nach dem Herzinfarkt fühlen sich dementsprechend viele als »Herzkrüppel und Versager« und rutschen in Depressionen ab.
- Im Gegensatz zu (den wenigen) Managerinnen, die Fehler leichter eingestehen, halten männliche Kollegen häufig am »falschen Weg fest und unternehmen alles, um ein möglichst schönes Begräbnis zu veranstalten«. (S. 11)
- Ständiger Wunsch nach Aufstieg erzeugt permanente (verdrängte) Angst, zu stagnieren und zu versagen. Erreicht man dann jene heiß gewünschte Position, merkt man, »daß sie nicht wirklich mit den Vorstellungen übereinstimmt, man sich alles ganz anders vorgestellt hat, daß man eigentlich ständig auf der Flucht vor etwas und nach etwas ist« und daß auf dem Gipfel des Erfolgs ein großes »Nichts« ist und die Luft immer dünner und kälter wird.
- Man fühlt sich um so mehr allein, je höher man steigt. Machtspiele und Intri-

gen machen Kollegen zu Konkurrenten. Vertrauen kann man kaum jemandem entgegenbringen. Und die Einsamkeit wird schmerzlich. Man ist unter vielen Opfern die Karriereleiter Stufe für Stufe hochgeklettert und stellt dann oben erschreckend fest, daß die Leiter an der falschen Wand steht...

- Haßliebe zum Druck: Das Fehlen von Druck wird als Warnsignal interpretiert, schon bald nicht mehr gebraucht zu sein. »Ich kenne Führungskräfte, die ganz besorgt sind, wenn sie während des Urlaubs kein Fax oder Mail bekommen ... Mit ein Grund, warum viele Manager keine Ferien machen, da sie es nicht ertragen können, wenn die Firma auch in ihrer Abwesenheit funktioniert.«[56]
- Hinter dem schönen Schein von Karriere, Luxus, Status und »Bedeutsamkeit« verbergen sich darüber hinaus nicht selten ausgesprochene Katastrophen im Privatbereich Ehe und Familie:
  »Die Zahl der geschiedenen Manager« – so das Manager Magazin[57] – »ist zu groß, als daß sie sich allein mit individueller Beziehungsunfähigkeit erklären ließe. Und die Liste der Mehrfachvermählten ist beliebig ... Jeder zweite deutsche Manager, so eine Schätzung, kann beim Thema Scheidung heute mitreden.« Die Hintergründe sehen dabei in der Regel so aus, wie es ein Betroffener ›hinterher‹ beschreibt:
  »Ich habe erst jetzt, mit über 50, gemerkt, daß man in eine Beziehung Energie stecken muß. Daß es Arbeit bedeutet. Vorher dachte ich immer: Wieso, das ist doch meine Frau. Wenn ich überhaupt etwas gedacht habe. Ich meine, ich habe in viele Menschen viel investiert – in Mitarbeiter, in Kollegen. Nur nicht in sie. Eigenartig, nicht?
  Das Bewußtsein, daß ich in meinem Leben einen Part für die Ehe einrichten muß, hatte ich nicht. Es wird ja auch nicht gefördert in der Industrie. Denn das kostet Kraft, und die muß man bewußt abzweigen. Damit fehlt sie im Job, und das wollen wir nicht. Wir behaupten zwar, die ausgeglichene Führungskraft sei das Ziel, aber das ist natürlich völliger Unsinn. Der Manager, der all seine Energie in sein Unternehmen steckt, ist das Ziel. Ob das unmenschlich ist, fragt keiner. Es ist mit Sicherheit einfacher für das System.
  Ob das mit den Jungen besser wird? Bedaure, die Drehzahl wird höher. Was sich ändert, ist allein die äußere Wahrnehmung: Heute macht auch der Single Karriere, das Karrieredoppel oder derjenige, der geschieden und zum zweiten Mal verheiratet ist. Das alles ist einfach zum Kotzen.«

Fehlformen, Abwege, Abarten von Führung

Neben den bisher skizzierten, eher noch (oder fast schon) durchschnittlich-defizitären Lebens- und Verhaltensformen von Managern gibt es auch eine Reihe von wesentlich negativeren Entwicklungsbeispielen, die

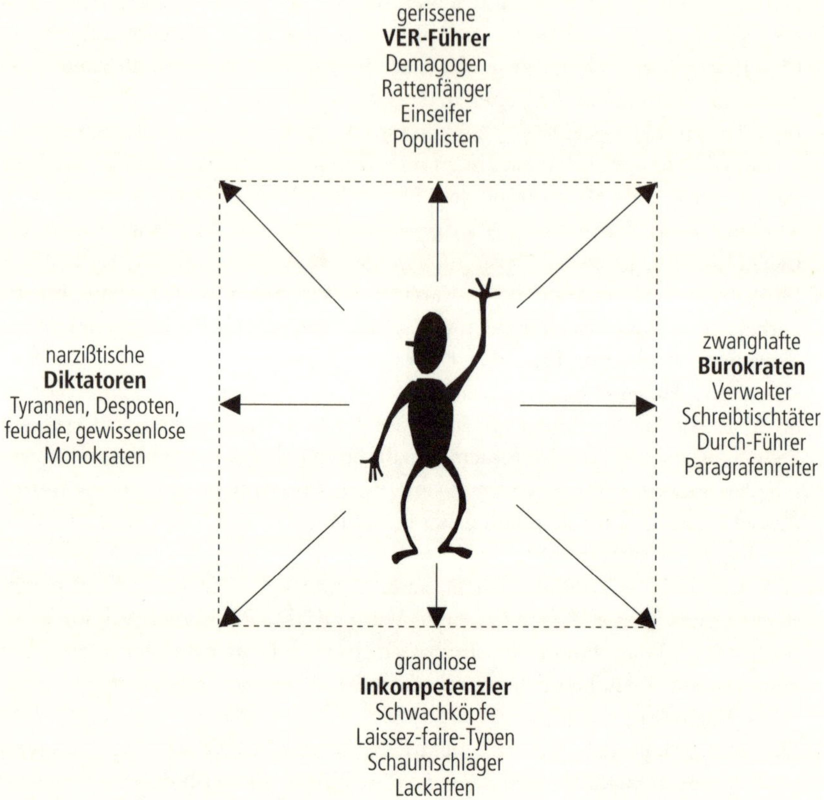

Abb. 13: Managementfehlentwicklungen und -abarten

gravierend ernstere Auswirkungen auf Mitmenschen, auf den Führer und Manager selber sowie auf Umfelder haben können als oben beschrieben.

Die Fülle solcher ins Lebensgefährliche abgleitender Fehlformen von Management und Führung – in der ganzen Spannbreite vom kleinen gehässigen Büroleiter und Mobbing-Intriganten bis hin zum Reichsführer Hitler – lassen sich im wesentlichen auf vier Grundmuster reduzieren.

Oben stehende Grafik zeigt diese vier Grundmuster und versucht sie mit einigen volkstümlichen Begriffen zu veranschaulichen.

Diktatoren, Bürokraten, Inkompetenzler und Ver-Führer gab es zu allen Zeiten, auf allen Führungsetagen, in allen Dynaxity-Zonen, in allen Unternehmensbranchen. Das gehört offensichtlich zur Natur menschlicher Geschichte, hat also universellen Charakter. Dennoch sind solche gefährlichen Fehlformen deswegen nicht einfach widerstandslos hinzunehmen oder schicksalhaft zu akzeptieren. Vielmehr gilt es zu fragen, was die tieferen Ursachen solcher Abwärtsentwicklungen sind und wie jenen gezielt entgegengewirkt werden kann.

Untersuchungen von solchen »Fehl-Entwicklungswegen« zeigten oft als Ursachen schwere seelische Verletzungen in der Kindheit, katastrophale Lebens- und Leidensgeschichten, Anomie- und Kriegssituationen, okkulte Gebundenheiten, ideologische Besessenheiten usw.

Wenn diese Persönlichkeitsschädigungen sich noch mit Macht, Stolz, Gier, Eitelkeit, mit Intelligenz oder Inkompetenz sowie Gewissenlosigkeit und Gott-Losigkeit verbinden, sind Führungskatastrophen vorprogrammiert.

Zahlreiche Autoren haben sich mit der Beschreibung und Erklärung solcher lebensbedrohenden Führer- und Managerentwicklungen intensiv beschäftigt. Titel wie *Leben und Sterben im Business* (de Vries), *Der kleine Machiavelli* (Noll/Bachmann), *Das Führungsverständnis tiefenpsychologischer Schulen* (Kehrer), *Hitler in uns allen* (Picard) und mit spezifischer Betonung okkulter »Geheimhintergünde« (z.B. bei Hitler) *Die sanfte Verführung* (Cumbey), *Der SchweineHundeffekt im Organisationsalltag* (Rieckmann) usw. weisen darauf hin.

Von besonderer Brillanz und Bedrückung sind die Studien Erich Fromms[58] über Antriebe und Verhaltensweisen Hitlers, Himmlers und Stalins in seinem Buch *Anatomie der menschlichen Destruktivität.*

Auffällig ist dabei jedoch auch, daß abwegige oder gar abartige Führungs- und Managementstile eine gewisse Zeitlang durchaus erfolgreich sein können: gesellschaftlich-wirtschaftliches Elend, Wertezerfall, politisches Führungschaos etc. können dabei mit spezifischen individuell-psychischen Dispositionen durchaus synergetisch zusammenspielen, eine Kollusion eingehen, eine Folie à deux bewirken: Um ihre ökonomische und gesellschaftliche Existenz bangende Menschen jubeln einem brotversprechenden Diktator freudig zu, autoritär erzogene, zwanghafte Katzbuckler arbeiten gerne unter autoritären Bürokratenherrschaften, Erbsenzähler gerne bei Pfennigfuchsern, antriebslabile Verantwortungsmeider lieben es, sich mit inkompetenten Laissez-faire-Vorgesetzten zu umgeben, Masochisten lassen sich gerne von Sadisten »verwöhnen«, sinn- und haltsuchende, ängstliche Menschen gerne von Heil und Erlösung versprechenden Ver-Führern ins Desaster locken ...

Dennoch: Gesunde Menschen, produktive Arbeitsbeziehungen und nachhaltige gesellschaftliche Lebensverbesserungen ergeben sich durch solche Kollusionen natürlich nicht. Und Wettbewerbsfähigkeit in Zone III ebensowenig. Außerdem gab es für alle diese Arten von Managern und Führungskräften immer noch ein bitteres Ende: Zerrüttung, Einsamkeit, Depression, Pensionstod, Schuld, Wahnsinn, Selbstmord, ..., also wirklich nichts Erstrebenswertes.[59]

(Die einzig mir bekannte historische Ausnahme unter diesen Verkettungsverhältnissen war offensichtlich Babylonierdespot Nebukadnezar. Allerdings mußte er zwischendurch erst sieben Jahre zum Tier werden und buchstäblich Gras fressen, um dann später zur Einsicht zu gelangen. Diese Fallstudie sollte man unbedingt lesen! (Sie steht im Buch Daniel, Kapitel 4, Altes Testament.)

Nichtsdestotrotz – die Frage, wie immer wieder derartig extreme, ja katastrophal abartige Führungs- und Managementverhaltensweisen zustande kommen, ließ mir, trotz aller oben bereits angeführten psychologischen, soziologischen und ökonomischen Deutungsversuche, keine echte Ruhe. Letztendlich empfand ich diese als zu oberflächlich. Auch Fromm gab zu, eigentlich vor einem Rätsel zu stehen[60], und dieses Rätselhafte ließ auch mir keine Ruhe. Mein Forscherdrang erwachte. Selbst auf die Gefahr hin, daß mich dieser Forscherdrang dabei allzu weit vom nüchternen Managementthema dieses Buches fortbewegen könnte – mich trieb es, hinter die Kulissen zu schauen. Vorrangig zu interessieren begann mich dabei eine besonders spezifische Führungsvariante, nämlich die der VER-Führung,[61] wie dies eben beispielsweise bei Hitler, bei kommunistischen Führern (Lenin, Stalin, Mao etc.) aber auch so manchen Sektenführern besonders hervorstechend zutage trat.[62] Die anderen drei Führungs- und Management-Katastrophenansätze – Diktatur, Bürokratie und Herrschaft von Inkompetenzlern – schienen mir in diesem Verführungs-Zusammenhang eher sekundäre bzw. additive Größen zu sein, da sie sich als Hilfskräfte, Handlanger, Rahmenwerke, Konsequenzen und Defizite immer regelmäßig mit Verführern zu verbinden tendierten bzw. häufig schon von vornherein damit allianzhaft verbunden sind (z.B. A. Eichmann). Der wirklich intelligente und gefährliche, sozusagen quasi »magisch-radioaktive« und initiative Nukleus innerhalb dieser »Führungspakete« war und ist jedoch vorrangig und primär die »VER«-Führung.

Auf der Suche nach Antworten in diesem Themenbereich sah ich mich sukzessive genötigt, in ungeahnte Abgründe und Unterwelten abzutauchen. Was dabei herauskam, zeigt nachfolgender 2. Exkurs (den zu lesen nicht gänzlich ohne Risiko, zumindest jedoch alles andere als angenehm und erbaulich sein wird. Der Leser sei deswegen zuvor darauf hingewiesen. Exkurse kann man aber auch überspringen).

Exkurs 2: Der Gang in die Unterwelt. Wie Führung zu VER-Führung wird

Es gibt eine Reihe von Versuchen, prototypische »Un-Heil«-Verführer wie z.B. Hitler und den Holocaust oder die vielen Morde Stalins zu erklären. Wieso konnten diese Entwicklungen in Krieg, Auschwitz und Archipel Gulag münden? Und warum machten so viele Menschen, Nationen, Institutionen und renommierte Weltunternehmen mit? Warum wurde diesen Führern so viel Glauben geschenkt, oft begeistert, emphatisch, unter Hingabe von Leib und Leben? Was glaubten die Menschen, dadurch zu erlangen? Welchem Wert strebten sie nach? Welche Vision steckte dahinter? Welcher Sinn?

Historisch evident ist, daß sowohl die kommunistischen als auch die nationalsozialistischen »Projekte« letztendlich nichts anderes bewirkten als systematischen Tod. Warum aber ließen sich solch riesige Menschenmassen zu Tode manipulieren? Wieso fing es mit Führung an – und (ver-) endete schlußendlich in massiven VER-Führungen?

Ich stellte mir die Frage, wie denn VER-Führung zu verstehen sei und aus welchem Motivations- und Absichtskern heraus dies erklärt werden könnte.

Erste Annäherung ans Thema

Also, stellen Sie sich vor, ich hätte Sie zu einem Brainstorming zum Thema »Verführen« eingeladen bzw. »verführen« können, was würde Ihnen da alles einfallen?

Mir fiel folgendes ein:

- zu reichhaltig gedeckter Abendbrottisch (verführt zum Dickwerden)
- Werbefernsehen (verführt zum Konsumrausch)
- lockende Karriereangebote (mit Köder & Haken, siehe oben ...)
- Verführung durch das andere Geschlecht (Ehebruch)
- der Wolf und die sieben Geißlein: Kreide schlucken, Stimme verstellen, sich als liebende Mutter ausgeben, Kinder fressen (bis auf eins!)

- Hitler, Verführung des deutschen Volkes (als sog. Herrenklasse), berufen zum weltweiten Tausendjährigen Friedensreich (von 12 Jahren Dauer), Hitlerjugend, Hitlerschüler …
- Rattenfänger von Hameln
- verführerische Illusion des Kommunismus (Gleichheit, Freiheit, Brüderlichkeit)
- Irrlichter von Seeräubern (tödliche Schiffsfallen, getarnt als Leuchttürme!)
- die Schlange, Adam & Eva, Sündenfall
- Kapitalismus und der Tanz um das Goldene Kalb (Illusion, daß Geld gleich Leben ist)
- Anti-Christ als Scheinerlöser und Menschheitsverführer

Dann dachte ich über das Ergebnis des Brainstormings nach. Gab es einen gemeinsamen Nenner, einen in allem gleichermaßen gleichbleibenden Verführungs-Code?

Folgendes wurde mir in erster Annäherung deutlich:

Verführen ist »trickreiches« Führen auf Kosten des Geführten und zum einseitigen Gewinn des Ver-Führers. Der Ver-Führer ist Jäger oder Räuber. Der Ver-Führte ist Opfer, das es nur noch nicht weiß …!

Verführen gaukelt dem »Opfer« anfangs immer etwas »Gutes« vor: Lustgewinn, Geld, Macht, Gesundheit, Schönheit, Ruhm, »Liebe«, endloses Leben usw. Das Opfer läßt sich dadurch anlocken, ködern, manipulieren, verführen. Das Opfer macht zunächst mit, kooperiert genußreich. Wähnt sich auf der Gewinnerseite. Erst später schnappt die Falle zu: Der Wolf hat die sechs Geißlein gefressen; Hitler statt tausendjährigen Weltfrieden geschaffen, 25 Millionen Menschen umgebracht; die mit Scheinliebe betörte Frau (vice versa) wird emotional abhängig gemacht, ausgebeutet, womöglich mit Aids in den Tod geschickt; der Rattenfänger hat nur vordergründig das Rattenproblem von Hameln gelöst, in Wahrheit seine Rache an den Stadtvätern durch Vernichtung von Kindern geübt; der Kommunismus hat sein falsches Menschenbild verheimlicht, Millionen von Menschen in Brüderlichkeitsillusionen gejagt und in Arbeitslagern eliminiert sowie fürchterliche Mafia-kapitalistische Ruinen hinterlassen, an denen fast die ganze Welt (derzeit) mitbezahlt.

Die kapitalistische Wohlstandsideologie verführt ebenfalls: »Haste was, biste wer.« Sie verheimlicht oder verharmlost den Habgier- und Gewaltcharakter[63] des immer tödlicher werdenden Konkurrenzprinzips, höhlt die Menschen moralisch aus, schickt sie in Tretmühlen und Hamsterräder, führt zur Ökonomisierung aller Lebensbereiche und reduziert Menschen auf simpel rechenbare Leistungs- und Lust-Äquivalente zwischen 20 und 40.

Der Gott ist das Goldene Kalb und sein Name »Mammon«. »Immer jünger werden die Truppen der Wirtschaftssoldaten, immer schneller die Gefechtsreihen ausgewechselt, immer rascher Burn-out produziert« – so ein Stoßseufzer eines Managers aus der Elektronikbranche. Oder Piech (VW AG), sinngemäß: »Wirtschaft ist Krieg – und VW eine große Familie.«

Unweigerlich kommt die Frage auf:

Warum tun wir das? Wohin führt das langfristig? Wer (ver)führt da eigentlich wen?

Schließlich glaubte ich *den* »Archetyp« aller Verführungen überhaupt gesichtet zu haben. Oder um es mit Goethes Faust zu sagen: Ich stieß auf des *Pudels Kern.* Diesen fand ich (und finde ihn seitdem immer wieder) mit hoher Präzision, mit großer Klarheit und Knappheit in dem ausgedrückt, was in der Strategie, den Zielen und dem Verhalten der Schlange im Paradies deutlich wurde. Und was Adam & Eva damit machten.

Und auf denselben Archetyp stieß ich auch am Ende meiner »Verführungs-Untersuchungen«, nämlich in der Person des Anti-Christen.

Doch fangen wir mit dem Anfang an, dem 1. Auftritt der Verführung.

Die Ur-Verführung

Gott hatte den Menschen geschaffen, begabt mit Intelligenz, Geist und Freiheit. Alles war ihm erlaubt, und nur ein einziges verboten, mit Begründung und Einsicht in die Konsequenzen, nämlich zu essen vom Baume der Erkenntnis des Guten und Bösen. Bei Ungehorsam trete unverzüglich geistlicher Tod ein, Abbruch jeglicher Lebensgemeinschaft mit dem Lebensschöpfer, der Quelle des Seins schlechthin. Und später – nach Verbrauch der biologischen Batterie namens »Körper«, also nur geringfügig zeitversetzt – dann der physische Tod. Langfristig anschließend bloße äonische Existenz ohne Leben, der wirkliche und eigentliche Tod, der »Zweite Tod«.

In dieser Paradieses-Situation tauchte – wie so oft gänzlich unvermutet und überraschend plötzlich – eine Schlange auf. Und sprach sogleich zur Frau: »Hat Gott wirklich gesagt, daß ihr von all den Bäumen im Garten nichts essen dürft?«

So harmlos und unscheinbar diese einfältige Infragestellung auch klingen mag, so präzise genau wird hier der erste Brandpfeil abgeschossen: Die Verführung hat getarnt und unmerklich schon begonnen. Die Schlange verkleidet sich mit guter Absicht, täuscht Wohlwollen und Hilfsbereitschaft vor. Sie läßt zwischen den Zeilen durchblicken, daß ein möglicherweise vorhandenes Mißverständnis zwischen Schöpfer und Geschöpf, zwischen Vater und Kindern aufzuspüren, aufzuklären und vielleicht eventuell entstehenden Kommunikationskonflikten präventiv zu Leibe zu rücken sei, natürlich zum Wohle der gesamtparadiesischen Friedens- und Lebensgemeinschaft. So etwas Gutes kann ja doch wohl nicht – so denkt Eva – vom Teufel sein ...!

Die Infragestellung heischt nach Antwort. Eva läßt sich auf weitere Gespräche ein.

Die Verführung startet mit völliger rhetorischer Verdrehung. Gott hat genau Umgekehrtes gesagt:

Alle Bäume stehen frei zur Speise, nur ganz allein ein *einziger Baum* ist verboten, ist einzige Ausnahme in ansonsten überquellender Fülle (vgl. 1. Mose 3,1).

Die Schlange weiß das natürlich auch. Aber es geht ihr ja mitnichten um Wahrheit. Um Verführung geht's. So ist ihr scheinheiliger Einstieg nichts anderes als ein kommunikativer Trick. Sie verwickelt Eva durch massive Infragestellung, implizite Verdächtigung und Negation in ein Gespräch, durch Negation und Übertreibung, die ihrerseits eo ipso gar nicht anders als zum Widerspruch reizen kann und damit zum Sich-Einlassen zwingen muß. Natürlich hätte Eva auch alles überhören oder einfach nicht antworten können. Indes, sie entscheidet anders und steigt ein.

Der Verführer bzw. die Verführerin hat damit bereits den ersten Fuß in der Tür. Zuschlagen geht kaum noch. Der erste Etappensieg ist bereits geschafft. Und Eva hat das natürlich überhaupt nicht mitbekommen (sonst wär es ja keine VER-führung). Statt dessen versucht Eva freundlich und nett, mit der Motivation naiver Gutgläubigkeit und mit Hilfe eines korrekten Zitates, das Ganze wieder höflich richtigzustellen: »Nein«, sagt sie, wir dürfen von allen Bäumen essen, nur der eine ist uns verboten. Sonst sterben wir.«

Und sofort hakt die Schlange wieder ein.

Doch diesmal nicht mit einer als aufklärerisches Engagement getarnten Infragestellung wie zuvor, sondern jetzt frontal, gleich mit glatter Gegenbehauptung: »Keineswegs werdet ihr sterben!«

Aussage gegen Aussage. Eva fühlt sich verunsichert, konsterniert, zunehmend verwirrt. Sie beginnt langsam nichts mehr zu verstehen. Wer sagt hier eigentlich was? Wer hat recht? Wer lügt hier, und wer spricht die Wahrheit? Und wer hat hier überhaupt etwas zu sagen?

Es gab zwar den erklärten Willen des Schöpfer-Vaters: »Eßt nicht davon! Gehorcht! Denn ihr sollt leben!«

Wieso aber hatte denn Gott so massiv davor gewarnt?

Und wieso stellte die Schlange das nun alles in Frage? Widerspruch, Spannung, Überforderung, Komplexität greifen um sich. Das klare, einfache Paradiesesleben schwindet dahin.

Die Schlange erkennt nun ihren nächsten, strategisch günstigen Augenblick. Sie ergreift den Kairos. Denn nachdem sie selbst, die Schlange, mittlerweile genügend Verwirrung gestiftet hat (vgl. diabolos = Durcheinanderbringer), bietet sie nun Eva »Gegengift« an: Sie offeriert Entspannung, Klärung und eine interessante Interpretation, eine Deutung, die Licht ins Dunkel zu bringen scheint, den Konflikt zu klären, die Wahrheit und den Frieden wiederherzustellen vermag. Und um dadurch Eva den sie mittlerweile völlig überfordernden, existentiellen Streß zu nehmen, also lauter angenehme, wohltuende Dinge!

So bereitet die Schlange nun den zweiten Biß vor:

»Ihr werdet überhaupt nicht sterben! Dahinter steckt etwas ganz anderes! Ist Dir das nicht klar? Gott weiß nämlich, daß an dem Tag, an dem ihr von besagtem Baum eßt, euch die Augen aufgetan werden: Ihr werdet sein wie Gott! Und ihr werdet die Zusammenhänge erkennen und wissen, was gut und böse ist.«

Jetzt war deutlich, was hier eigentlich wirklich »gespielt« wurde. Zack! Da war es heraus: Gott hatte Angst vor Konkurrenz! Vor Göttern neben ihm ... Und das Ganze mit dem Sterben war nur ein Abschreckungsbluff, ein Pokertrick! Der »neidische Gott«: Das also war des Pudels Kern! Da lag der Haken ...

Nun begann Eva allmählich wieder durchzublicken. Sie atmete auf. Die gute Schlange hatte recht. Der eigentlich Böse war Gott. Er legte Grenzen auf, diktierte Verbote, beschnitt Freiheit, stellte auf die Probe, wollte sie zu Knechten und Sklaven machen! Die Schlange dagegen versprach »Göttlichkeit«, Autonomie, Durchblick, Wissen, Unbegrenztheit, Macht ... Das war frohe Botschaft. Die Schlange meinte es offensichtlich wirklich total gut. Und es war – wer hätte das je gedacht – vielmehr Gott, der sich hier als der eigentliche Gegner plötzlich herausschälte und als Unterdrücker entpuppte ... Welch ein Mummenschanz!

Nun wurde alles sonnenklar. Die Schlange wollte sie befreien. Es fiel Eva wie Schuppen von den Augen. Und sie begann die Realität nunmehr ganz anders wahrzunehmen: mündig und selbstbewußt werden, sich zur Selbstbestimmung emanzipieren, das Göttliche in sich offenbaren und herausentwickeln! Darum ging's! Auch die Frucht am (verbotenen) Baum sah nun plötzlich deutlich schöner aus als vorher. Sie entdeckte – es war kaum zu glauben – nun auf einmal dreierlei. Wie hatte sie das nur bisher nahezu übersehen können, nämlich

1. daß der Baum gut zur Speise,
2. dazu eine Lust für die Augen sei,
3. und vor allem deshalb begehrenswert, weil er Einsicht zu geben vermöchte ...

Und sie nahm die Frucht, aß und gab sie ihrem Mann, der bei ihr stand und ebenfalls (widerstandslos) hineinbiß ...

Und von da an fuhr ein Riß durch das Universum.

Und dieser Riß zerreißt bis heute, schreitet unaufhörlich fort, wird tiefer, breiter, schärfer.

Wir wissen – wenn wir ehrlich sind –, daß die Schlange log und daß uns das Joint venture und die Kooperation mit ihr seitdem in vielfältiger Form nur Tod beschert. Das Gegenteil ihres Versprechens trat ein. Und zwar Schlag auf Schlag:

- Adam und Evas Augen werden aufgetan, doch sehen sie statt dessen nicht ihre Göttlichkeit, sondern ihre Nacktheit. Sie schämen sich voreinander und suchen nach schnellen, selbstgemachten, oberflächlichen Pseudolösungen (Feigenblätter!). Ihre einstmalige fröhliche Unbekümmertheit ist dahin, das Spielerische vorbei, statt dessen herrschen Mißtrauen und Beklemmungen voreinander.
- Beide verstecken sich zugleich vor Gott: Existenzangst bricht ein, Urvertrauen und Geborgenheit sind zerstört. Dafür Sorge, Hektik, Streß, schleichende Todesfurcht.
- Der Kampf der Geschlechter beginnt, der erste Ehekonflikt entsteht. Adam sagt, Eva sei am »Sündenfall« schuld, Eva sagt, die Schlange sei schuld, denn diese hätte sie schließlich verführt, getäuscht und betrogen.
- Kein Wort fällt hinsichtlich Einsicht in die Eigenschuld, in die wahre Verursachung. Keine Umkehr. Statt dessen wird der »Schwarze Peter« letztendlich auf Gott weiter verschoben: Adam und Eva sind die armen Opfer, Gott der eigentliche Täter, die Schlange (später auch der Drache) ist der/die wahre »Befreier/in«. So weit geht Verblendung, Finsternis wird für Licht gehalten. Unaufgeklärte Aufklärung.
- Anschließend mit logischer Konsequenz der erste Brudermord, Kain gegen Abel.

- Arbeit wird Sch(w)eißarbeit, unter Dornen und Disteln, wird Frustration und Kaputtschufterei.
- Mord und Blutrache nehmen zu; 77x sagt Lamech, der Urenkel Kains, und vergilt mit Krieg und Genozid.
- Dann die Sünd-flut, Noah. Und so weiter bis ...? Siehe 2. Petrusbrief, Neues Testament, Kapitel 3.
- Nach Sintflut und Neuanfang dann ein hilfloser Selbsthilfeversuch, der nur oberflächlich so ausschaut, als ob »etwas« gelernt worden sei: Damit die restliche Notgemeinschaft der Ent-fremdeten nicht auseinanderfällt, wird ein großer Turm gebaut, ein »Empire State Building« als Identitätszentrum, und um sich – wie es bei 1. Moses 11, heißt – einen »Namen« zu machen; das tiefsitzende Gefühl der eigenen Nichtigkeit schreit nach narzißtischer Kompensation, hungert nach Größe, giert nach Macht, Unbezwingbarkeit und (wenigstens institutioneller) Unsterblichkeit.
- Die Ent-zweiung läßt sich indes nicht aufhalten. Die Sprache wird verwirrt, der Turm zu Babel zerfällt, Einheit und Zusammenhalt sind zerstört, die Menschen in alle Winde zerstreut. Seitdem ist Kommunikation und Kooperation ein Welt-Problem auf allen Ebenen.
- Anschließend geht`s weiter, wie immer: Diktaturen und Weltstaaten entstehen und vergehen, dahingerafft durch Luxus, Hochmut, Tyrannei, Ungerechtigkeit, Anmaßung und Gewalt, durch Verführung, Perversion und innere Aushöhlung. Keine Veränderung der Muster ist in Sicht, statt dessen nur Wiederholungen und Ketten des »Immer-selben«.

Zwischenergebnis und Prognose

Mit einigermaßen nüchterner Selbstdistanzierung läßt sich konstatieren, daß wir nicht wie Gott geworden sind. Selbst wenn manche – mit oder ohne Meditation vor dem Spiegel – sich als Götter bezeichnen und Gurus oder Philosophen uns das einzureden versuchen: Wird sind es nicht! Wenn wir es wären, müßten wir es wenigstens schaffen, einigermaßen Land und Stadt in Ordnung zu halten.[64] Aber schon hier hapert es bereits.

Dennoch glauben offensichtlich die meisten Zeitgenossen, ja, sind geradezu überzeugt, daß die Kooperation mit der »Intelligenz« der Schlange und deren Einflüsterungen Leben bringt und uns langfristig Göttlichkeit beschert: ICH bin der Herr, mein GOTT, mein eigener Gott (ens a se). Was ICH will, ist mein Gott. Wir alle sind solche.

Der erdrückende Teil der Menschheit will jene Hintergründe anscheinend weder erkennen noch wahrhaben, ja hat offensichtlich sogar noch Lust an diesem Todesspiel, vergessend, daß wir nicht die Katze, sondern die Maus sind. Nicht wenige zollen »seit jenen Tagen« der Schlange göttliche Verehrung, sei es esoterisch, hinduistisch,[65] therapeutisch, philosophisch oder wissenschaftlich.

Hinter vorgehaltener Hand und unter vier Augen kommt indes oft anderes ins Blickfeld: Viele blicken mit Angst und Sorgen in die Zukunft – zuweilen depressiv, leer und gelähmt, nicht selten aggressiv, zynisch und hoch bewaffnet, manchmal lüstern, gefräßig, geil und hemmungslos ICH-besessen. Manch einer verliert dabei Verstand und jeglichen Lebensmut, und manche Lebensbilanz fällt schrecklich aus.

Sünde[66] (hamartia) nennt das jener Gott des Anfangs und des Endes – Lebens- und Zielverfehlung, Erlösungsbedürftigkeit unsere wirkliche Not. Die Hölle – so Sartre – machen wir uns selbst. »Ihr werdet sein wie Gott«? Reingelegt! Die Empirie spricht dagegen.

In der unbekümmerten Fröhlichkeit von Idioten, so kritische Beobachter, schaufeln wir uns – genau wie der blinde Faust vor den Augen Mephistos – unser selig Grab, wie Geisteskranke wähnend, kurz vor der Vollendung der eigenen »Herrlichkeit« zu stehen. Tags darauf war Faust tot. Und die Verführung entpuppte sich als das, was sie schon immer war: Lüge, Selbst-Vermessenheit, Selbst-Betrug! Tod!

Und heute? Im 3. Jahrtausend? Die Verführung hat nicht aufgehört, ganz im Gegenteil, so scheint es. Sie globalisiert, ökonomisiert und rationalisiert sich zusehends weiter. Sie potenziert ihre Verstellungskünste, maximiert ihre Intelligenz und raffiniert ihre Schläue. Es sieht aus, als ob die alte Schlange, die gewundene, die flüchtige Schlange, zu einer neuen Großattacke ansetzte, zu einer sirenhaften, einschmeichelnden, weltweiten Mega-Verführung, deren praktische Entrinnbarkeit nahezu gegen Null zu gehen scheint.

Das Motto, das Ziel, das Muster ist indes das gleiche wie im Paradies zuvor, ebenso das Versprechen: Fortschritt in der Emanzipation, gottgleiche Grenzenlosigkeit, Gleichzeitigkeit, Machbarkeit, vor allem aber Selbstbestimmung dessen, was gut und böse ist, Selbstschaffung des Eigenparadieses; die »Herren sind wir! Gott ist tot. Es gab ihn (eigentlich) gar nicht. Alles nur pubertäre Projektion. Wir reichen uns.«

Gleichzeitig schwillt die Flut der Weltprobleme weiterhin an. Sie galoppieren uns nahezu allseits davon, haben uns bald im Griff, wenn wir nicht unsererseits sie zuvor in Griff bekommen. Die Schlange indes fährt mit ihren Einflüsterungen fort. Sie läßt sich – mit fast erotischem Charme – mitunter z.B. wie folgt vernehmen:

»Noch nie war die intellektuelle und technologische Potenz des Menschen so groß wie heute. Das Paradies ist zum Greifen nah! Der Turmbau von Babel kann wiederaufgenommen und vollendet werden. Strengt euch an, beeilt euch, ihr werdet es schaffen.
Nutzt dabei das treibende Rad (!) der Wirtschaft. Globalisiert Finanz- und Marktwirtschaft. Sie hilft euch fast quasi-automatisch bei der Vernetzung, baut Zusammenarbeit, schafft Weltfrieden ohne Waffen, Mobilität und Wohlstand für alle, PCs in jeder Küche, elektronische Gleichzeitigkeit, placeless societies (Knoke), Überwindung von Enge – und vielleicht baldigen Sieg über den Tod.
Zwar sind alle eure Versuche – so räumt die Schlange konziliant ein – bisher großteils gescheitert. Aber Geschichte ist ein Lernprozeß, voller Widersprüche, mit Opfern, klar, aber wer nicht wagt, gewinnt auch nicht; trial and error; wo gehobelt wird, fallen Späne. Und es sind ja genau diese Widersprüche, in denen der Motor zur Zukunft sitzt. Das Pharaonen-, Kaiser-, Papst-, Hitler- und Stalinreich hatten Fehler, der Faschismus und Kommunismus: eine Sackgasse. Aber jetzt seid ihr weiter: die Welt, ein Dorf – plus all euer angesammeltes Know-how, jetzt ist die Zeit reif, der Kairos ist da. Aber beeilt euch, damit ihr es noch schafft. Baut eine neue Weltordnung, entwickelt eine Zentralregierung, vereint eure Kräfte, dann wird der Bau gelingen. New Age, eine neue Welt bricht an, ein neuer einiger Glaube entsteht, ein neuer Horizont kommt auf. Das LEBEN erwacht. Und ihr alle, Brüder und Schwestern, Bewohner desselben Raumschiffs Erde. Und deshalb jetzt das größte, strahlendste Projekt aller Zeiten, die eine große, freie, selbstbestimmte, glückliche, erlöste Weltgemeinschaft, ein zweites Eden. Und auch Gott ist keine Quelle der Angst mehr: Denn Gott ist in euch selbst auferstanden. Damit ist der Zwiespalt weg, die Sünde gelöst, die Transzendenz ist Immanenz. Gott wurde Mensch und Mensch nun Gott. Sagten das nicht auch schon Sokrates, Buddha, Jesus? Haben nicht alle Erlösungsreligionen denselben Kern? Die Liebe in Freiheit und Transparenz, die Achtung des Nächsten und seiner Bedürfnisse sowie das Suchen von Frieden durch Konsens? Ist *das* jetzt nicht eure eigentliche, wesensgemäße neue Aufgabe, die Aufgabe und die Arbeit des zu sich selbst gekommenen Menschen, jenseits von Herrschaft, Zwang, Sklaverei und »göttlichen« Gesetzen? Hatte ich das euch nicht alles auch schon anfangs versprochen, als ich sagte, daß ihr wie Gott sein werdet? Damals im Paradies ?!
Seht ihr's denn nicht, wie es am Horizont schon aufleuchtet? ...«

Die Verführung bahnt sich – wie immer, so offenbar auch jetzt wieder – schleichend an, sie kommt auf Samtpfoten, wohlgefällig, lustbetont, komfortabel, anregend. Eben nicht mit Pauken und Trompeten oder schrill-revolutionär. Eher unmerklich, praktisch und unheimlich rational, sozusagen selbsteinleuchtend, selbsterklärend und hoch-vernünftig, nahezu axiomatisch-automatisch.

Die Fast-food-Per-Versions-Theologie der Schlange, ihre lügenhaften Auslassungen (Halbwahrheiten!), ihre tödlichen Verdrehungen, ihre schmeichelhaften Umgehungen – sie sind kaum zu bemerken. Alles klingt eigentlich sehr schön.

Währenddessen wächst der Leidensdruck weltweit, und die Verführungen, »gott-lose« Hilfen anzunehmen, steigen wie Grundwasserfluten von Tag zu Tag aus allen Kanälen ...

Wenn man genau hinschaut, kann man sehen, woher das kommt: Zur Rettung der gesamten Menschheit (bzgl. Ernährung, Gesundheit, Sicherheit, Ökoschutz, Wohlstand, Weltfrieden, Zukunft etc.) entwickelt sich vor unseren Augen eine »neue Rationalität« und ein ausgeklügeltes »Vernunft-System«, ein hochorganisiertes, eng vernetztes Wirtschafts-, Wissens-, Informations- und Glaubenssystem. Es ist ein System, mit dem Angebot, jedem zu seinem eigenen Wohlergehen (sic!) zu verhelfen, schnell und intelligent, handlich, mobil und individuell, rationell und rational.

Steigende Netzteilnehmerdichte sowie rapides Abnehmen von Technologie-, Koordinations- und Transaktionskosten machen dabei die Partizipation im System, im elektronischen Großhirn der Menschheit, attraktiv und preiswert zugleich. So will es jeder haben, und jedermann kann – in Freiheit und nach Lust und Laune – zu jedermanns Business- und Freizeitpartner werden, so wie es gerade paßt … und Gewinn verspricht. Rund um die Uhr.

Alles erscheint völlig logisch und von großem Nutzen für den einzelnen wie für die vielen anderen auch … (mit Ausnahme derer, die nicht am »Netz« teilnehmen können, z.B. die dritte und vierte Welt: Diese fallen in ein schwarzes Loch, so die Zeitschrift Spiegel)[67].

Doch nicht alles, was glänzt, ist folglich wirklich und nachhaltig Gold. Erst tropfenweise – wie immer – sickern die Nachteile durch, erst nach und nach, und auch vor allem – wie immer – erst gegen Ende bittet die Schlange zur Kasse und holt sich ihre Beute. Dieses »Beute-Szenario« ließe sich vielleicht wie folgt umschreiben:

> Um die Zukunftsversprechen und potentiellen Wohltaten dieses Weltrettungs-, Versorgungs- und Sicherheitssystems und den damit einhergehenden relativen (materiellen) Wohlstand genießen zu dürfen, muß jeder einzelne, Schritt für Schritt, unmerklich gekocht wie ein Frosch in nur langsam erhitztem Wasser, seine Seele und seine Freiheit scheibchenweise »mitverkaufen«. Das heißt: man muß ins System passen, funktionieren, notfalls auch Tag und Nacht arbeiten, für die »Firma«, für die »Organisation«, fürs weltweite Netz.
>
> Jeder wird, von der überzeugenden Logik und den zweckrationalen Vorteilen des Systems gedrungen, zunehmend bereiter werden, sich den Systemgesetzmöglichkeiten ein- und unterzuordnen und seine Beiträge präzise, zeitgerecht, qualitätsvoll, kostengünstig und innovativ just-in-time abzuliefern.
>
> Das erscheint allen hocheinsichtig. Denn nur so kann die mehrheitlich und allseits gewünschte (und angebotene) Systemvernunft – nolens volens? – wirtschaftlich, nachhaltig und sicherungsorientiert ermöglicht, weiterentwickelt und aufrechterhalten bleiben.
>
> Nur so kann eine Welt aufgebaut werden, die sich viele wünschen: perfekt, sauber, friedvoll und lustig, vielleicht eine Art Fun Factory wie Disney Land, die ganze Welt am besten ein Vergnügungspark, geilen Spaß statt Persönlichkeitsentwicklung oder gar Reifung durch Leiden. Rauschgift statt Verantwortung, Versorgung statt Freiheit.

Natürlich sind anfangs – solange die Kraft reicht – Topleistungen im Turbotempo zu bringen, zwischen 20 und 40 ist das »Wesentliche« zu erreichen. Bis dahin muß man es geschafft haben. Und dann nur noch genießen. Und später vielleicht mit einem »schönen Tod« (Eu-Thanasie) davonsegeln ...

Jedoch List und Logik des Prozesses gaukeln dies nur vor. Die reale Entwicklung läuft indes in eine ganz andere Richtung. Durch Kreditkarten, Mobiltelefon, E-Mail, E-Business, Satelliten, Sensoren, Internet, Lotsensysteme, Videoüberwachung etc. – nach der Abschaffung von Bargeld und dem Ersatz von Kreditkarten durch implantierte Chips und Sensoren, zentral verwalteter Arbeits- und Urlaubseinsatzplanung etc. bin ich mittlerweile unversehens ganz rational und völlig vernünftig, ganz intelligent, praktisch und bequem, zum voll transparenten »Systeminsassen« (Heintel) geworden. Ich habe zwar alles, was ich nicht wirklich brauche, dafür aber habe ich mich selber verloren. Darüber hinaus stelle ich bestürzt fest, daß ich zunehmend mehr in Konkurrenz zu perfekt funktionierenden, genetisch und mikrotechnologisch erzeugten Androiden gerate. Viele meiner Funktionen können diese bereits übernehmen. Falls mir das angst machen sollte und ich mich dagegen zu wehren beginne, werde ich von selbigen kontaktlos-online zum Zentralcomputer gemeldet, ferndiagnostiziert und anschließend auf mögliche »irrationale« Systemfehler untersucht. Präventiv natürlich nur. Gesundenuntersuchung! Falls ich hartnäckig bleibe und mich dennoch weiter erkundigen will, was da eigentlich abläuft, stelle ich u.U. bald verwundert fest, daß komischerweise meine elektronische Adresse gelöscht, meine Keywords und mein »Homebanking« nicht funktionieren. »System error« meldet mein Laptop. Und da auch das automatische Abbuchen meines Handys davon berührt ist, ebenso mein implantierter Individual-Identity-Sensor (IIS), entdecke ich mit Schrecken, daß ich auch nicht mal mehr einkaufen kann. Selbst Bargeld würde mir nicht helfen – ich habe außerdem gar keines mehr, zumal es dafür auch gar keine Kassentechnologien mehr gibt. Ich merke, daß ich irgendwie »ausgemerzt« werde (so nannte man das im »3. Reich«). Aber gegen wen soll ich mich denn wehren? Es gibt keinen Wärter mehr, keinen Gauleiter, keinen direkt Verantwortlichen, sondern nur noch anonyme »System errors« oder »oberflächliche Hotlines« zu irgendwelchen Netzen oder Servern mit Computerstimmen. Und wie ich da Hilfe bekomme, ist beyond anything. Steinewerfen hilft ebensowenig: wie soll ich ein WWW konfrontieren oder gar in den Griff kriegen? Die machen nur Witze über mich. Panik bricht aus. Ich finde im Systemnetz einfach niemanden mehr, der direkt zuständig ist und den zentralen Zugriff hat. Und dieser heterarchische, dezentrale, anonyme Zustand ist ganz legal gewachsen, ganz rational, komfortabel entstanden und extrem kostengünstig. Wogegen also wehre ich mich eigentlich? Überhaupt: *Wie wehrt man sich denn gegen Rationalität?* Sollte ich mich einer subversiven Cyberwargruppe anschließen und Netzterrorist werden?? Aber wie sollte das jetzt noch gehen? Umringt von den vernünftigen Wohltaten des namenlosen Systems sterbe ich schließlich hilf- und lautlos meinen »selbstgewollten«, isolierten Hungertod. Auch meine Freunde können mir kaum noch helfen. Auch ihr Leben ist zugeteilt und eingeteilt und systemisch erfaßt. Ich war nie da.

Szenario Ende

Besinnungspause, weitere Tiefenbohrungen ...

Wie kann dieser weltmenschheitliche Entwicklungs- (und Verführungs-)prozeß gedeutet werden? Was wird da eigentlich »gespielt«? Um was geht es im Hinter- und Untergrund wirklich?

Bei meinen Nachforschungen hatte ich hier das Gefühl, des Pudels Kern noch nicht richtig erfaßt und getroffen zu haben. Weitere Tiefenbohrungen schienen notwendig. So grub ich weiter.

Erinnern wir uns noch einmal an die Anfangssituation im »alten« Paradies. Bei genauerem Hinsehen wird deutlich, daß es dabei nicht um einen irgendwie verbotenen Apfel geht, sondern um etwas gänzlich anderes natürlich, nämlich um einen äonischen Kampf zwischen Gott und dem Widersacher, der Schlange. Der Kampf tobt – genaugenommen – um die Frage, wem der Mensch vertraut, folgt, gehorcht, d.h. wessen Wille und Wesen die Erde und den näheren Kosmos beherrschen würden. Die Schlacht dreht sich um den Menschen. *Es geht um uns* und die Freiheit und die Würde, in die wir gestellt sind, um Entscheidung, Verantwortung und Konsequenz, um Leben, Tod und Ewigkeit. Als Stellvertreter des Schöpfers – so sagt 1. Mose 2,15 – sollten wir Statthalter Gottes auf Erden sein, diese bebauen, pflegen, hegen – also im wahrsten Sinne des Wortes: das Paradies auf Erden verwalten, bewahren *und* voll genießen!

Der Gegenspieler indes will etwas völlig anderes.

Er will nur eins: dem Höchsten gleich sein. Er bietet sein Gegenangebot und plant sein eigenes autonomes Reich. Dazu will er den Menschen auf seine Seite ziehen, für seine Ziele »gewinnen«, dem Allmächtigen sein Kostbarstes, sein Liebstes, jenes »Ebenbild Gottes« triumphal entwinden, den Sieg erringen, den Thron des Alls besetzen und besitzen. Fast so wie die »dunkle Seite der Macht« im *Krieg der Sterne*! Was er mit der »Krone der Schöpfung« wirklich will, sagt er natürlich weder laut noch öffentlich: Der Mensch soll für ihn nützlicher Idiot, naiver Handlanger, willenloser Dienstbote, untertänigster Sklave, williges Lustobjekt, blinder Blindenführer, simples Beutegut, Stimmvieh, Marionette, Kanonenfutter, bloßes Menschenmaterial werden. Nur als solches ist er für ihn von Interesse. *Sonst nichts, rein gar nichts!* Er verführt das (mit Entscheidungsfähigkeit) begabte Menschenpaar natürlich nicht mit diesem eiskalten, selbst-süchtigen, aussichtslosen Stellenangebot, sondern – wie wir bereits wissen – mit dem vollen, goldverzierten Lügen-Gegenteil: Freiheit,

Selbstbestimmung, Lust, »Selbstvergottung«, Macht usw., also mit lauter süßen, wohlklingenden Dingen.

Gott JHWH und Christus Jesus – laut biblischem Text der »Ich bin der Ich bin« – stellen dem Unvergleichliches gegenüber – für den normalen Menschen unserer oder früherer Tage kaum je Gehörtes, da weder Gelehrtes noch Gelesenes, also schlechthin Unglaubliches:

»Ja, ihr sollt tatsächlich göttlicher Natur teilhaftig werden (vgl. 2. Petr. 1,4), ewig leben, in gottgleicher Herrlichkeit und grenzenloser Lebensfülle, ja sogar IHM gleich sein (1. Joh. 3,2), ohne Schmerzen, Tränen, Verzweiflung leben, mit unzerstörbarer Freude genießen – ABER nicht auf dem Wege der Usurpation, des Raubs, der Gewalt, der Zauberei, der Selbstvergottung, der Anmaßung, der Lüge, sondern des Vertrauens, der Einsicht, der Weisheit und des Gehorsams (Röm 8, 12-17). Das Leben Gottes und das aller Geschöpfe ist auf Wahrheit, Liebe, Gerechtigkeit und Harmonie gegründet. Hochmut, kalte Selbstsucht, Eitelkeit und Lüge, Haß, Betrug und Gewalt werden nie der Stoff sein, aus dem das Leben erblühen wird. Nie! Das Wesen der Schlange ist Täuschung, Mord und Tod (Joh. 8, 43-48). Sie kennt keine Wahrheit und ist ein Fälscher und Menschenmörder von Anfang an, heimtückisch, listenreich und brutal, luzide, intellektuell, stolz und grobschlächtig zugleich. Glaubt dem Glanz ihrer Verführungen nicht. Auch wenn sie Euch mit Sirenenklängen (ebenfalls) Göttlichkeit verspricht. Seit Golgatha ist ihre Zukunft verbrannt.

Außerdem: Bestimmt NICHT selbst, was Gut und Böse ist. Ihr überfordert euch damit. Die Zusammenhänge und langfristigen Wechselwirkungen des Lebens sind unendlich – unübersichtlich, komplex und ständig dynamisch. Glaubt, vertraut und folgt mir, dem Schöpfer, der euch kennt und liebt. Ich werde euch führen, leiten und »coachen«. *Das Leben soll Euer sein, selbst wenn es mein eigenes Leben kosten sollte.* Sucht nicht auf Euren Wegen, sondern auf meinem Weg! Respicie finem!«

»Papperlapapp – sagt Mephisto – alles regressiver, religiöser Unterdrückungsquatsch. Der Mensch weiß schon selber, wer er ist, was er braucht, und was gut und schlecht für ihn ist. Weg mit dieser Bevormundung! und diesem engstirnigen Fundamentalismus! Und Jesus, dem Gekreuzigten, gehorchen? Mein Weg ist der Weg zur Freiheit der Selbstverwirklichung. Und *ohne* diese Perversion des Kreuzes!«

Das Menschenpaar stieg auf das Lügenangebot ein. Die Weichen der Geschichte wurden damit gestellt. Die Eskalation der Emanzipation »Los von Gott« startete durch, die Gottlosigkeit nahm ihren Lauf, die Mutter aller Verführungen reckte ihr Haupt...

Die Apostel Paulus und Johannes sahen vor 2000 Jahren die weitere Entwicklung und deren Konsequenzen bereits voraus:

»Die Gott-Losigkeit wird auf Erden überhandnehmen. Der eigenmächtige, gesetzlose Mensch wird triumphieren. Er wird Verderben bringen und im Verderben enden. Er wird als *Anti-Christ* erscheinen. Ein Mensch, der das Böse verkörpert, sich als Feind Gottes erhebt. Er maßt sich an, über allem zu stehen, was Gott heißt oder Verehrung fordert. Nichts ist ihm heilig außer ihm selbst. Er wird sich an die Stelle Gottes setzen und im Tempel (3. Tempel in Jerusalem?) verehren lassen. Er wird behaupten, er sei Gott.
Wenn der Anti-Christ auftritt, wird der Satan (die alte Schlange) ihm seine Macht leihen, und er wird gewaltige Wunder tun und Zeichen seiner Kraft geben, Zaubereien, die beweisen sollen, was doch durch und durch Lüge ist: daß er Gott sei. Er wird den Menschen, die ihm verfallen, vortäuschen, sie hätten Gewinn, wenn sie ihm gehorchten und ihm folgten. Und sie werden ihm verfallen, weil sie die Wahrheit nicht lieben, die ihre Rettung wäre. Darum auch sendet Gott ihnen diese ungeheure Verwirrung, damit sie sich auf die Lüge verlassen und damit beim letzten Gericht sich zeigt, wer die wirklich sind, die der Wahrheit – seinem Versöhnungsangebot, seinem Sohn Jesus Christus – nicht vertrauten, sondern an Unrecht und Gott-Losigkeit sich freuen.« (Paulus, 2. Thessalonicher)

Der Prophet und Seher Johannes (Apokalypse Kap. 13) schaute dasselbe und stellt es in drastischen Bildern dar. Eine unheilige Imitat-Trinität wird sichtbar: im Hintergrund Satan, im Vordergrund seine menschliche Inkarnation, der Weltdiktator und Anti-Christ:

»Ich sah ein seltsames Tier aus dem Meer auftauchen. Es hatte sieben Köpfe und zehn Hörner; auf jedem Horn trug es eine Krone. Auf den Köpfen standen Namen, die sich gegen Gott richteten und ihn beleidigten. Das Tier sah aus wie ein Panther, aber es hatte die Füße eines Bären und den Rachen eines Löwen. Der Drache gab ihm seine ganze Macht, setzte es auf den Herrscherthron und übertrug ihm alle Befehlsgewalt. An einem Kopf des Tieres sah ich eine tödliche Wunde; aber diese Wunde wurde geheilt. Und die Menschen fielen vor dem Drachen nieder und beteten ihn an, weil er seine Macht dem Tier gegeben hat. Auch das Tier beteten sie an und riefen: ›Wo auf der ganzen Welt ist jemand, der sich mit ihm vergleichen kann? Wer wagt es, den Kampf mit ihm aufzunehmen?‹ Das Tier wurde ermächtigt, anmaßende und gotteslästerliche Reden jeglicher Art zu halten. Zweiundvierzig Monate lang durfte es seinen Einfluß ausüben. Niemand hinderte es daran. Wenn das Tier sein Maul aufriß, beleidigte und beschimpfte es Gott auf gemeinste Weise. Es verhöhnte seinen Namen, sein Heiligtum und alle, die im Himmel wohnen. Nichts und niemand hinderte das Tier daran, gegen Gottes Volk zu kämpfen und es sogar zu besiegen. Das Tier herrschte uneingeschränkt über alle Völker, Nationen, über die Menschen aller Rassen und Sprachen; alle beteten es an. Alle Menschen auf der Erde werden das Tier verehren und anbeten: Alle, deren Namen nicht schon seit Beginn der Welt im Lebensbuch Gottes (des Lammes Jesu Christi) stehen.«

Und dann sieht Johannes den 3. Teil der Anti-Trinität, ein zweites Tier, den Lügen-Propheten des Anti-Christen, seinen Magier, Spiritisten, seinen Propagandaminister und Superverführer (Kap. 13):

»Aus der Erde sah ich dann ein anderes Tier aufsteigen. Es hatte zwei Hörner *wie ein sanftes Lamm (!),* aber eine furchterregende Stimme wie der Drache! Dieses Tier übte dieselbe Macht und Gewalt aus wie das erste, von dem es seine Aufträge erhielt. Es brachte die ganze Erde und alle ihre Bewohner dazu, das erste Tier, dessen tödliche Wunde geheilt war, wie einen Gott zu verehren und anzubeten.

Dieses zweite Tier vollbrachte erstaunliche Wunder. Vor den Augen der Menschen ließ es sogar Feuer vom Himmel auf die Erde fallen. Und immer, wenn das erste Tier dabei war, *verführte es die Menschen durch solche Taten.* Es forderte sie auf, ein Standbild zu Ehren des ersten Tieres zu errichten, das durchs Schwert tödlich getroffen und dann wieder lebendig geworden war. Doch das war noch nicht alles. Es gelang ihm sogar, dem Standbild Leben zu geben. Es begann zu sprechen und verlangte, daß jeder getötet werden sollte, der das Bild nicht verehrt und anbetet.

Jeder – ob groß oder klein, reich oder arm, ob Herr oder Sklave – wurde gezwungen, *auf der rechten Hand oder der Stirn ein Zeichen zu tragen. Niemand konnte Arbeit finden noch etwas kaufen oder verkaufen, wenn er das Zeichen nicht hatte*[68]. Und dieses Zeichen war nichts anderes als der Name des Tieres, in Buchstaben geschrieben oder in Zahlen ausgedrückt. Doch um das zu ergründen, ist Gottes Weisheit nötig. Wer Einsicht und Verstand hat, wird herausfinden, was die Zahl des Tieres bedeutet. Hinter ihr verbirgt sich die Zahl eines Menschen. Und diese Zahl ist 666.«

Bei meinen spürbar hilflos-ringenden Versuchen, tastend die Spuren des Pudels Kern zu entwirren, die Tiefen-Logik und Mechanik dieser »großen Verführungsdynamik« zu ent-decken, zum Zentrum, zum Code vorzudringen, stieß ich auf einen Gelehrten namens Paul Schütz, einen zwar unbekannten, vermutlich jedoch wohl einen der scharfsinnigsten Seher des 20sten Jahrhunderts. Überlebender zweier Weltkriege und der Nazi-Diktatur, Philosoph und praktischer Seelsorger zugleich, vermochte er Hinter-, Unter- und Abgründe dieses Menschheitsprozesses mit einer Wortgewaltigkeit und Schneidepräzision zu enthüllen, daß mir manchmal der Atem stockte... Ich war überwältigt von seinem Durch-Blick. Deswegen kann ich an dieser Stelle, wo es mir selbst an Wort und Geist so spürbar gebricht, gar nicht anders, als jenen einzuschalten und ihn selbst – in leicht von mir umarrangierter Reihenfolge – zu Worte kommen zu lassen[69]. Er beginnt damit herauszuarbeiten, daß die Schöpfung, die Menschheit und ihr Weg zwischen Führung und Verführung kein blindes Schicksal, kein Würfelspiel vorgestellter Evolution, sondern das Gegenteil, ein gott- und menschengewollter Prozeß der Selbsterkenntnis, Bewußtwerdung und Existenzvertiefung sei.

Existenzvertiefung

Dieser Prozeß solle deutlich machen, was im Menschen sei. Der letzte Winkel seiner Seele müsse herausgestülpt werden, damit er selbst, »Adam« selbst, mit eigenen Augen sieht, wer er »in Wahrheit« ist – da er es Gott nicht glaubt, nicht glauben will.

So schreibt Schütz:

»Es muß herauskommen, was der Mensch ist. Er muß es vor sich selbst zur Schau stellen. ›Du bist frei‹ sagt Gott zu ihm. ›Ich gebe dir plein pouvoir. Ich gebe dir dieselbe Freiheit, die ich habe. Die Geschichte, das ist die große Chance, alle deine Möglichkeiten bis zum Grund auszuschöpfen. Tu Teufelswerk im Namen des Evangeliums! Auch diese Chance sollst du haben!‹ Der Mensch muß sich bewiesen haben, daß er die ›Vollendung der Welt‹ nicht bringen kann. Geschichte ist der große Testfall, in dem der Mensch vor sich selbst enthüllen muß, wer er ist und was er kann. Und wenn es noch Jahrtausende dauert. Die Chance, die ihm gegeben ist, die ist total. Der verlorene Sohn im Evangelium erhält sein Erbe voll ausgezahlt. Er kann tun, was er will. Die Welt liegt offen vor ihm. Und er geht, wohin er will, und tut, was er will, und bis heute ist er noch nicht zurückgekehrt. Babylonischer Träume voll, wird er noch lange nicht zurückkehren.

Selbstdarstellung und Selbsterfüllung – bis in die Abgründe hinab – ist ihm auferlegt. ›Es ist nichts verborgen, das nicht offenbar werde‹ (Matth. 10.26). Eben dies ist Geschichte, dieses Aufgedecktwerden ›dessen, was im Menschen ist‹. Darum plein pouvoir für alle seine Möglichkeiten, Entfesselung außen und Auflösung innen. Sie sind die zwei Seiten desselben Vorgangs der ›dahinschwindenden Gestalt‹ der gefallenen Welt. Mit dem Erscheinen von Jesus Christus ist die Welt in Entfesselung und Auflösung geraten. Darum ist sie seit Christus eben gerade nicht ›besser‹ geworden, sondern umgekehrt. Wäre das Evangelium ›politische Ethik‹, dann hätte die Welt besser werden müssen. Seit Christus wird sie durch ihr eigenes Tun sozusagen ausgewickelt bis auf den geheimen Kern.

Das christliche Zeitalter ist zu Ende. Ein neues Blatt ist aufgeschlagen. Wie ein Palimpsest ist seine Partitur zu entziffern, auf dem »Bibel« und »Welt« übereinander-ineinander geschrieben sind.«

Im Prozeß der Geschichte – so Schütz – geht es ums »Mündigwerden«. Wenn aber mündig werden, dann auch mündig sein, dann auch verantwortlich sein, dann auch die Möglichkeit von Schuld und Sühne (Konsequenzen, Feedback, Strafe etc.) und Schuldvergebung (Gnade). Wenn dem so ist, dann ist der Sinn der Geschichte die Vorbereitung auf die »Wohltat des Gerichtes«. Deren Ausreifung ist dann auch die Lösung, die End-Lösung, die Er-Lösung. Bis dahin aber, die Realität, wie sie derzeitig ist:

»Die Realität, in der wir existieren, zeigt ein Einzugs- und Ausbruchsgebiet von Verwirrungen und Verwicklungen, das nicht übersehbar ist. Wissenschaftlich an das Spezielle gebunden, erliegen wir dem Wahn, das Unauflösbare auflösen zu können mit partiellen Parolen, von denen die ›Mündigkeit‹ besonders gängig ist im Blick auf das partielle Faktum einer verwissenschaftlichten Welt...

Was heißt ›mündige Welt‹, wenn nicht Hitler, und vor ihm Stalin, die stärksten Exponenten dieser Mündigkeit waren? Wie waren sie anders möglich als aus dieser Mythologisierung des autonomen Menschen heraus? Angst verschleiert uns hier den Blick für die Folgen der Tatsache, ›daß zum ersten Male im Laufe der Geschichte der Mensch auf dieser Erde nur noch sich selbst gegenübersteht...‹ (Werner Heisenberg). Hiroshima war ebenso eine Möglichkeit der mündigen Welt wie Auschwitz. Die Gen-Steuerung der ›Menschenmacher‹ ist es ebenso wie die Euthanasie des unwerten Lebens. ›Mündigkeit‹ ist eine unkritische Deutung dieses Auf-sich-selbst-Gestelltseins.

Es hängt – beim Teufel! – einiges daran, zu sehen, was wirklich ist. Die Frage nach der Wahrheit, das ist nach dem Wirklichen, ist gar keine so geringe, wie die Skeptiker mit ihrem Vater Pilatus an der Spitze uns weismachen wollen.

Ja, sie ist die wichtigste Frage für das Menschengeschlecht, die es gibt, eben weil es die Frage nach der Wirklichkeit ist.

Sehen Sie, das ist schon ein Werk des Teufels, diese ironisch-skeptische Frage des Pilatus: ›Was ist Wahrheit?‹ Christus antwortet ihm darauf, daß Er die Wahrheit sei. So wie Er da steht, gefesselt, bespieen, gefoltert, dem Tode verfallen. Diese seine Wirklichkeit, dieses sein Kreuz, der Richtpfahl des gehenkten Gottes, das ist die Wahrheit über die Welt, in der der Teufel wirklich ist. In der er allen Grund hat, die Wahrheit zu verschleiern, eben weil sie seine Wirklichkeit betrifft.

Es ist das gewisseste Zeichen seiner Existenz, wenn er diese Existenz leugnet. Es flüstert in uns: ›Er ist nicht.‹ Das ist er selbst, der so flüstert in uns. So brachte er sich in der Welt je und je zum Verschwinden. Am liebsten durch den Mund eines Genies, wenn möglich eines theologischen. Der Einheitswille des menschlichen Logos verfällt ihm da je und je. Er ist es, durch den sich der Teufel zum Verschwinden bringt, und das auf ›tiefreligiöse‹, auf ›wahrhaft fromme‹ Weise, nämlich – in Gott selbst hinein zum Verschwinden bringt. Unvermutbar dort! Unauffindbar! Teuflisch genial! Denn, so sagt der Logos: auch das Böse muß in Gott sein. Er geheimnist den Teufel in Gott hinein und Gott (mitsamt dem verschwundenen Teufel) wieder in den Menschen hinein. So kommt das ›einheitliche‹ Weltbild zustande, hinter dessen wogende Sphären die wirkliche Welt verschwimmt, eine ›logische‹ Wahrheit, hinter deren bieder-meierliche Redlichkeit die dämonische Dynamik der Wirklichkeit ›Mensch‹ überhaupt nicht mehr zu Gesichte kommen kann. Er will, daß wir seine Wirklichkeit nicht sehen, damit er uns um so sicherer zu Werkzeugen seiner den Himmel stürmenden Vermessenheit mache.

Dann hat er uns schließlich so weit, daß wir selbst uns für Gott halten und ›im Glauben an den Menschen‹ seine furchtbaren Taten tun. Er selbst aber hat sich zum Verschwinden gebracht, und mit ihm selbst – Gott. Und dies auf wahrhaft dämonisch-geniale Weise: in uns, im Menschen selbst.«

In diese Einsamkeit (selbst-)geworfen und geblendet, muß nun der Mensch zum Menschen kommen (vgl. Sartres »L'enfer ce sont les autres«). Mit seiner gottgewirkten und selbstgewollten Genialität ist der Mensch nun sich selbst zur Freiheit gesetzt. In dieser Freiheitsgestaltung braucht er jedoch – so er will – nicht gänzlich auf sich selbst gestützt zu bleiben. Gott (in Christus) ist mitzukämpfen bereit. Dennoch: der Ausgang ist offen und frei: Dämon oder Heiliger. Beides ist möglich. Beides gibt es. Das Genialische des Menschen: seine Herausforderung. Die weiteren Zusammenhänge sieht Schütz folgendermaßen:

»Der dämonische Mensch ist abtrünniger Gottesgeist. Er hat magische Kraft in sich. Das hat er noch von Gott. Aber das alles in Freiheit wider Gott gekehrt. In ihm lebt der luziferische Glanz des Bösen. Und nun der Geniale! Er ist nicht mehr Heiliger Geist und noch nicht abtrünniger Geist. Er schwebt losgelöst zwischen beiden. Er ist der Genius der von Gott gelösten Kreatur, die um ihren eigenen Mittelpunkt kreist und diesen für die göttliche Mitte hält. Fällt der Geniale der Hölle anheim, so wird er ein großer Dämonischer. Fällt er dem Himmel anheim, so wird er ein angelischer Mensch. Um beide ringt der Heilige Geist. Auch ein Dämonischer kann noch ein Christ, und zwar ein großer Christ, werden. Paulus gewann er. Um Judas rang er vergeblich.«

Und die Konsequenzen?

»Wir müssen dem Ungeheuerlichen ins Auge sehen: Es gibt das Böse, und zwar das radikale, nicht das ›sogenannte‹. Hier steuert uns die neue Aufklärung, indem sie dieses ›Ungeheuerliche‹ wegargumentiert, in eine kapitale Lüge hinein. Sie gibt uns auf diese Weise kritiklos einem Dunkelraum preis, in dem wir nicht umhin können, unsere Schritte zu tun. Die Welt ist anders! Der Mensch ist anders!

Im Menschen kommen außerirdische Gewichte überlegen ins Spiel. Nur die theologische Kategorie ist hier noch ausreichend.

Goethe berichtet im XX. Buch von ›Dichtung und Wahrheit‹, daß er vor dem Ungeheuren hinter ein ›Bild‹ flüchtete. Denn dies ›Ungeheure‹ gibt es. ›Sorglos eilen wir in den Abgrund, nachdem wir uns etwas vor uns aufgebaut, was uns hindert, hinzusehen.‹ (Blaise Pascal). Dieses ›Vor-uns-Aufbauen‹ kann der Dichter mit seinem ›Bild‹. Der Christ kann es nicht. Er muß hinsehen.

Der englische Dichter W.H. Auden bekennt: ›Wir sind nicht unglücklich, wir sind böse‹. Er hat den Mut, von einer ›gefallenen‹ Welt zu reden. Der Vorwurf des Pessimismus an den christlichen Glauben ist ohne Kenntnis der Sache, um die es in ihm geht. Er gilt allenfalls für ein Christentum, das sich selbst das Auge der Prophetie ausgestochen hat. Mit dem Teufel haben wir den kämpfenden Christus aus unserer Theologie klammheimlich hinauskomplimentiert, den Zorn seiner Kampfesgleichnisse ausgelassen, die urevangelische Waffe der Unterscheidung der Geister zerbrochen. Das prophetische Wort ist schöpferisch und geht auf das Jetzt im Hiesigen der Zeit. Es versetzt den Menschen in Konflikt mit ›dieser‹ Welt. Es erlaubt ihm unter keiner Bedingung, Frieden mit ihr zu machen. Es weist über die Geschichte hinaus, indem es sagt: Ende! Die Geschichte hat keinen ›Sinn‹ in sich selber. Ihre Widersprüche sind unschlichtbar. Ihre Endlichkeitsstruktur weist über sie hinaus. Sie ist ein Interim. ›Die Geschichte, selbst die beste, hat immer etwas Leichenhaftes, den Geruch von Totengruft. Ja man kann sagen, sie wird immer verdrießlicher zu lesen, je länger die Welt steht.‹ Der Satz stammt von dem Weltkind Goethe, nicht von einem pessimistischen Eschatologen. Die Geschichte ist ausweglos, wie die Formel des Tragischen diesseits des Christentums in der attischen Tragödie, bei Shakespeare, im Buddhismus, wie es die ›schwarze Literatur‹ unserer Zeit mit Monotonie ausspricht.«

Die Flucht in den Idealismus ist ohne Hoffnung:

»Bei Arnold Gehlen, dem Soziologen, lese ich, es sei in der idealistischen Lehre vom Menschen eine höllische Möglichkeit versteckt: der gewärmte große Kulturstall, in dem die Raubtiere einander umkreisen, ethische Formeln flüsternd.«[70]

Und was für den Idealismus gilt, träfe analogerweise auch auf den »Rationalismus« zu:

»Auch die Rationalität führt uns nicht aus der Ausweglosigkeit, im Gegenteil, sie führt uns immer noch tiefer hinein. Sie erliegt dem Zauber der Wunschbilder, die unsere Selbsterhaltungsinstinkte in uns erzeugen. Sie erzeugen ein falsches Bewußtsein, weil das Ausgelassene, ›Offene‹ der Ratio widerspricht, in ihr nicht vorkommen darf. Dahinter bildet sich das finstere Vakuum, aus dem die Katastrophen der Bestialität immer wieder von neuem hervorbrechen. Wirklichkeit läßt sich nicht wegrationalisieren. Gerade der Totalitätsanspruch der Rationalität schafft im Auslassen den Freiraum für die Finsternisse des Irrealen.[71]

Die alten Dogmatiker wußten etwas von dem Absurdum dieser Gotteserfahrung. Sie nannten es das ›mysterium sub contrario‹: das Geheimnis der Anwesenheit Gottes unter seinem Gegenteil. Gott reitet auch auf dem Rücken des Teufels in der Geschichte zu seinem Ziel. Er ist der deus inversus: der auf den Kopf gestellte Gott. Eben dies meint das Kreuz, von dem Luther sagt, daß es über die ganze Erde hingelegt sei.«

Management, Verantwortung und Verführung

Doch werfen wir zwischendurch wieder ein Auge auf unser Ausgangsproblem, nämlich auf die Frage, welche Funktion im Kontext von Management und Führung das Thema bzw. des Faktum VER-Führung hat, wieso, wozu und warum »Verführung« dort hineinkommt, also ins Management kommen kann und eben nicht nur als ein Thema auf der großen Weltenbühne der Menschheitsgeschichte anzusehen ist. Ich denke, daß sich folgende Zusammenhänge erkennen lassen:

- Manager und Führungskräfte haben trotz aller systemischen Komplexität deutlichen Einfluß auf Ziele, Strategien, Strukturen und Verhalten von Organisationen. Sie selbst und ihre Organisationen (Unternehmen, Institutionen etc.) sind dabei Bestandteil geschichtlicher Entwicklungen, nicht isolierte Inseln außerhalb der Gesellschaft. Sie sind dem Strudel der Gesamtverführung nicht entnommen. Das »Dritte Reich« – als vermutlicher Vorläufer und Probelauf der großen End-Verführungen – machte das bereits anschaulich. Und die Reparationszahlungen für damalige NS-Sklavenarbeiter von heutigen Konzernen reichten bis in die jüngste Vergangenheit hinein. Das zeigt: Manager sind mit verantwortlich, wirken hinein, formen Geschichte, sind problematisch, können zu Verführungen verführt werden.
- Aber auch im ganz gewöhnlichen, trivialen Arbeits- und Managementalltag lassen sich überall die Gefahren von Verführung verorten. Managen und Führen heißt beeinflussen, lenken und gewinnen. Dabei muß mit den Mitarbeitern ständig – zumeist unausgesprochen und nur halbbewußt – wie auf einem Marktplatz verhandelt werden: Leistung, Gegenleistung, Vor- und Nachteile, Verlust, Gewinn, langfristiger Nutzen etc. (vgl. Interaktions- und Austauschtheorie). Gewalt und Betrug haben dabei keinen nachhaltigen Erfolg. Ver-Führung ist hier jedoch ein geeigneteres Mittel. Simon[72] bringt das in Bild und Wort treffend auf den Punkt:

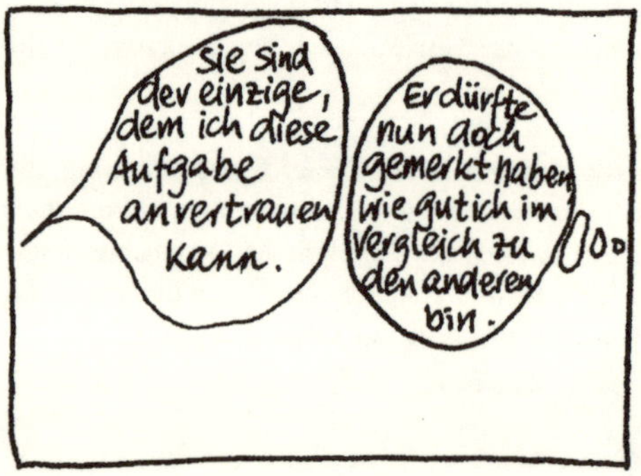

Führung ist Ver-führung

»Verführung gelingt aber nur, wenn man etwas anbietet, was für den (eventuell) Verführten attraktiv ist, das heißt wertvoll oder lustvoll. Voraussetzung dafür ist zu wissen (oder zu ahnen), was der oder die andere gerne ›kaufen‹ würde. Je besser es einer Führungskraft also gelingt, sich in ihre Mitarbeiter hineinzuversetzen, desto leichter wird ihr folgende Einschätzung fallen: Wie kann ich im Wettbewerb mit anderen Verlockungen die Aufmerksamkeit auf meine Angebote lenken, das Zögern und Zieren meiner Mitarbeiter und Mitarbeiterinnen in ein Ja und ein Tun umzuverwandeln?«

Zur Beantwortung dieser Frage stehen in der Regel eine Reihe von verführerischen Manipulationsinstrumenten zur Verfügung: Schulterklopfen, aktives Zuhören (vortäuschen), Empathie, Karriereangebote, vertrauliche Informationen, glänzende Projekte, Nähe zur Macht, Privilegien, pseudofreundschaftliche Zuwendung usw. Aber auch die »Untergebenen« haben ein wirksames Sortiment an Verführungswaffen,[73] um ihren Chef zu managen, milde zu stimmen, auf Distanz zu bringen oder umgekehrt – gefügig und abhängig zu machen.

- Organisationen werden gebildet, um Probleme, die über die Kapazitäten von Individuen und Kleingruppen hinausgehen, lösen zu können.
  Die Frage ist jedoch, für welche Probleme wir Organisationen einsetzen, welche Ziele und Werte damit realisiert, welche Verantwortungen übernommen werden. Um Verführung und Mißbrauch von und durch Organisationen vermeiden zu helfen, bedarf es eines Managements, das sich seiner Führungsverantwortung und seiner Multiplikationswirkung bewußt ist. Wenn es die »Tiefenmechanismen« und »Urmuster« von Verführung kennt und durchschaut, kann Verführung leichter ent-deckt und u.U. verhindert werden, in statu nascendi also schon. (Freilich würde durch dieses Wissen der Mißbrauch leider ebenfalls wahrscheinlicher werden.)
- Zu einem Großteil dienen Organisationen über ihre rationalen Zwecke hinaus besonders auch der Kompensation verlorengegangener paradiesischer Werte wie: Sicherheit, Versorgung, Angstabwehr, Orientierung, Identifikation, Macht, Bedeutsamkeit, Größe, »Unsterblichkeit« usw. Unsere Selbstaussetzung aus dem Paradies hat durch den Zusammenbruch lebensumfassenden Urvertrauens und gottgesicherter Geborgenheit genau eben diese unsere »Organisations«-Bedürfnisse geschaffen.
  Oder andersherum gesagt, die nunmehr in uns wohnende Angst und Leere, Sinnlosigkeit, Sterblichkeit etc. wurden zu »transrationalen Organisations-Energiequellen«, die als »irrationale Treiber« hinter vielen Organisationsaktivitäten stecken und z.T. auch in krankmachender Form »helfen«, all die Hamsterräder und Tretmühlen der Unersättlichkeit, Ausbeutung, Erpressung sowie der Angst-, Wahrheits- und Schuldverdrängungen fleißig am Laufen zu halten.
  Manager stehen permanent in Gefahr, diese ex- und postparadiesischen »Antreiberkräfte« als Motivationstreibstoff für Leistungserzwingungen zu benutzen, bzw. diese »Karotten« und »Zuckerbrote« manipulativ und verführerisch einzusetzen (siehe oben »Alltagsverführung).
  Selbst von diesen Treibern infiziert, sind Manager dieser Dynamik gleichermaßen und »natürlich« ausgeliefert. Nicht wenige erliegen dann auch deren Verführungen (siehe Kosten, Krankheiten, Fehlentwicklungen etc.) und werden zu »getriebenen Treibern« und manipulierten Manipulateuren.
- Aber noch etwas viel Raffinierteres kommt hinzu, etwas, das Managern und Führern etwas nahezu grenzenlos Großartiges, faszinierend Produktives, schlechthin Erlösendes vor Augen, Herz und Mund hinzuzaubern befähigt. Weiter oben flüsterte – im Bild gesprochen – die Schlange diesbezügliches bereits auf Weltprozeßebene, was sich jedoch analog auf Managementebene applizieren läßt und vielleicht in folgende Worte gefaßt werden kann:
  »Du, Manager«, Deine Funktion ist sehr wichtig geworden. Die Menschen brauchen Dich. Es geht nicht mehr nur um Dich selbst, Deine Bedürfnisse,

Deine Entwicklungsinteressen, Deine Karriere. Es geht um viel mehr, um die Rettung von Menschen, Lebensmöglichkeiten und Hoffnungssinn für viele ... Angesichts ständig wachsenden Weltnotstandes – so fährt die Stimme fort – und angesichts des als einzig »erfolgreich« übrig gebliebenen Systems eines globalen Kapitalismus sowie, drittens, der greifbaren Nähe eines selbst herstellbaren Paradieses solltest Du Kapazität, Kompetenz, Schnelligkeit und Intelligenz Deiner selbst und Deiner Organisationen voll für diese große Aufgabe einsetzen. Du bist es und Deine Organisation, die die benötigte »Wert-Schöpfung« hervorbringen kann. Die Wirtschaft stellt menschlich und gesellschaftlich das eigentliche Zentralrad dar, an dem alles andere hängt: »Pensionsversicherung« und »Altersvorsorge«, Ernährung, Gesundheit, Forschung, (»life sciences«), Beschäftigung, Stabilität, Naturschutz, Bildung, Wohlstand, Weltwährungsfond, also eure Zukunft schlechthin ...« Deswegen, Manager, bring Dich ein! Mach mit!

Renommiertes Club of Rome-Mitglied E. Laszlo spricht in diesem Zusammenhang sinngemäß von der immensen Heilsverantwortung heutigen Managements. Er nennt dies »Total Responsibility Management«. Konzerne hätten in weltweiter Vernetzung zu lernen, wie ihre Unternehmen zu umfassender Verantwortungsfähigkeit geführt werden könnten. Sie alleine hätten außerdem genügend Macht, einen weltweit gültigen Verhaltenskodex einzuführen und durchzusetzen sowie diesen mit Hilfe von »Total Responsibility Councils (TRC's)« monitoren und kontrollieren zu können.[74]

In ähnliche Richtung geht auch eine Aussage[75] des Initiators der Davoser Managementtage, der sinngemäß dabei folgendes sagte:

»Die traditionellen Transmissionssysteme für Werte (life values) wie Familie, Schule und Kirche existieren nicht mehr. An ihre Stelle muß das Management treten.«

Auch was das Thema »Lernen« anbetrifft, hat das Management als »Schule der Nationen« anzutreten.[76]
Im Wettlauf um Zukunft und Lebenserfüllung muß »Lernen« deutlich an Effizienz und Tempo zulegen. Die Entwicklungen laufen uns bekanntermaßen sonst davon (Dynaxityanstieg). Und hier muß jeder mitmachen, mithalten, mitdenken, mitlaufen, mitarbeiten. Jeder muß fähig sein, sich blitzschnell mental, seelisch, beruflich und lokal anpassen und umstellen zu können. Proaktiv natürlich. »Employability!« Das heißt, dauernd (lebenslänglich!) zu lernen, zu ent-lernen, Neues zu lernen, Gelerntes weiterzugeben, also Lernende Organisation und Wissensmanagement zu be»treiben«. Manager haben dafür die zeitgemäßen, effizienten, pädagogischen, didaktischen, strukturellen, kulturellen und finanziellen Rahmenbedingungen zu schaffen. Auch hier ist ihr Retterengagement gefragt ...

Ob wir modernen Adams und Evas spüren, was da unter dem Teppich und noch weiter unten in den Katakomben unserer Managementwelten eigentlich alles abläuft?

Es ist vermutlich jene dicke, pragmatisch-triviale Decke des »Alltagsgeschäfts«,[77] des ganz normalen täglichen Wahnsinns, unter der sich die zweite Mega-Attacke der Schlange anbahnt, zum Schlag ausholt, zur End-Lösung der Menschheitsfrage schreitet ...

Wir – auf der Oberfläche – erleben nur die »Eisbergspitzen«: rapide zunehmende Komplexität, Mega-Konzerne und globale Kooperationsnetzwerke, atemberaubende Geschwindigkeiten und rastlose Hektik, ungeheure Desorientierungen und Unübersichtlichkeiten, bis zum Zerreißen gespannte, widersprüchliche Pluralitäten, Magersucht und Freßsucht zugleich, Zunahme depressiver Zukunftsängste, Kriminalität, Sodom und Gomorra, Erdbeben und Taifune ...

Irgendwie spüren wir das alle. Fernsehen und Internet sind voll davon. Es bahnt sich eine Schlacht an: Es scheint abermals um den Menschen gekämpft zu werden, nur jetzt in globalem Ausmaß. Wer wird diesmal gewinnen? Wir, der Mensch? Gott und sein Christus oder der Gegenspieler, der Satan?

Gegengift

Gegen diesen Entwicklungsstrom – so sagen einige – muß ein Prozeß kollektiver, kritischer Reflexion in den Organisationen installiert werden.[78] Doch in Hinblick auf die Zentralräte und -räder von Wirtschaft und Gesellschaft erhebt sich die Frage: Können, dürfen, wollen wir überhaupt »über so etwas« wie diese große, breitflächige Verführung kausaltherapeutisch, d.h. »schlangenaufdeckend« reden? Und selbst wenn: Woher erhalten wir einen Maßstab für Wahrheit? Und ein Röntgenauge und ein Nachtsichtgerät für Verstecke und Schlupflöcher der Schlangen?

Fakt ist: Kritisch-transzendierendes Hinterfragen, Reflektieren und existenzielles Lernen – ich nenne das Lernen 4 – ist in diesem aufdeckenden Sinne kaum erlebbar, nicht im Management, nicht in den Schulen, in den Kirchen, in den Medien (höchstens in Randzeiten und -zonen).

Denn Organisationen haben offensichtlich institutionell verbriefte Reflexionsverbote: Organisationen als Wagenburgen gegen Kritik!

Fazit: Es bleibt uns offenbar nichts anderes übrig, als (zwanghaft) so weiterzumachen wie bisher, im Management, in den Organisationen, auf Mitarbeiterebene. Die Tretmühlen laufen weiter. Das Tempo nimmt zu.

Und dies nicht nur, um im Weltkapitalismus wettbewerbsfähig zu bleiben, sondern auch um die *selbstgemachten* Problemfluten zu bewältigen und schwindende Paradieshoffnungen noch zu retten. Turbokapitalismus (mit all seinen kreativen Technologie- und Wissensproduktionen), Management Development, Organisationslernen und Sehnsucht nach dem Garten Eden ergänzen und beschleunigen einander. Der Problemdruck ist Fortschrittsmotor. Fort-Schritt: wohin? Und wovon fort? Manche sagen, der Hexenkessel sei bald fertig gemischt. Und wir bereiteten uns lächelnd vor, hineinzusteigen. Wir machen blöde Witze über den angeblich langweiligen Himmel und freuen uns auf die Hölle. Weil dort wenigstens etwas los ist ... Auch Borniertheit und Oberflächlichkeit scheinen unbegrenzt zu sein. Ich hörte neulich jemanden sagen: Der Mensch will nicht lernen – er will recht haben! Und: Wer nicht hören will, will fühlen.

Endspurt?

Der gegenwärtige Gesamttrend läßt sich somit vor dem Hintergrund postparadiesischer Entwicklungen wie folgt deuten:

Die Schlange benutzt die gegenwärtige Weltkulisse und deren oberflächlich-rationalistisches Massen-Falsch-Bewußtsein – an deren Entstehung, nota bene, der Diabolus ja tatkräftigst und ununterbrochen selbst mitgearbeitet hat – als Tarnkappe, Verdummungsstrategie und Beschäftigungstrick.

»Dahinter« baut die Schlange mit Hochdruck an ihrer eigenen Weltvereinheitlichungsstrategie, den neuen Turm zu Babel, um endlich ihr eigenes anti-theistisches Weltreich installieren zu können. *Denn Alleinherrschaft und Anbetung aller ist und bleibt ihr Zentralziel.* Wohlstandskapitalismus, Bequemlichkeit, Mobilität, Gleichzeitigkeit, Rationalität etc. sind – aus dieser Sicht heraus – nur Verführungsangebote und Lockmittel für ihre Handlanger, sind Täuschungsmanöver, Ablenkung vom Eigentlichen. Denn die

Wirklichkeit ist eine ganz andere: Menschen, gehetzt in Tretmühlen und Hamsterrädern, ohne Kraft und Zeit zum Nachdenken. Shareholder value ist gefragt, Reflexion ist Zeitverschwendung, Zeit ist Geld, Geld ist Leben, Wissen ist Macht, Weisheit Balast. Und das Dahinsiechen der Dritten Welt in zermürbenden Kriegen und Katastrophen. Und was sind – noch einmal – Politiker, Manager und Führungskräfte in diesem Kontext? Handlanger, Erfüllungsgehilfen, Vögte, gehetzte Beschleuniger, verführte Verführer?

Wie ist dieser Teufelskreis durchbrechbar, die unglaubliche Verführung erkennbar, die luziferische List durchschaubar? Die Fragen sind noch offen.

Oben empfahl ich »Lernen 4« als Gegengift, nicht funktionales Sachwissen (Lernen 1), Lernen lernen (Lernen 2) oder Organisationsentwicklung (Lernen 3), sondern Lernen 4, kritisches, transzendierendes, existenzielles Lernen. Reflektieren von Sinn, Zweck, Ziel und Wert des Lernens und Tuns, ein Lernen, das nach Anfang und Ende fragen darf, was Diskurs und gemeinsames Suchen einbaut, fordert, fördert und Denktabus bricht. Nur so ist Ver-führung erkennbar, aufdeckbar, vermeidbar.

Allerdings wies ich dabei auch schon auf den impliziten Widerwillen von Organisation gegenüber kritischer Reflexion hin: Sklaven unserer Selbst-Referenzen und Selbstreferentialitäten, unserer selbstreproduzierenden Verklonungen, unserer intellektuellen Schaumschlägereien, unserer Betriebsblindheiten, Existenzängste und frech-eitlen Eigensinnigkeiten, genährt und gesteuert vom »ICH und sonst gar nichts. Diese Voraussetzungen machen uns hochmütig, blind, dumm, eitel und unfähig zu selbstkritischer Reflexion, individuell sowieso, und kollektiv erst recht. Die Weisheit der Menschen ist lächerliche Torheit in den Augen Gottes«, sagt Apostel Paulus.

Bringt jedoch jemand einmal den Mut auf, mit gleichsam organisationaler Obszönität das stillschweigende Reflexionstabu im Sinne des »Lernens 4« zu durchbrechen, stellt also Fragen nach »woher, wohin, warum«, nach Gott, Teufel und Zukunft oder lügt ganz einfach einmal nicht – dann »outet« er sich. Er wird als Moralapostel, pessimistischer Schwarzseher, Netzbeschmutzer, weltfremder Fundamentalist oder autoritärer Zwangsneurotiker abgestempelt oder ganz einfach als »peinlich«, sektiererisch und unaufgeklärt empfunden.

Propheten wurden schon immer umgebracht, lästige Spiegel zerschlagen, Christus starb am Kreuz durch uns. Der Mensch will nicht lernen, sondern recht haben. Das langfristige Elend ist köstlicher als der kurzfristige Konflikt. Wer nicht hören und sehen will, hat es lieber, daß ihm Hören und Sehen vergeht ... usw.

Kritische Reflexion setzt natürlich – wie erwähnt – Kriterien voraus, Reflexion der Frage in bezug auf das, was denn zurückgefragt und in Hinblick auf welchen Spiegel das Selbstbegegnete beurteilt werden soll. Und einen Willen braucht es, der überhaupt wahrnehmen will, de-mütig wahrnehmen will. Sonst wird Reflexion und Diskussion fruchtleere Intellektuellenolympiade, eitler Schönheitswettbewerb, Managerpeepshow oder Schlammschlacht. *Und wer darf die Kriterien vorgeben?* Wir selbst? Der Mensch, das Unmaß aller Dinge (Schütz)? Und woher die De-Mut nehmen? Sollen Taschenspieler Taschenspieler beurteilen, Mörder Mördern zu Gericht sitzen? Zauberer Zauberer entzaubern? Oder gar Hochmütige Demut lehren?

Also wieder die uralte Frage: Gibt es das wahre, echte, zeitunabhängige, ideologiefreie, gültige Kriterium?

Gibt es die Wahrheit als Absolutum, als invariabler Maßstab, der auch am Zielende aller Prozesse noch gültig dasteht, nicht Metakonstruktion beliebiger Unterkonstruktionen oder modischer Sprachspiele? Gibt es »die« Wahrheit, an der wir die Wirklichkeiten kontrastieren und messen können? Zum Beispiel eine solche:

> »Ich bin der Weg, die Wahrheit und das Leben. Niemand kommt in Gottes Welt, außer durch mich« sagt Jesus. »Und wenn Du, Pilatus oder Caesar, Manager oder Mitarbeiter, Beamter oder Hure wissen willst, ob das stimmt, dann beobachtet mich, mein Tun, mein Reden, mein Leiden. Wenn ihr die Wahrheit tun wollt, werdet ihr herausfinden, daß es stimmt, was ich sage, und ich das bin, was ICH BIN.«

Die Frage nach »der« Wahrheit ist kein Luxus. Wir brauchen einen absoluten Bezugspunkt wie Seefahrer den Polarstern, um ihren Ort zu bestimmen und Feedback für Korrekturen zu bekommen.

Wer diesen externen, *unverführbaren* Fixpunkt nicht hat oder ablehnt, kommt aus den ewigen Selbst-Konstruktionsspielen nicht heraus, kann es gar nicht, bleibt in den Bespiegelungen von Bespiegelungen und in den relativen Relationen von Relationen gefangen, läuft in der Wüste von Fata Morgana zu Fata Morgana, und das noch im Kreis dazu.

Und die auf uns offensichtlich zukommende Mega-Verführung wird ohne einen solchen unbestechlichen *externen* »Fixpunkt«, ohne eine solche stabile »Differenz«, die nicht ICH oder WIR, sondern, so glaube ich, ER, also Christus ist, überhaupt nicht mehr rechtzeitig ent-deckbar sein.

Zu scheibchenweise, zu komfortabel, zu global kommt die Verführung. Wir werden uns ganz vernünftig-emotional an sie gewöhnt haben, bevor der letzte Tag der Abrechnung kommt, wenn die Enttarnung passiert. Für ein Schiff, das seinen Hafen nicht kennt, ist jeder Wind beliebig, gleich-gültig und sinnlos.

Vorwärts zum Gericht?

Nicht wenige werden nun sagen, ich mache es mir zu einfach. Schiebe die »große Lösung« auf Gott, Jesus Christus und dessen rettenden »ex machina«-Eingriff. Außerdem seien meine grobschlächtigen, unausgereiften und laientheologischen Ausführungen tiefer Rückfall ins finstere Mittelalter. Aufgeklärte Menschen könnten solch einen religiösen Quatsch nicht akzeptieren. Unsere Welt müßten wir schon selber in den Griff kriegen ... Und die Schlange oder der Teufel seien Mythologien, Dichtungen, allenfalls Bilder unaufgeklärter Strebungen und Ängste des Menschen.

Mag sein, daß meine Gedankenskizzen fundamentalistisch klingen und z.T. wie unfertige, unbehauene Quadersteine einer Denklandschaft aussehen – ganz ähnlich dem unvollendeten, mit Steinwüsten durchsetzten Lauf der Menschheit. Und sind wir wirklich sicher, daß wir das »Ganze« in den Griff kriegen? Was ist das »Ganze« – mit all seinen vielen Offenheiten, Endlosigkeiten, Unbegreiflichkeiten, Widersprüchen und Vernetzungen ? Und wer ist »wir«?

Sind wir denn nicht schon überfordert, Atomkraftwerke sicher zu machen oder Rentenreformen durchzusetzen, oder Ehe- und Familienleben gelingend zu gestalten – geschweige denn CO_2-Reduktionen, Gerechtigkeit und Weltfrieden?

Und haben wir »Postmoderne« das sog. »finstere Mittelalter« wirklich schon hinter uns? Im Reiche der Dichter, Denker, Nobelpreisträger, nach Renaissance, Aufklärung und zahlreichen wissenschaftlich-technologischen »Wundern«, brachen nicht dort die Dämonokratien aus (Schütz), Holocaust, rational gemanagte Vernichtungskriege, mit Millionen »effizienter« Toten? Und heute? Massenarbeitslosigkeit, Vierviertelgesellschaften, Werteverfall, Kriminalität, Umweltkatastrophen sowie Sucht- und Wahnsinnsformen erschreckenden Ausmaßes? Ist das nicht finster?

Fünfzigfacher Overkill, (trotz »Abrüstungen«), Millionen Hungerleichen, Kinderporno weltweit, jugendliche Amok-Mörder, Cyberwars,

Genozide, Satanskulte, Mafiasysteme – ist das rational, aufgeklärt oder nicht vielmehr auch Religion, freilich Religion des Bösen? Wo sitzen heute die Teufelsanbeter? Nur weil man all dies im Fernsehen betrachten oder interaktiv im Internet erkunden kann – ist es deswegen schon postmittelalterlich? Nur weil es elektronisch läuft, lasergesteuert oder multimedial ist?

Schon Goethes Mephisto brachte das auf den Punkt: »Den Bösen sind sie los – die Bösen sind's geblieben.«[79]

Auch der Intellekt ist an sein Ende gekommen, gelandet in einem Klima, das sich als liberaler Pluralismus oder radikaler Konstruktivismus versteht. Eine Toleranz der »Wahrheiten« und Nützlichkeiten wird praktiziert, die eher einem Verzweifeln an der Wahrheit ähnlich sieht. »Einen Vexierboden hat unser Intellektualismus geschaffen, in dem der Intellekt sich selbst ad absurdum führt ... Alles ist denkbar, so herum und anders herum.«[80] Alles ist Konstruktion – und diese Behauptung in sich selber wiederum auch.

Wie soll es nun weitergehen?

Die Welt als Prozeß? Nicht als feste Ordnung, sondern als dynamischer Strom einer noch unfertigen Schöpfung, hungernd und dürstend nach ihrer Vollendung? Schütz sieht es so. So sagt er:

> »Ja, Hilfe ist es, zu wissen, daß die Schöpfung noch nicht fertig ist; daß die Hauptsache erst kommt; daß die Saat nur keimt auf dem ›Acker der Welt‹. Hilfe ist es zu wissen, daß in der Geschichte Mächte der Finsternis ihr Wesen treiben und daß ein heiliges Gottesgewebe mitten durch diese Geschichte hindurchwächst; daß der Heilige Geist jeden einzelnen Menschen anruft, sich in dieses geheime, neue Leben des Gottesreiches hineinweben zu lassen.«[81]

C.F. v. Weizsäcker kommt in seinem Buch *Bewußtseinswandel* auf einen ähnlich gelagerten Trost.[82] Er beschreibt darin seine innere Situation, als nach der Entdeckung der atomaren Kernreaktion die Atombombe sichtbar wurde und die Gewissensnot bei ihm (und anderen im Kreis um Otto Hahn) zu drücken begann, nämlich ob angesichts möglicher Selbstvernichtung der Menschheit »Physik« überhaupt noch betreib- und verantwortbar sei (vgl. Dürrenmatts Drama gleicher Thematik) und er in diesem notvollen Zusammenhang sich an Karl Barth wandte (jenen damals namhaften evangelischer Theologen), um Rat und Lösung zu finden, und dieser ihm antwortete:

> »Wenn Sie wirklich glauben, was heute alle sagen und niemand glaubt, nämlich daß Christus wiederkommen wird, dann darf die Wissenschaft weitermachen.«[83]

Weizsäcker betrieb danach weiter Physik. Später – nach Bau und Einsatz von Atomwaffen – sagte er:

> »Es nützt nichts, sie abzuschaffen, wenn man die Zeit nicht ändert, denn sie sind nur eines von tausend Symptomen der Zeit. Sie sind nur ein unübersehbar aufgerichtetes Zeichen der Krankheit unserer Zeit überhaupt.«

Ich denke, Analoges läßt sich auch zum Thema »Management«, Macht und seinen Mißbrauchs- und Verführungspotentialen sagen.

Erst einige Zeit später begriff ich, was vermutlich von Barth gemeint war. Wenn es Gott gibt, den Schöpfer, Richter, Retter und Vater Jesu Christi, dann gibt es mitten in der Erprobung durchs Feuer, hineingeflochten in die gefallene Welt, die Verborgenheit Gottes. Gerade in seiner Menschwerdung, in seiner Ohnmacht ... und damit auch die durch das Grauen hindurchschauende ewige Liebe, hinter dem Sinaigott hindurch, der Golgatha-Gott (Schütz), Saatkorn im Feuer, aber geschehen, in der Geschichte, im »Du sollst« bereits das »Du wirst« und darin das »Du willst«, das Pneuma, die Erlösung (Hesekiel, 36, 26-27!!). Dann gibt es Hoffnung und lebendige Zukunft. Vermutlich ist in dieser Weise auch ein weiteres (überliefertes) Wort von v. Weizsäcker zu verstehen, nämlich auf die Frage hin, was er nach all seinen Konflikt-, Friedens- und Zukunftsforschungen voraussage, und er dann geantwortet haben soll, daß ihm nur eines gewiß sei: die Wiederkunft Christi.

Was aber bis dahin?

Vermutlich – wie Schütz formulierte – die weitere Ausstülpung unserer Seele, bis in den letzten Winkel hinein, solange auch das flüsternde Wispern der Schlange, die Flucht vor der Wahrheit, der unverstellten Realität, der Hineinfall in den Anti-Christen, ohne Standpunkt »außerhalb«, nahezu unentdeckbar ohne »Differenz«, die einen Unterschied macht.

Adam ist noch nicht an sein Ende (telos) gekommen. Er muß sich weiter erkennen, muß managen und lernen, individuell, kollektiv, organisiert, obwohl er's nicht will – und doch alles dafür tut. Mensch und Gott, Gott und Mensch müssen an ihr Ziel kommen. Deswegen das unaufhaltsame Drängen (die steigende »Dynaxity«), der permanente Fort-Schritt, die Zeitverdichtung, der Ruf nach »High-Management«, die vielen Eskalationen, die große hektische Nervosität, weil es gar nicht anders geht. Und damit wird auch VER-führung weiter geschehen. Dazu Schütz:[84]

»Das Luziferische in uns kann nicht zur Ruhe kommen. Im messianischen Anspruch des Anti-Christus lebt es weiter. Die Erde ist voll davon. Wir alle sind voll davon. So überzeugend wirkt seine Verheißung, daß er es wagen kann, Christus auf dem Berge der Versuchung aufzufordern, vor ihm niederzufallen. Irgendwo las ich dieser Tage – es könnte bei Nietzsche zu finden sein –, der Anti-Christus sei die höhere Phase des Christus, in der er den Christus ablöse und überwinde. Dann trüge das Christentum an allem Elend der Welt Schuld, vor allem daran, daß es mit seiner Jenseitslehre den Menschen hindere, das Reich des Friedens auf Erden nun endlich zu errichten, ja über diesen ideologischen Einwand hinaus, daß, gäbe es den christlichen Gott, es ihn dann nur als den Verbrecher gibt, der diese mißglückte Schöpfung ins Sein gerufen hat, als den Anstifter dieses Wirrsals, das wir Geschichte nennen. Der Anti-Christus zieht den Christus zur Rechenschaft: Der Mensch ist mündig, nicht sündig. Gott ist der Angeklagte. Die mündige Welt richtet ihn.«

Unsere bisherigen, stofflich-groben Erscheinungsbilder, die sinnlich-wahrnehmbaren Halt- und Trost-Traditionen unserer bisherigen Organisationen, Kulturen, Ideologien und Religionen, die Hoffnung aufs Management, all dies scheint vor dem Hintergrund dieses Gesamtprozesses jedoch unaufhaltsam, nach und nach, der Vergangenheit anheimzufallen, aufgelöst und zerstrahlt zu werden durch die Angriffe mittlerweile gänzlich neu gewebter spiritueller Gewalten:

»Aus dem Sicht- und Greifbaren einer Bilderwelt, sozusagen aus einem infantileren Stadium, tritt die Geschichte heute unter ein abstraktes, energetisches, gleichsam ›wassermannhaftes‹ Zeichen. Das ist es, was heute geschieht. Der Gegenchristus ist heute mehr den je spirituelle Macht, die aus der Unsichtbarkeit heraus überall auf der Erde in die Welt der Seelen einschwebt und sie mit der Psychomagie politischer Messianismen berückt. Ein spirituelles Kräftefeld beginnt sich vor uns zu breiten, auf dem nur Geistmacht der Geistmacht gewachsen ist: Pneuma gegen Dämon[85].« Im Menschen kommen außerirdische Gewichte überlegen ins Spiel. Nur die theologische Kategorie ist hier noch ausreichend.[86]

»Mündige« Menschen, die für diese Kategorie bzw. für das Pneuma nicht mehr offen sind – mit dem Herz offen –, vermögen dies kaum noch zu verstehen. Die Geist-Lepra hat ihr Augenlicht geblendet. Sie finden dieses »Spiel« noch interessant, spannend und schön ...

Vergleichbares läßt sich auch bei jenem vielzitierten, vielleicht größten Ver-FÜHRER bisheriger Zeiten feststellen:[87] Hitler liebte das Volk zu verführen, liebte die Macht, die in der Zerstörung lag, er war geradezu spirituell fasziniert von Krieg und Vernichtung. Die Gesamtzerstörung von Städten wie Paris waren beschlossene Sache, die Vernichtung der Katholiken und der Protestanten danach – sowie anderer Völker später – war ebenfalls geplant (z.B. laut persönlichen Interviewaussagen eines ehemaligen Elite-Hitler-Schülers aus Sonthofen). Und als »großer Dämonischer« (Schütz) liebte er die Anbetung des »Heil-Hitlers«, den absoluten Gehorsam und die Hingebung von Kindern, Jugendlichen und allen, die den Führer liebten, seine Stärke suchten, seine Geborgenheit ersehnten, seine Hände schütteln wollten ... Deswegen gaben sie ihm Macht, zollten Gehorsam, Gefolgschaft, Anbetung und allen erdenklichen Fleiß. Sie wollten groß sein, zum Herrenvolk gehören, aufgehoben in der Volksfamilie, mitbestimmen, was auf dem Globus zu geschehen hätte, dem Erlöser zur Seite stehen, bis daß der Tod sie scheide ...

Das Anbetungsmausoleum für Hitlers Mumie in Berlin war ebenfalls geplant, die religiösen Andachts- und Lobpreistexte (man mag es kaum aussprechen) ebenfalls bereits formuliert (und z.B. vom Hitlernachwuchs auswendig gelernt).

In ihrer Sehnsucht und Phantasie hofften alle diese Menschen auf das Heil, ein Gott zu werden wie ihr großer Führer im tausendjährigen Reich! Auch wenn es zwischendurch den totalen Krieg bedeuten würde. Die Wunderwaffe und der »Führer« würden schon die Wende bringen.

Ohne »Pneuma« und systemtranszendente Außen-/Alternativ-Instanz war diese »grandiose« (anfängliche Erfolgs-) Bewegung nicht mehr enttarnbar und kritisierbar. Millionen glaubten daran wie an eine ganz normale Selbstverständlichkeit, als geschichtslogische Rationalität und konkretisierte Vorsehung des Weltengeistes.

Nur noch vor dem Hintergrund »jenseitiger« spiritueller, theologischer, christozentrischer »Annahmen« läßt sich diese Unterweltdynamik verstehen.[88] Dann wird auch verständlich, wie jene Abarten von Führung entstehen können und ein Management reibungslos funktionierender Todesmaschinen dazu (z.B. Eichmanns Logistik- und Produktionseffizienz der KZs).

Der Welt-Prozeß ist indes noch nicht an seinem Ziel angekommen. Und so lange geht sie weiter, die leidvolle Geschichte zwischen Mensch und Gott, individuell, kollektiv und geschichtlich, »mittelalterlich« oder vollelektronisch, esoterisch oder ökonomisch. Der größte Verführer aller Zeiten, der noch ausstehende Anti-Christ wird Hitler, Stalin und Co. in den Schatten stellen und wie junge Schulbuben aussehen lassen. Es wird ihm gelingen – die Bibel sagt für 3,5 Jahre –, sich selbst zum allgegenwärtigen Gott zu machen.[89] Und (fast) alle werden es ihm glauben und sich verführen lassen. Weltweit. Was aus ihm wird? Die Offenbarung Johannis sowie Paulus' im 2. Thessalonicherbrief, Kap. 2, schreibt, daß ein Hauch aus dem Munde Christi genügte, um die Illusion, das falsche Bewußtsein, das nichtige Menschen-Paradigma, die »Große Verführung«, die Schlange, den Teufel zu nichten. Denn diesmal – bei seiner Wiederkunft, so der Text – kommt Jesus nicht als Lamm, in der Ohnmacht des Wortes, des Gleichnisses, des Vorbildes, des durchkreuzten Werbens, diesmal kommt er als zorniger Löwe mit zweischneidigem Schwert, als Richter, dessen Augen glühen wie die Sonne, als der, der Schafe und Böcke trennt, der eine neue Erde schafft, und neue Himmel dazu (Apokalypse 3).

Wohl dem, der jetzt schon empfangsbereit ist. Proaktivität auch hier, besser als »point of no return« später.

Fazit: Um unserer selbst willen brauchen wir Lernen 4: VER-Führung aufdeckendes, existenzielles und transzendierendes Denken und Lernen, *und Manager, die das fördern.* Und einen »guten Hirten« außerhalb unserer selbstreferenziellen Systemkonstruktionen, Ideologien und Organisationen, einen Schutzhelfer gegen unsere große Labilität gegenüber Verführern, gegen musizierende Rattenfänger, kreidefressende »Wölfe« in Schafspelzen und gegen andere politische, religiöse, esoterische und ökonomisch getarnte Pseudo-Messiasse.

Oder umgekehrt formuliert: Wir brauchen viele Manager, die sich den Guten Hirten als Vorbild nehmen, von ihm Führung und Management lernen, und die bereit sind, all jene Kompetenzen zu entwickeln, die in unserer heutigen schwierigen Zeit so lebensnotwendig gebraucht werden. Diese Fähigkeiten sind: Klarheit, Konsequenz, Kraft, Einsatz, Ziel und Vermögen, Umgang mit Menschen und Wahrheit, mit Liebe und Härte, unter vier Augen und vor der ganzen Welt – in ganzheitlicher Ausgewogenheit, Unbestechlichkeit, Weisheit und wahrheitsgebundener Innenstabilität.

Hoffnung für Adam und Eva

Mittlerweile wird uns ob unserer Mündigkeit langsam bange. Es scheint zunehmend das einzusetzen, was Schütz vorausahnend »Existenzvertiefung« nannte. Es geht dabei nicht um Moral, sittliche Höher-Entwicklung, Halten der zehn Gebote (was sowieso kein Mensch jemals zuwege bringt), nein, es geht um Erkenntnis der basalen Wirkungszusammenhänge, um Selbst- und Gotteserkenntnis, um deren Trennung und Einswerdung zugleich, um das, was im Kern unserer Existenz auf dem »Spiel« steht.

Gegen Ende meiner bisherigen »Forschungen« über Führung und VER-Führung ging mir dieser »existenzielle Tiefpunkt« schließlich in einer Form auf, die mich selbst überraschte – es schien mir, als ob sich ein Blick in das Innerste der Geschichte öffnete – und der zuvor gesuchte Kern des Pudels entpuppte sich dabei eigentümlicherweise nur als Station dazwischen, die Schlange »lediglich« als Sekundärvariable daneben ...

Im Innersten entdeckte ich vielmehr ein »Riesenparadoxon«: Es scheint – so ungeheuerlich und unglaublich es auch klingen mag – im »letzten Kern« um die *Rechtfertigung des Menschen zu gehen (vgl. Hiob)! Und dies wiederum vermittels der klaren Rechtfertigung Gottes durch den Menschen!*

Auf diese, mich äußerst verblüffende Deutung (ich selbst halte das für Wahrheit) stieß ich beim Studium des berühmten Römerbriefes, jenes Paulus-Briefes, der schon für Augustinus (ca. 354–430) und später für Luther (1511) von »umwerfender« Bedeutung war. Ein Kommentator[90] versuchte – mit Hervorhebung und leichter Ergänzung meinerseits – diese Kernparadoxie wie folgt zu fassen:

> »Der ›*Prozeß gegen Gott*‹, der seit dem Sündenfall läuft und auf Golgatha in Jerusalem seinen Höhepunkt erreichte, *soll endlich zu seinem Ende kommen, zu seinem herrlichen und gnädigen Ende, wo Gott recht bekommt und gerade darum auch der Mensch von der Gerechtigkeit Gottes gerecht gesprochen werden kann. Aber dieses Ende des Prozesses kann nur erreicht werden, wenn die Wahrheit an den Tag kommt und die Erkenntnis unserer Schuld uns endlich Gott recht geben und vor Gott verstummen läßt.* Unser Mund ist in ständiger Bewegung, um Gott anzuklagen und den Nächsten zu beschuldigen und uns selbst zu rechtfertigen. Und solange wir in diesem Stadium verharren, können wir das Evangelium nicht hören und es gibt keine ›Rettung‹ für uns. Darum will Gott mit unserer unnachsichtigen Enthüllung durch das Wort der Schrift (und der Geschichte) nur das eine: daß endlich ›jeder Mund gestopft und die ganze Welt schuldig werde vor Gott‹ ... damit – so läßt sich neutestamentlich gültig fortsetzen – er *sich endlich aller, die wollen, erbarmen könne ...«*

Hier schien sich mir der Würgeknoten der Geschichte zu lichten, das Wetterleuchten des Evangeliums, der Frohen Botschaft hindurchzuschimmern, Erlösung für Adam und Eva sich anzubahnen, Geschichtssinn zu entstehen.

Wenn der Mensch am Ende *seine* »Diagnose« zu hören bereit ist, in maßlosem Schrecken vor sich selber verstummt, JA sagt, die Flucht beendet, dann fängt der gnädige Gott mit der Therapie an, nicht mit Verdammnis und Höllenstrafe, (die »Strafe wurde am Kreuz bezahlt«), nein, sondern dieser, von so vielen angeklagte, angespuckte, belächelte, verfluchte, hingerichtete Gott reagiert unbegreiflicherweise mit Vergebung, Barmherzigkeit, Heilung und Wiederherstellung dessen, was WIR (nicht ER) in Hybris, Haß und Hochmut zerstört haben. Ohne irgendeinen Verwurf seinerseits, sondern mit Freude, wie bei der Heimkehr des verlorenen Sohnes (Lukas 15, 11 f.). Aber eben erst dann, wenn der Patient »Mensch« seine Todeskrankheit erkennt, umkehrt, die Diagnose des Arztes an-erkennt (metanoia), seinen Zustand zugibt (statt verdrängt, etc.) und Heilung authentisch begehrt (»Willst Du gesund werden oder den scheinbaren Sekundärnutzen Deiner Krankheit weiter ›genießen?‹«). Erst dann ist Neuanfang, Neu-Schöpfung möglich, wird ewiges Friedensreich in Gerechtigkeit, Wahrheit, Freiheit und Liebe »ausbrechen« können ..., das 2. Paradies kommen, die Schlange verstummt sein.

Oder anders formuliert:

Gott ist heilig, gerecht und unbestechlich. Aber er ist diese heilige Gerechtigkeit nicht nur in statischer Form. Sondern er sorgt selbst dafür, tätig und *aktiv, neues Recht zu schaffen, dem Menschen gerecht zu werden*. Er selbst übernimmt Schuld, Gerichtsurteil und Sühne der Menschen (in Christus Jesus). Das ist seine Liebe. Diese aber nur auf dem Boden der Wahrheit, seiner Wahrheit, im Sohn, ins Fleisch gekommen, Mensch geworden wie wir. Wer sich dem übereignet, wird gerecht gesprochen, frei gesetzt, zur Heilung und zum Heil gerufen. Kostenlos. Und dann endlich kommen beide zu ihrem Recht, der Mensch und sein Gott, der Schöpfer und sein Geschöpf. Dann wird die Geschichte ihr Ende haben können, alle Verführungen sind aufgehoben, das Zelt Gottes bei den Menschen, er selbst bei ihnen wohnend (Off. 21, 3f). Und wir werden sein Volk sein. Und Gott wird jede Träne von den Augen (derer, die *freiwillig* bei ihn sein wollen) abwischen, und der Tod wird nicht mehr sein ... denn das erste ist vergangen. »Wer überwindet, wird dies erben, und ich werde ihm Gott sein, und er wird mir Sohn sein«, so in Offenbarung 3, 19–22.

Indes: Entscheiden müssen wir selbst. Die Freiheit ist beidseitig. Vertrauen wir noch immer der Schlange?

Fazit für Manager

Welches Fazit läßt sich zum Schluß dieses Exkurses für unser Managementthema und dessen »dunkle Seiten« ziehen? Ich möchte das so zusammenfassen:

1. Manager sind den Führungen von Verführungen besonders ausgeliefert. Ihre Verantwortungslast, aber auch ihre Möglichkeiten bieten zusätzliche Eingangstore für Verführung jeglicher Art, ob okkult wie bei Hitler[91] oder »irdisch« wie vielleicht bei vielen anderen.
2. Manager sind Multiplikatoren mit Einflüssen auf Systeme und Regelwerke. Ihre Möglichkeiten, Gutes wie Schlechtes zu verbreiten, sind trotz aller systemischen Sach- und Systemzwänge nicht unerheblich. Dementsprechend siehe Punkt 1.
3. Die aufgezeigten »Unterweltabgründe« erklären, warum Führungskräfte zu Verführungskräften werden können, und dies z.T. bis in nekrophile, todproduzierende Handlungsweisen hinein. Und das auch mitten in unseren Alltagsorganisationen, im Management, an den Werkbänken.[92]
4. *Manager und Führungskräfte sollten sich Möglichkeiten verschaffen, vertraulich und unter vier Augen über ihre Innenbefindlichkeit reden und nachdenken zu können.* Individualcoaching und Seelsorge, kompetent und verschwiegen, scheint hier vorbeugend wie begleitend ein praktikabler, proaktiver und effektiver Weg zu sein. Überforderung, Einsamkeit, Alkohol, noch mehr Arbeiten, Machtgier, Anerkennungssucht, Selbstverliebtheit und okkulte Praktiken sind indes erste Warnzeichen in Richtung verführter Verführer.
5. Lernen 4 muß gefördert werden!

Die Vision der »dienenden Autorität«

Aufdeckung und Widerstand gegen falsche Führung und VER-führung kann primär nur eine Sache des Herzens, des Mutes und der Tat sein. Und angesichts solcher oben aufgezeigter existenzieller und äonischer VER-Führungspotentiale mögen visionäre Warn- und Gegenkonzepte – geschrieben auf Papier und ausgedacht am Schreibtisch – lächerlich erscheinen, wie z.B. die nachfolgend beschriebene Vision einer »dienenden Autorität«. Andererseits gibt es auch Gegenbeispiele, wo »Geschriebenes« nicht gänzlich wirkungslos blieb. Vielleicht vermag Nachfolgendes zumindest auf mentaler Ebene ein paar Anti-Körper zu stärken. Vielleicht können dadurch Nach- und Vordenkimpulse entstehen, die Ver-Führungen früher zu erkennen und eventuell zu vermeiden helfen.

Führung und Ver-führung liegen nahe beieinander. Was sie im wesentlichen unterscheidet, ist der Gebrauch der Macht. Da Führung ohne Macht nicht funktioniert bzw. Macht beinhaltet und beinhalten muß – wobei es natürlich sehr unterschiedlich bedingte und legitimierte Machtquellen und Abhängigkeitsverhältnisse gibt –, taucht immer auch die Frage auf, mit welcher Absicht, mit welchem Interesse, für welchen Sinn und Zweck (Sinngrund) und mit welchem Endergebnis die Macht von Führung und Management eingesetzt wird.

Es ist also dieses »wozu« und »wofür«, die dahinterliegenden Werte bzw. Wertvorstellungen (Urgrund) und Ergebnisse, die den Ausschlag geben, ob wir Führung gut oder schlecht, Management hilfreich oder gefährlich, manipulativ oder konstruktiv erleben, empfinden und beurteilen.

Nicht-Führung und Laissez-faire sind offenkundig keine Lösungen. Und auch Selbstmanagement muß gemanagt werden, auch Selbstorganisation ist bereits vororganisiert.

Meiner im Laufe der Jahre gewonnenen Überzeugung nach ist es eine Tatsache, daß

- menschliches Zusammenleben und Arbeiten ohne Management und Führung nicht möglich sind und daß
- Menschen sich deutlich nach Führung sehnen, nach Führung mit Vorbildqualität allerdings.

Nachfolgendes Alltagszitat aus dem Siemens Konzern[93] illustriert diesen Befund in lebenspraktischer Ausdrucksform. Als Resultat einer Umfrage mit der Überschrift »Die Mitarbeiter wünschen sich eine andere Führungskultur« war zu lesen:

- »Unsere Führungselite muß tun, was sie sagt.«
- »Ich wünsche mir mehr Führung, die zeigt, daß den Führungskräften auch die Zufriedenheit des Mitarbeiters wichtig ist.«
- »Unser Produktivitätsprogramm und die notwendigen Kulturveränderungen werden Erfolg haben, wenn Manager wieder Manager sind – und keine Politiker!«
- »Plakate helfen nicht. Die Umsetzung muß in allen Köpfen drin sein, vor allem in denen der Vorgesetzten, die oft die größten Mauern errichten.«
- »Man möchte von den Vorgesetzten ernst genommen werden, und Anerkennung sollte die Folge von guter Arbeit sein.«
- »Statt Berater: Vorbilder. Statt Karrieristen: Anpacken. Statt Programmen: einfach tun (dürfen).«
- »Das Mitspracherecht fehlt. Die Chefs sind mit sich beschäftigt und von sich zu überzeugt.«
- »Unser Produktivitätsprogramm mag auf höheren Ebenen umgesetzt worden sein, auf den Führungsebenen weiter unten aber nicht.«
- »Mehr Konsequenz bei den Vorgesetzten in puncto Vorleben der Ziele; mehr Ehrlichkeit und Offenheit der Vorgesetzten gegenüber den Mitarbeitern.«
- »Fairneß und Anerkennung von oben.«
- »Mehr Eigenverantwortung der Mitarbeiter, weniger Gängeln durch Vorgesetzte.«

Meiner Meinung nach resultiert das hier ausgedrückte Bedürfnis nach Führung (auch gegenteilige Verbalbeteuerungen werden durch gegenteilige Verhaltensweisen de facto immer wieder widerlegt) aus folgenden Ursachen:

Es ist schwer für uns – trotz allem Freiheitsdrang –, uns in dem unendlichen Kosmos unbegrenzter Potentiale (und Gefahren) zurechtzufinden. Welt und Weltall sind zu groß für uns. Wir brauchen Orientierung, wir suchen Halt und Geborgenheit. Wir scheuen oft die Qual der Wahl, wollen lieber würfeln oder »entscheiden« lassen. Wir suchen Leute, die uns helfen, individuell und miteinander klarzukommen, die Struktur, Ordnung, Entfaltungsmöglichkeiten sichern, koordinativ und regulativ Leitplanken gestalten, Komplexität reduzieren,[94] und uns den Weg zeigen.

So kommen beim Thema »Führung« immer zweierlei Kräfte zusammen: die Macht der Führer und das Bedürfnis, geführt zu werden.

Im Kapitel »Fehlformen« sowie im zweiten Exkurs wurde bereits die Doppelseitigkeit dieser Tatsache angedeutet: Wie sehr das »Bedürfnis nach Führung« sowie die Verfügung über Machtpotentiale zum usurpierenden Mißbrauch von seiten der Führer verlockt, verführt und damit in VER-Führung umschlagen kann. Deswegen trägt Führung immer auch tödliche Potentiale in sich. Führung ist so etwas wie ein Drahtseilakt mit hohem Risiko, links(radikal) oder rechts(radikal) vom Pferd in die Verführung zu fallen.

Deswegen erscheint es mir zweckdienlich, ein Gegenmodell, eine *positive* Führungs-Orientierung anzubieten, eine »countervailing power« (Churchill) zu entwickeln. Ich nenne dieses Modell »dienende Autorität«. Es soll helfen, »auf dem Pferd« zu bleiben, nicht vom Seil zu fallen.

Dazu eine kurze Begriffserklärung zuvor. Unter »Autorität« verstehe ich eine von den Geführten als legitim erlebte und beurteilte Art der Machtausübung des Führers. Legitim heißt: Die Macht, die dieser Führer »hat« und mir/uns gegenüber verhaltensbestimmend, freiheitsbeschränkend ausübt, basiert auf Wissen, Können und Bewährung seinerseits, wird untermauert von einem integren, gemeinschaftsorientierten Charakter, strahlt Zuverlässigkeit, Vertrauenswürdigkeit und Stabilität aus und ist gepaart mit Kraft, Geduld, Zielstrebigkeit, auch mit Wärme und Freundlichkeit (vgl. Persönlichkeitskompetenz). Menschen dieser Art vertraut man sich (relativ) bereitwillig an, man ordnet sich ein und unter, verzichtet auf Ausübung eigener Gegenmacht, man hört, horcht und gehorcht. Man erlebt, daß dieses »Sich-Anvertrauen« zu guten, lebensförderlichen Ergebnissen führt, individuell wie kollektiv, strukturell wie kulturell und man sich – auch auf Dauer – weder reingelegt, manipuliert, verführt oder ausgebeutet erlebt.

Dies leitet auch schon über zum zweiten Wort, dem »Dienen«.

Zentrales Ergebnis und wiederholtes Erlebnis der Geführten ist, daß der »Chef« die »Macht«, d.h. sowohl seine persönlichen, in ihm »selbst« begründeten oder ihm zugeschriebenen Machtpotentiale (siehe oben) als auch seine vom »System« formallegal verliehene Macht nicht mißbraucht. Er setzt seine Macht nicht zur eigenen Absicherung oder Befriedigung narzißtischer Selbstverherrlichung ein, vielmehr verwendet er sie, um Leben zu ermöglichen: zur Entwicklung von Menschen, zur Re-

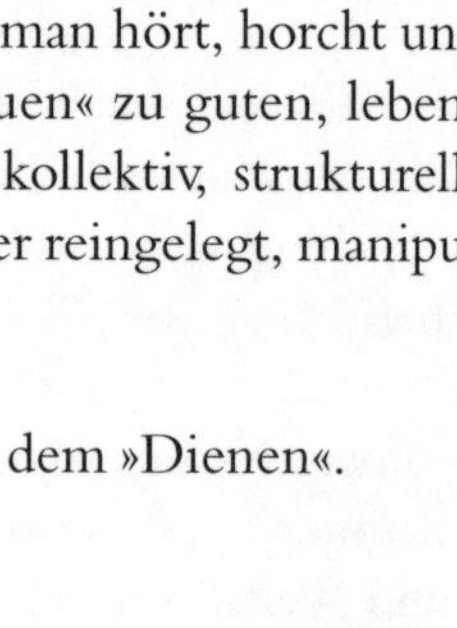

Krise, Reifung, Weg

formierung überalteter Strukturen, zur Freisetzung von Kreativität, Produktivität, zu gemeinsamem Lernen und geteilter Verantwortungsbereitschaft. Kurz: Er trägt dazu bei, daß das Leben blühen kann. Darin besteht sein »Dienen«.

Dienende Autoritäten sind dabei weder weich noch naiv oder blauäugig. In vielen Führungs-Herausforderungen und tiefgreifenden Krisen haben sie die Bedingungen und Gesetze des Lebens, des eigenen wie des gemeinsamen, kennengelernt. Sie sind dadurch gereift.

In der israelischen Kultur fand ich eine hochinteressante Wegbeschreibung zur dienenden Autorität. Der Weg beginnt, wie immer, mit dem Stadium des abhängigen Säuglings, geht dann vom mutterfixierten, etwas kiebigen »Rockzipfler« über zum pubertären, jungdynamischen, konterdependenten, offensiven »Mähnenschüttler« bis hin zum verantwortungsfähigen und gestaltungsbegierigen »Adam« und mündet schließlich dann in der zehnten Entwicklungsstufe in »Abba«, den »Vater« ein. Dieser, nun reif geworden, ist fähig, kompetent und anteilnehmend für andere dasein zu können. Er ist auf seinem prüfungsreichen Lebensweg nicht als Schaumschläger, Hampelmann, Bürokrat, Hedonist, Narzißt, Karrieresüchtling, Machtmensch oder Zyniker steckengeblieben, sondern gelassen, weise, gütig geworden.[95] Wenn es nötig ist, kann er jedoch streng, konsequent und unnachgiebig sein, selbst wenn es ihn in leidvoller Art und Weise auch seine eigene Substanz kosten könnte ...

Mir ist natürlich völlig klar, daß »dienende Autorität« zunächst nur eine idealtypische Wunschkonstruktion ist und leicht als Mythos, Illusion oder grenzenlose Naivität abgetan werden kann.

Der Mensch – man sehe nur die Blutspuren unserer irdischen Geschichten oder die Ausführungen im »zweiten Exkurs« – ist aus ganz anderem Holz geschnitzt. Auch an anderer Stelle habe ich mich damit intensiv auseinandergesetzt und das in Form eines »SchweineHund-Defektes« beschrieben,[96] auf den hier für Interessierte kurz verwiesen sei.

Dennoch: das Bild der »dienenden Autorität« wird benötigt, zumindest in der Funktion einer Vision. Als Leit-Bild und Richtungsmaßstab kann es helfen, Führungspraxis kritisch zu durchleuchten und »Benchmarks« zu entwickeln, an denen sich (ethisch vertretbare) Management-Entwicklungs-, Gestaltungs- und Leistungsprozesse orientieren können.

Mir ist bewußt, daß es Zeitgenossen gibt, die Hitler als Vorbild nehmen und den Anti-Christen als Vision. Dabei bedenke man jedoch, wem man sich da anvertraut. Tatsache ist, daß Hitler nicht gedient, sondern primär 25 Millionen andere hat opfern lassen – ganz im Gegensatz zu dem, den er eigentlich im Holocaust vernichten wollte, den Messias bzw. das Volk, aus dem der Messias zu kommen »droht«.

Letzterer jedoch ging den diametral entgegengesetzten Weg, wurde wirklich dienende Autorität (NT, Philipperbrief, Kap. 2), das Ur-Bild »dienender Autorität« schlechthin.

Als inkarnierte Liebe, in Gnade und Wahrheit, so beschreibt das der Evangelist Johannes, opferte sich Jesus Christus – trotz aller Verfolgungen und Folterungen – bis zum letzten Blutstropfen auf, als guter Hirte für die Menschen, die herumirrten, wie isolierte, geängstigte Schafe ohne Hirten, auch für die, die ihn anspuckten, auspeitschten und umbrachten, in der Hoffnung, daß wenigstens einige zur Einsicht und Umkehr kämen und das Leben sähen ... Als Quasi-Prototyp des »Abbas« lud er zum »Lernen« ein:

> »Kommt her zu mir – so sagte er –, die ihr mühselig und beladen seid, ich will Euch Ruhe geben. Vertraut Euch meiner Führung an und lernt vor mir, denn ich bin sanftmütig und demütig von Herzen. Und ihr werdet Ruhe finden für Eure Seelen. Meine Leitung ist sanft, und was ich anordne und Euch zu tragen gebe ist keine Last.« (Matthäus 11, 28 f.)

Und in Johannes 3,17 wird sein Motivationshintergrund beleuchtet. Das Gegenteil von Narzißmus, Verführung und Selbstbesessenheit wird deutlich:

> »Gott hat die Menschen so sehr geliebt, daß er seinen einzigen Sohn hergab. Nun werden alle, die sich ihm anvertrauen, nicht zugrunde gehen, sondern leben, ewig leben. Denn Gott sandte seinen Sohn nicht in die Welt, um die Menschen zu verdammen, sondern ganz im Gegenteil: um sie zu retten ...«

Allerdings:

> Wer das ausschlägt, verurteilt sich selbst. Diese Selbstverurteilung geschieht so: »Das Licht ist in die Welt gekommen, aber die Menschen lieben die Dunkelheit mehr als das Licht, denn ihre Taten sind schlecht. Jeder, der Böses tut, haßt das Licht und bleibt im Dunkeln, damit seine schlechten Taten nicht offenbar werden.«

Mit anderen Worten: Der Mensch ist vor die Wahl gestellt: Dienende Autorität oder die kurzfristige Lust gerissener Verführung!?

Im zweiten Exkurs äußerte ich bereits die Befürchtung, daß wir weltweit jetzt in eine abermalige Entscheidungsphase hineinzulaufen scheinen: Welchem Führer wollen wir folgen? Welcher Weltregierung gehorchen? Welcher Ver-führung entgehen?

Daß Führung unumgehbar ist, samt Organisation und Selbstorganisation, mit Entscheidung, Kontrolle und Selbstverantwortung, dürfte unstrittig sein. Frage ist nur: Wer soll Macht haben? Wem geben wir unsere Macht ?

Der Zweikampf zwischen Christus und Anti-Christus spitzt sich zu – wir sind die Schafe, die ihre »Autoritäten« zu wählen haben. Und was sind unsere Entscheidungs-Kriterien? Brot und Spiele, Ordnung und Sicherheit, Image und Wohlstand . . .? Oder Liebe, Wahrheit, Freiheit, Gerechtigkeit? Dazu ein »kleines« Anschauungsbeispiel:

Vor knapp 2000 Jahren wählten die geistlichen und politischen Führer Israels mit Zulassung der römischen Besatzungsmacht und vor die Entscheidung gestellt, statt des, von Pilatus als unschuldig bezeichneten Jesus den Terroristen und Mörder Barabbas (vgl. Markus 15, 6f.). Eine Lawine kam damit ins Rollen. Kurz vor seinem Foltertod hatte Jesus noch über Jerusalem geweint (Matthäus 23, 37f): »Jerusalem, Jerusalem, du tötest die Propheten (jene Überbringer harter, diagnostischer, aber lebensrettender Wahrheiten) und steinigst die, die dir gesandt werden. Wie oft habe ich dich wie eine Henne ihre Küken unter meinen Flügeln bergen wollen. Aber ihr habt nicht gewollt. Deshalb wird Gott euren Tempel verlassen, und der Tempel wird verwüstet . . . Es wird kein Stein auf dem anderen bleiben. Alles wird bis auf den Grund zerstört werden . . .« (LK 21,6). Jesus wurde als Führer abgelehnt, Barabbas – der Mörder – bevorzugt. Das war kein Zufall. Der Römer Pilatus, ahnend, samt seiner Frau, was sich hier geradezu überirdisch-unterirdisch anbahnte, versuchte sich hilflos-feige die Hände in Unschuld zu waschen. Die Volksmasse jedoch »beruhigte« ihn und schrie entlastend: »Sein Blut komme auf uns und unsere Kinder !« Und: »Wir wollen nicht, daß dieser (Christus) über uns herrsche!« »Darauf gab er ihnen Barabbas frei, Jesus aber übergab er zur Kreuzigung, nachdem er ihn hatte geißeln lassen.«

Theologisch-historische[97] Forschungen schildern die konkreten Konsequenzen dieser »Führerentscheidungen«:

»Genau vierzig Jahre später, als Jesus diese Worte gesprochen hatte, an einem Passahfest, zog Titus mit seinen Scharen vor Jerusalem und begann die Belagerung, die fünf Monate dauerte. Es war eine entsetzliche Zeit für die Stadt. Sie war wegen des Passahfestes mit Menschen gefüllt. Die beiden führenden Parteien, die Jerusalem verteidigen sollten gegen Rom, waren sich zunächst selbst nicht einig. Sie lagen unablässig in einem Kampf miteinander und machten die Stadt selbst zu einem fortwährenden Kriegsschauplatz, bis kurz vor dem Beginn der Belagerung. Dabei waren sie so töricht, die ungeheuren Getreidevorräte, die in der Stadt angehäuft waren, in Brand zu stecken, um sie sich gegenseitig zu entziehen . . .

Erst als die Sturmböcke der Römer ihre Stoßarbeit gegen die Mauern begannen, verstummte der innere Krieg. Nach 14tägiger Arbeit hatte einer der gewaltigen Sturmböcke eine Lücke in die Mauer gestoßen, die Römer drangen ein und wurden Herren der ersten Mauer.

Nun begann der noch schwerere Kampf um die zweite Mauer. In der Stadt brach die Hungersnot aus in entsetzlichster Weise. Wer aus der Stadt deshalb flüchten wollte, wurde von den Römern ergriffen, gegeißelt und vor der Stadt, weithin sichtbar, gekreuzigt. An jenem Tage starben 500 und mehr am Kreuz, bis kein Holz mehr da war, Kreuze zu verfertigen.«

Unter der Wut der Soldaten geht der Tempel in Flammen auf:

»Es war kein Stein auf dem anderen geblieben – Tempel und Stadt lagen in rauchenden Trümmern.« In allen Städten, die Titus durchzog bei seiner Rückkehr nach Rom, wurden großartige Siegesfeste gefeiert, wobei jüdische Jünglinge zu Hunderten gegeneinander und gegen wilde Tiere bis zum Tode kämpfen mußten. Seinen Triumphwagen zu Rom aber zogen 700 schöne, gefesselte Jünglinge voraus, mit ihnen die beiden letzten, tapfersten Parteiführer, Johannes von Giskala und Simon bar Giora, die lebend den Römern in die Hände gefallen waren.

Durch den Krieg war das Land in eine Wüste verwandelt... Das ganze Land erklärte Kaiser Vespasian als seinen Privatbesitz. Juden, wenn sie sich etwa wieder in Judäa niederlassen wollten, mußten den Siegern das Land abkaufen. Das jüdische Volk, vernichtet in seinem Heimatland, bestand nur noch in der Fremde, bis »daß der Heiden Zeit erfüllet werde«, so Jesus in Lukas 21, 24.(Das war offensichtlich 1948, Staatsgründung Israels.)

Nach dem 2. jüdischen Aufstand (132 – 135) gründete Kaiser Hadrian auf den Trümmern Jerusalems eine römische-heidnische Stadt, Colonia Achia Capitolina, mit einem Jupitertempel auf dem Tempelplatz. Das Betreten blieb den Juden bis zu Kaiser Konstantin untersagt. 638 eroberten die Araber Jerusalem und errichteten später auf dem Tempelplatz den »Felsendom«.[98]

Der Stand im Jahre 2000 ist bekannt.

Ich bin der Auffassung, daß die Vision der »dienenden Autorität« unverzichtbar ist.

Neben den Ausführungen von Schütz (Exkurs 2) wird auch beim Fall von Jerusalem Führung und Management abermals auf seinen absoluten Kernpunkt gebracht. Weiß Gott, wahrlich kein simples, rein technisches Problem.

Selbst wenn das Konstrukt der »dienenden Autorität« nur Wunschbild sein sollte – so haben wir doch keine andere Alternative. Wir brauchen diese »Idee« um unserer selbst willen.

Aber auch »dienende Autoritäten« müssen zuweilen auf Herz und Nieren geprüft werden. Wölfe im Schafspelz gibt es genügend. Hitler redet anfangs ausschließlich nur vom Frieden und Wiederherstellung. Auch der Wolf, der die sieben Geißlein verschlingen wollte, machte zuvor Pfoten und Stimme verführerisch geschmeidig. Er war der Ziegenmutter fast ununterscheidbar ähnlich geworden. Das Schicksal der 7 Jungziegen war damit aussichtslos. (Nur das Kleinste konnte sich retten und später den Wolf verraten!)

Ähnlich – so sagten Christus, Paulus u.a. voraus – wird es auf der Makro-Ebene »Menschheit« verlaufen.

Der Anti-Christ wird als »dienende Autorität« kommen, als Wohltäter anklopfen, sich als Retter einschmeicheln und demokratisch eingeladen werden.

Das ihm freundschaftlich angebotene Ermächtigungsgesetz wird er »ohne Gegenwehr« entgegennehmen. Erst später – wenn die Falle zugeschnappt ist, wird sein wahres Gesicht – wie immer – zutage treten.

II

Praxis des Management Development (MD)

Einleitung zu Teil II

Nach den Höhen und Tiefen der Führungs- und Managementforschung, nach psychologischen, soziologischen, existenzialphilosophischen und theologischen Katakomben-Reflexionen, Exkursen und Diskussionen möchte ich im II. Teil der Arbeit nun wieder auf die Ebene des praktischen Unternehmens- und Managementalltags zurückkommen.

Die uns dabei hier bestimmende Leitfrage ist relativ einfacher Natur, nämlich was Manager tun können, um »gute« Manager zu bekommen, also solche, die den heutigen und zukünftigen komplexen Aufgaben »gewachsen« sind und dabei jenen beschriebenen Krankheiten sowie finsteren Abwegen und Verführungen zu widerstehen vermögen.

Die Antwort ist »Management Development« (MD), und zwar mit Qualität.

Was das jedoch im einzelnen konkret beinhaltet bzw. beinhalten müßte, soll im nachfolgenden dargestellt werden.

Grundmuster und Bausteine des Management Development (MD)

Die noch ausstehende Beantwortung unserer 12. Frage – die letzte in unserem anfangs dargestellten Fragenkatalog – bildet dazu sowohl Einstieg als auch Zentrum des Praxisteils zugleich. Sie lautete:

Gibt es für das Finden und Entwickeln von Managern und Führungskräften gezielte Strategien und bewährte Maßnahmen? Was ist hier State-of-the-Art? Gibt es dabei so etwas wie »the best way« oder eine »best practice« ?

Untersucht man die Praxis, wie de facto Manager und Führungskräfte in Unternehmen entwickelt und qualifiziert werden, so stößt man auf ein gewisses Grundmuster und auf eine Reihe spezifischer MD-Bausteine.

Nachfolgende Abbildung 13 versucht diese Bausteine – 12 an der Zahl – vor Augen zu führen.

Ich habe dabei den (riskanten) Versuch unternommen, diese Bausteine in eine gewisse Ordnung zu bringen. Die beiden Variablen »vermuteter Nutzen für das Gesamtsystem« (Unternehmen) und die »Kosten« im Sinne unternehmerischen Gestaltungsaufwandes bilden dabei den Bezugrahmen. Die Plazierungen der Bausteine sind natürlich nur intuitive Näherungen, also strittige »best guestimates« meinerseits. Mehr nicht.

Diese MD-Bausteine haben dabei zum Teil unterschiedliche Wirkungsrichtungen und »Zielgebiete«. Winterton/Winterton[1] unterscheiden zwischen MD-Maßnahmen, die – Kompetenz-basiert – die individuellen Einsatz- und Leistungsfähigkeiten einzelner Manager erhöhen (individual performance), die grenzüberschreitende Zusammenarbeit in Organisationssystemen fördern (organizational performance) und schließlich direkt oder indirekt die Wettbewerbsfähigkeit des Unternehmens insgesamt verstärken (business performance).

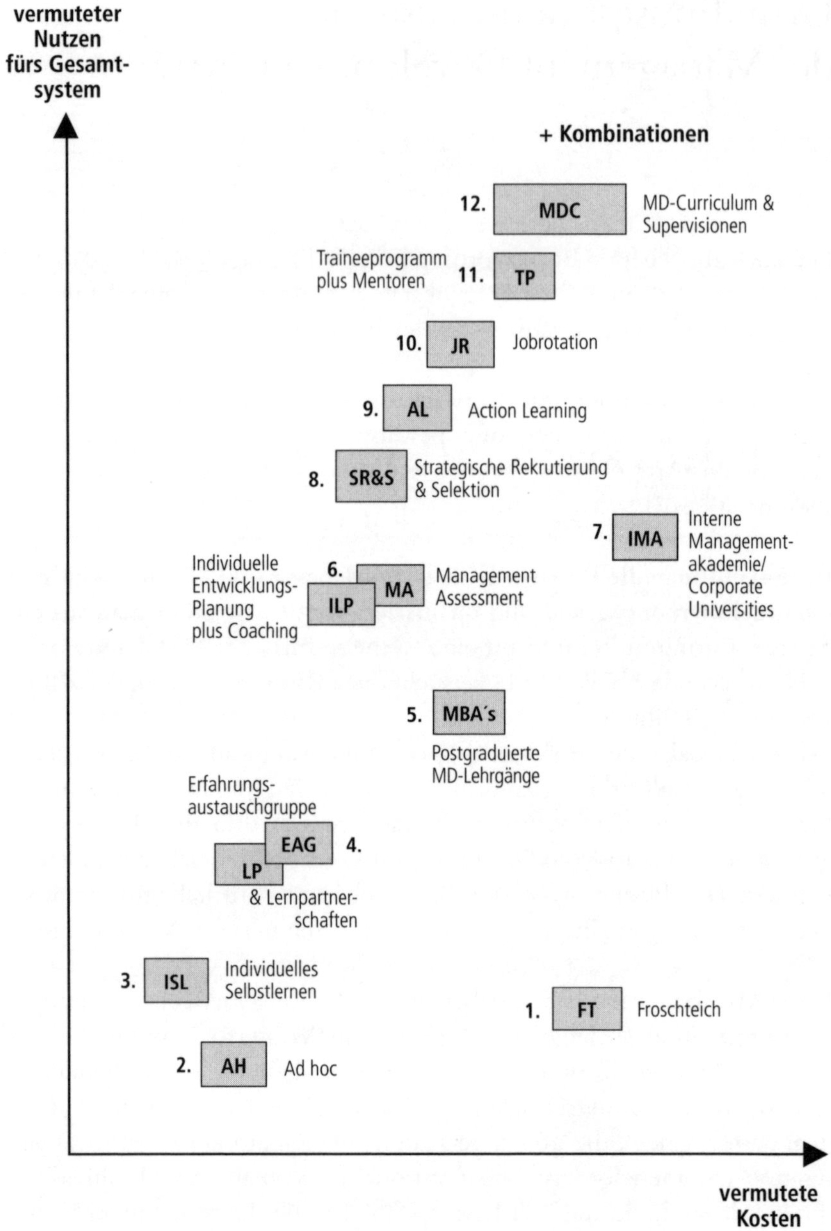

Abb. 14: Zwölf Bausteine des Management Developments

Ihr Bezugsmodell – von mir leicht überarbeitet – illustriert diese Zusammenhänge:

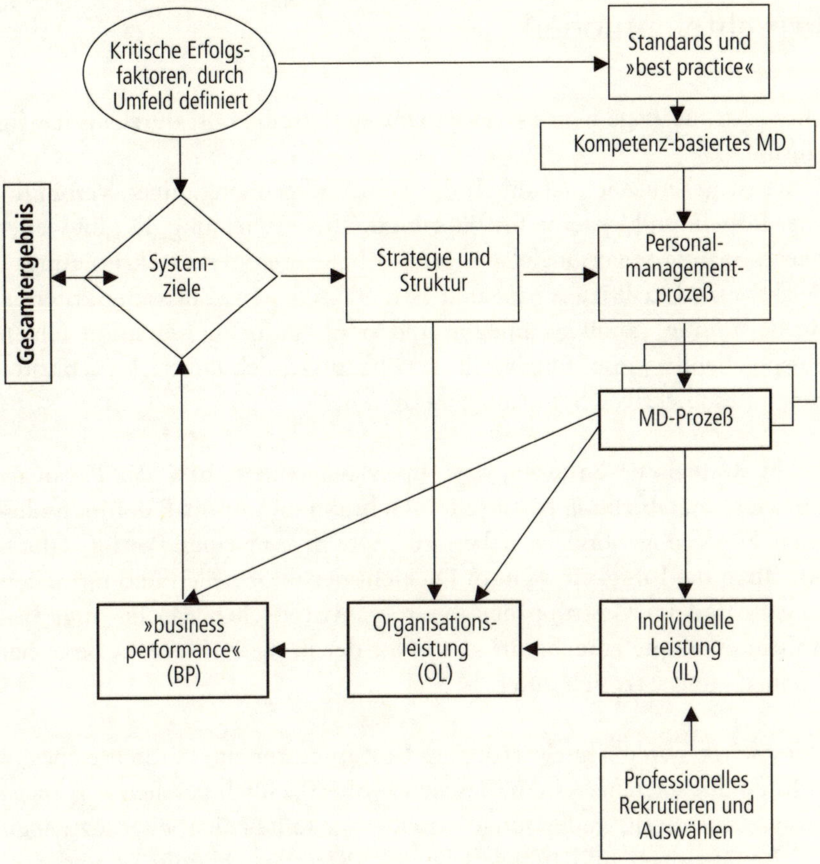

Abb. 15: Drei Zielgebiete von MD-Maßnahmen (nach Winterton)

Die anschließend dargestellten MD-Bausteine (und darin implizierten Maßnahmenpakete) haben in Hinblick auf diese »Zielgebiete« unterschiedliche Ausrichtungen, Qualitäten und Wirkungsweisen.

Ideal sind meiner Meinung nach jedoch alle jene MD-Maßnahmen, die integrativ und verantwortlich alle drei Performance-Ebenen erfassen und verbessern, z.B. alle MD-Bausteine zwischen 3 und 12 in vorhergehender Abbildung 14.

Froschteichmodell

Diese Art, Management Development zu betreiben, ist durchaus häufig zu finden.

Sie ist gekennzeichnet durch das Fehlen allgemeingültiger, verbindlicher Regeln und Systeme für Führungskräfteentwicklung. Es gibt weder operationalisierte Personalplanungen noch zielorientierte Rekrutierungs-, Selektions-, Qualifizierungs- und Förderaktivitäten. Zulassungskriterien für bestimmte Trainingseinheiten und/oder Laufbahnprogramme fehlen entsprechenderweise. Eingestellt wird hauptsächlich nur nach Fachkriterien und subjektiven Sympathiefaktoren.

Nicht strategische Kriterien des Top-Managements bzw. der Personal-Entwicklungsabteilung bestimmen Richtung und Ausmaß der individuellen Förderung, sondern neben Fachwissen und einer Portion Glück vor allem die Fähigkeit, sich im Dickicht der informellen und formellen Regeln und im Gestrüpp der innerorganisatorischen Macht- und Bewährungskämpfe zurechtzufinden. Nur der in dieser Hinsicht Beste hat Chancen und setzt sich durch.

Ein solches System ähnelt stark dem Biotopmuster eines Froschteiches.

In einem solchen System, das sich – oberflächlich gesehen – ja quasi »von selbst« regelt, stellen junge, frisch eingestellte Mitarbeiter sozusagen die Kaulquappen und Jungfrösche dar. Wer Froschkönig ist und von Störchen nicht vorher erwischt wird, ist unausgemacht, unklar. Nicht die unternehmensbenötigte Leistung und das Leistungspotential bzw. die zu beseitigende Schwäche und die aufzubauende Stärke entscheiden über die Entwicklungsaktivitäten. Nur diejenigen, die, aus welchen Gründen auch immer, den Vorgesetzten »positiv« aufgefallen sind, die einen Mentor, informellen Förderer, Gönner oder »Königsmacher« gefunden haben, besitzen eine Chance auf Weiterqualifikation, auf Förderung und Karriere.

Die unausgesprochene Hypothese des Froschteich-Modells ist die Auffassung, daß einige »Kaulquappen« schon durchkommen werden und es gar nicht mal so schlecht ist, wenn sie sich in den sozialdarwinistischen Überlebenskämpfen des Froschteichdschungels bewähren (lernen) müssen ...

Das Modell hat seine deutlichen Vorteile: Es erfordert gar keinen oder nur sehr wenig Gestaltungs- und Pflegeaufwand.

Es ist insofern ziemlich bequem und trotz aller Nachteile und Schwächen vor allem in Unternehmen mit relativ stabilen Umwelten und hinreichendem Gewinnpolster nicht selten erfolgreich.

Die Nachteile liegen natürlich auch auf der Hand:

Für den einzelnen gibt es wenig Planungsaussichten. Darüber hinaus hat ein so betriebenes MD negative Auswirkungen auf die Unternehmenskultur. Zuviel Energie wird in unproduktiven Machtkämpfen, Bestechungen, Gefälligkeitsübungen, Talenteklau etc. gebunden. Intransparente, oft auch destruktiv rivalisierende Seilschaften entstehen. Die erbrachte Leistung wird unwichtiger, da sie kaum Relevanz für die Weiterentwicklung hat. Die aufgabenorientierte Motivation läßt dadurch, aber auch wegen der mangelnden Transparenz der Entwicklungsmöglichkeiten, nach. Aufgrund fehlender Perspektiven kommt es nicht selten häufig und schnell zu inneren Kündigungen.

Das Unternehmen wiederum hat nur sehr geringe Sicherheit, die richtigen Führungskräfte zum richtigen Zeitpunkt und mit den richtigen Qualifikationen und Potentialen zu finden.

Damit die »Findewahrscheinlichkeit« steigt und genügend fähige Leute »überleben«, also Führungskräfte irgendwie auf ihrem Weg nach oben doch ankommen können, müssen überproportional viele Nachwuchsführungskräfte eingestellt werden. Sicherheitshalber wird auf Vorrat angeheuert und gehortet.

Da nicht wenige auf den Dschungelstrecken nicht nur innerlich, sondern zuweilen auch »äußerlich« kündigen, ist nur auf jene Surplus-Weise ein funktionsfähiges Management zu gewährleisten.

Die Personalbeschaffungs- und Fluktuationskosten sind logischerweise verhältnismäßig hoch, werden aber »sicherheitshalber« deswegen auch nicht gemessen ...

In dieser Froschteichatmosphäre wird nicht ohne Absicht besonders häufig das Einstellen jüngerer Nachwuchskräfte bevorzugt: als »grüne« und unkundige Jungfrösche bringen sie die herrschenden und eingesessenen System- und Machtstrukturen des »Biotops« kaum ernsthaft in Unruhe. Das Bio-Gleichgewicht bleibt ungestört.

Dabei wird jeder Vorgesetzte seinen (ungefährlichen?!) Nachfolger schon finden. Er kann ihn »großziehen«, nach seinem Bilde formen und sich später u.U. als grandiose Entwicklungspersönlichkeit, sprich Mentor oder Coach, feiern lassen.

Daß viele Potentialträger dabei unerkannt und ungenutzt bleiben, wird in Kauf genommen. Und ebenfalls die Tatsache, daß bei vielen, die

Quelle: Fuchs, 1995, S. 38

»Karriere« (franz.) heißt »schnellste Gangart des Pferdes« (Duden)
Karriere heißt

- viel Staub aufwirbeln
- viel Lärm machen
- viel niedertrampeln

das Überlebensspiel beherrschen lernten, noch lange nicht quasi-automatisch genau diejenigen Mentalitäten und Fähigkeiten entstehen, die markt- und strategiebezogen für das Unternehmen die eigentlich vital wichtigen Qualifikationen gewesen wären.

Mit anderen Worten:

Im schlimmsten »Froschteichfall« werden durch diese Entwicklungsmechanismen primär Qualifikationen fürs interne Überleben erzeugt und nur die störungsfreie (betriebsblinde) Reproduktion (oder Klonung) des Vorhandenen und Althergebrachten sichergestellt. Im besten Fall hat man »Glück«.

Für die Anpassungsfähigkeit gegenüber einer sich rapide differenzierenden und dynamisierenden Umwelt kann dies jedoch – und damit auch fürs Überleben des Froschteichbiotops selbst – absolut tödliche Folgen haben.

Ad-hoc-Modell

Dieses Management-Development-Modell agiert im Hinblick auf Managemententwicklungsmaßnahmen eher wie ein »Reparaturbetrieb auf Bedarfsbasis« mit vereinzelten Feuerwehreinsätzen.

Wenn plötzlicher Bedarf an Führungskräften und Managementkompetenz entsteht, wird kurzfristig und spontan jemand »ausgesucht«, der irgendwie geeignet erscheint oder gerade »zur Verfügung steht« und unvorsichtigerweise über den Flur lief... Kurzerhand wird er auf einen externen (oder internen) Managementkurs geschickt. Oder selber gefragt, was er denn glaube, an Qualifikationen für den neuen Job noch gebrauchen zu können.

Der Mangel (oder Schaden) wird weder antizipativ vorausgesehen, noch auf Basis von Anforderungsdiagnosen und Langfristperspektiven behoben. Wichtig ist nur die möglichst schnelle Reaktion auf den plötzlichen Bedarf (Gefahr: Oberschraubendrehereffekt!).

Der wirtschaftliche und wirksame Lerntransfer solcher Spontan-Trainingsmaßnahmen bleibt dabei oft Nebensache. Wichtig ist nur, daß die »nötigen« (meistens eben nicht sorgfältig indizierten) Lerninhalte schnell und irgendwie »besorgt« werden.

Maßnahmen zur Transfersicherung wären außerdem auch schwer realisierbar: In der Feuerwehrsituation ist die Zeit zu knapp ...

Manchmal ergibt sich aber auch ein günstiger Zufallstreffer in punkto »Schnell-Qualifizierung«. Zum Beispiel:

Die interne Bildungsabteilung bietet gerade einige Managementseminare in ihrem Bildungskatalog an. Neben Survivaltrainings, New-Age-Seminaren, Gruppendynamik und Rhetorik-Kursen wird auch »Betriebswirtschaft für Ingenieure«, »PC für Topmanager« und »Mitarbeitergespräche für Meister« angeboten. Das klingt irgendwie passend und wird gebucht. Und extern wird noch schnell ein Crash-Kurs für Spanisch zugekauft.

Ein Vorgehen nach dem Muster des Ad-hoc-Modells hat den Vorteil, relativ einfach, d.h. sofort verfügbar, einsetzbar und manchmal auch wirksam zu sein. Die anfallenden Kosten sind großteils variabel und überdies recht gering. Weder machen sich die Vorgesetzten die Mühe, ihre Mitarbeiter gemäß den Anforderungen einer systematischen Personal- und Managemententwicklung zu beurteilen, noch werden sie mit Tätigkeiten der Laufbahn- und Entwicklungsplanung konfrontiert. Lästige, jährliche Mitarbeiterbeurteilungsgespräche und Potentialanalysen fallen weg. Und Anforderungen an Managermanager gemäß Zone III ebenfalls.

Auch die Bildungsabteilung selbst – falls vorhanden – benötigt kaum Ressourcen (bzw. kann mit ihren »Bauchladenangeboten« selber unkontrolliert bildungspolitischen Hobbies nachgehen). Durch die im Prinzip reaktive Ausrichtung auf den unmittelbaren Bedarf steht diese Art der MD permanent in der Gefahr, nur die Symptome zu kurieren, nicht aber den tieferliegenden Problemen auf den Grund zu gehen. Zusätzliche, oft andersartige Entwicklungsmaßnahmen oder organisatorische Änderungen wären dann nötig. Auch kulturelle Aspekte müßten stärker berücksichtigt werden. Die mangelnde Planung und strategische Ausrichtung auf wirkliche Bedarfe sowie die nicht beachteten organisatorischen Kontexte führen daher zu den erwähnten Transferverlusten und Fehlinvestitionen.

Ad-hoc- und Froschteichmodell lassen sich bequem miteinander kombinieren: Bildungsbausteine können von »Königsmachern« ausgesucht und ad-hoc verordnet, bzw. Ad-hoc-Maßnahmen durch Vorratshaltung von Nachwuchsführungskräften risikomäßig abgepuffert werden.

Individuelles Selbstlernen

In Zeiten lernender Organisationen und des Wissensmanagements (Dynaxity-Zone III) ist Lernen und Wissen zum Produktionsfaktor Nr. 1 aufgestiegen. Lebenslanges, selbstinitiiertes Lernen als Voraussetzung gesicherter »Employability« ist damit unabdingbar geworden.

Individuelles Selbstlernen ist dadurch – neben allen anderen Formen des kollektiven und organisationalen Lernens – zu hoher Bedeutung aufgestiegen.

Traditionelle Formen des individuellen, funktionalen Lernens (Bücher, Vorträge, Seminare, Exkursionen etc.) können heute durch interaktiv gesteuerte, multimedial ausgestattete Informations- und Lehrsysteme auf Computer- und Cyberspace-Basis unterstützt bzw. oft bereits substituiert werden (»distant learning«).

Diese Lernmöglichkeiten umfassen inhaltlich und methodisch bereits ein beeindruckendes Arsenal:[2]

- themenbezogene Datenbanken, Nachschlagewerke, Online-Textbücher, Aufgabensammlungen, Musterlösungen
- tutorielle Systeme mit Lehrer-Tutor-Dialogcharakter
- Mikrowelten für Simulationen und Planspiele (»Flugzeugsimulator«)

- Experimentfälle (z.B. Geschäftsprozesse optimieren, EDV-Systeme implementieren, Rückkoppelung über Erfolgsparameter)
- Bildungsserver (über Inter- und Intranetanschluß)

Im Bereich der reinen »stofflichen« Wissensvermittlung sowie simulationsfähiger Erfahrungssammlung bieten diese Systeme bereits einen hohen Nutzen. Durch gezielte Einbindung solcher computerunterstützen, individuellen Selbstlernverfahren können bislang brachliegende Potentiale der Wissensvermittlung kostengünstig genutzt werden. Dieses MD-Tool ist besonders dann indiziert, wenn durch den Einsatz dieser Selbstlernmedien eine zeit- und arbeitsplatzunabhängige Weiterbildung mit relativ praxisnahem Simulations- und Umsetzungscharakter ermöglicht werden und Lern- und Arbeitsplatz mit Entwicklungsmaßnahmen off-the-job (oder near the job) integriert werden können bzw. sollen.

Für sozialinteraktive, kulturelle und emotionale »Lernthemen« komplexerer, dynamischer und existentieller Art sind diese Lehrverfahren jedoch nur von eingeschränkt unterstützendem, nicht jedoch genuinem Wert (vgl. Neumann), bei Fehlindikation – wie gesagt – sogar kontraproduktiv und schädlich!

Computerunterstütztes Lehren und Lernen ist daher zum Zwecke der Aufarbeitung und der kulturellen Adaption immer kritisch zu hinterfragen, um ins reale (non-virtuelle) Arbeitsgeschehen anwendungsdirekt eingegliedert und verankert werden zu können (z.B. mit Hilfe von Erfahrungsaustausch-, Supervisions- oder Projektgruppen).

Erfahrungsaustausch- und Lerngruppen/Lernpartnerschaften – selbstorganisiert oder extern moderiert

Manager und Nachwuchsführungskräfte vornehmlich aus dem Bereich mittelständischer Unternehmen nutzen nicht selten diese Form der Weiterbildung.

Sie kommen aus Firmen unterschiedlicher Branchen, Größen und Standorte und treffen sich regelmäßig an irgendeinem Tagungsort. Sie tauschen Erfahrung bzgl. ihrer Führungsrolle aus, geben sich gegenseitig Tips, gehen Lernpartnerschaften ein und holen sich gelegentlich externe Experten, um weiteres Know-how aufzubauen. Diese Gruppen, zwischen fünf und fünfzehn Personen groß, organisieren sich meistens selbst. Aber es gibt auch Versionen, wo man sich einen externen Managementberater, Trainer oder Moderator heranholt. Qualität und Effizienz kann dadurch erheblich gesteigert werden bei pro Person nur mäßig steigenden Kosten.[3]

Solche »freiwilligen Selbsthilfegruppen« können ernsthafte praxisrelevante Beiträge in Richtung MD leisten. Allerdings sind sie stark individuell-subjektiv gesteuert, können zu »Kaffeekränzchen« degenerieren oder sich nach wenigen Treffen aufgrund innerer Konflikte (z.B. Schönheits-Konkurrenzen, Trittbrettfahrern, Rivalenkämpfen) wieder auflösen.

Postgraduierte Managementlehrgänge (MBAs)

Universitäten und universitätsnahe Fortbildungsinstitutionen bieten oft berufsbegleitende, postgraduierte Managementausbildungen an (z.B. Master of Business Administration (MBA), Hochschullehrgang »Managemententwicklung« etc.).

Die Qualität und Effizienz dieser Bildungsangebote können stark variieren.

Die »praktische« Qualifikation der Lehrkräfte, aber auch die didaktische Intelligenz der Lehr- und Lernprozesse (des »Designs«) spielen dabei eine große Rolle. Die Tendenz, zuviel einseitiges (theoretisches) Kopfwissen zu vermitteln, verschärft mitunter die Transfer- und Umsetzungsproblematik solcher Off-the-job-Management-Development-Maßnahmen.

Andererseits bieten sie die Chance, sich berufsbegleitend spezifisches Management-Know-how anzueignen und dieses – im Wechselspiel mit der eigenen Führungspraxis – zu testen, anzuwenden und weiterzuentwickeln. Für (Nachwuchs-)Führungskräfte, die in einer Froschteich- und Ad-hoc-Management-Kultur leben und arbeiten müssen, sind postgraduierte MD-Angebote oftmals die einzigen – und i.d.R. durchaus empfehlenswerten – substanzvolleren Weiterqualifizierungschancen. Da diese (nicht ganz billigen) Ausbildungsgänge außerdem häufig mit einem universitären Zertifikat abschließen, steigt die Employability der Teilnehmer mitunter deutlich an.[4]

Strategisch-individuelle Entwicklungsplanung mit (persönlichem) Coaching

Diese in der Regel sich auf *Einzelpersonen* beziehende MD-Maßnahme ist (streckenweise) sehr planungs-, gestaltungs- und betreuungsintensiv.

Dieser MD-Ansatz wird entweder meistens längerfristig über mehrere Jahre angelegt (zwei bis vier Jahre) oder aber als »Fast-Track«-Ansatz hinzugezogen. In der Regel finden solche Laufbahngestaltungen mit teilweiser persönlicher Beraterunterstützung (Coaching) auch nur dann statt, wenn strategisch wichtige Steuerungs-, Nachfolge- und Unternehmensübernahmeprobleme solide und nachhaltig angegangen und effizient gelöst werden müssen.

Hier werden eigenständige, »menügesteuerte« Entwicklungswege mit individuell spezifischen Lernprozessen aufgebaut und in der Regel über (Lern)zielvereinbarungen im System verankert.

Eine Einzelkomponente, das individuelle Coaching, wird dabei auch gesondert bei einigen Großunternehmen angeboten. Häufig werden damit folgende Ziele angepeilt: (a) potenten Leistungsträgern den Weg zu weiterer Spitzenleistung zu ebnen oder (b) quasi-therapeutische Unterstützung in Krisen- und/oder hohen Belastungszeiten zu geben.[5]

Coaching wird dabei verstanden als ein praxisorientierter, maßgeschneiderter, vertraulicher, individueller und ganzheitlicher Beratungs- und Entwicklungsprozeß. Als zeitlich begrenzte Unterstützungsmaßnahme umfaßt Coaching unterschiedliche, bedarfsorientierte Arbeitsformen, wie fachlich-inhaltliche Beratung, mentales Training, Verhaltensreflexion, persönliche Entwicklungsplanung.[6]

Manchmal wird *Coaching auch für/in Kleingruppen* angeboten (Entwicklungs- und Projektsupervision), wenn besondere und kritisch-wichtige Leistungsanforderungen gestellt (z.B. Hochtechnologiethemen, Risikosituationen etc.) und bewältigt werden müssen.

Eine weitere, ebenfalls stärker kollektiv »ausgedehnte« Form individueller Kompetenzentwicklung in Kombination mit individuellen und/oder Gruppencoaching stellt das *Management-Assessment* oder *-Auditverfahren* dar.

Hier handelt es sich um Verfahren, die vornehmlich durch externe Berater geleitet werden und der differenzierten Diagnose des in der Unternehmens-IST-Situation vorhandenen Managementpotentials (auf oberer Ebene) dienen. Ziel ist, MD-Bedarfe herauszufinden (vor dem Hintergrund strategischer Unternehmensziele) und gemeinsam mit/für den Klienten geeignete MD-Wege und Maßnahmen zu erarbeiten.[7]

In mir bekannten, aber auch anderweitig beschriebenen Fällen wurde dabei in etwa wie folgt vorgegangen:

- Assessments persönlicher Stärken und Schwächen einzelner Manager durch Interviews und Analyse vergangener Leistungsdaten und gegenwärtigen, beobachteten Verhaltens (durch Externe).
- Identifikation und Präsentation des Potentialprofils (individuell und/oder summativ-kollektiv im Managementkreis in bezug auf den strategisch notwendigen Qualifikationsbedarf).
- Bildung von Lerngruppen mit dem Ziel, die für sie relevanten Themen im Rahmen von Workshops zu erarbeiten (Fokus: Business, Prozeß, Person).
- Jede Lerngruppe wird durch einen externen Berater begleitet. Er steht der Gruppe als Ganzes als auch dem einzelnen (vertraulich) als Coach zur Verfügung.
- Die Management-Entwicklungsprozesse werden zielausgerichtet an einem vom Externen und dem Topmanagement gemeinsam ausgearbeiteten Company Leadership Modell bzgl. Kultur- und Geschäftsnotwendigkeiten.

Unternehmensinterne Management-Akademien (»Corporate University«)

Global agierende Konzerne versuchen gelegentlich die »Universität in den Betrieb« zu holen. Sie gründen eigene (reale und/oder teilvirtuelle) Managementbildungszentren, sogenannte Management-Akademien oder »Corporate Universities«, in denen (Top)manager und externe »Kapazitäten« als eine Art »Professoren« fungieren. Auf diese Weise sollen in lebens- und wirtschaftsnaher Form aktuelles Wissen und umsetzungsrelevante Fähigkeiten breitflächiger ins Unternehmen gebracht werden.

Elfenbeinturmeffekte, Wissensverfall, Halbwertzeit-Verluste und Lernträgheiten sollen damit vermieden werden, das Management dadurch an Know-how/-why, Kohäsion und Identifikation mit dem Unternehmen (Corpsgeist) und seinen strategischen Zielsetzungen zunehmen.

Dadurch, daß dabei Manager auch als Lehrer auftreten, werden diese selbst zu dauerndem lebenslangen Lernen angehalten (Lernende Organisation, Wissensmanagement). Managemententwicklung kann dadurch in starkem Maße durch Manager selbst getragen werden. Dies fördert die intellektuelle Wettbewerbsfähigkeit des Unternehmens (intellectual capital) sowie dessen Netzwerk-, Innovations- und Veränderungsfähigkeiten.

Im Gegensatz zu externen Universitätslehrgängen können hier jedoch durch hierarchische, organisatorische und ökonomische Abhängigkeiten von der Firmenspitze »Betriebsblindheit« und innovationsunterdrükkende Firmenkonformität erzwungen bzw. verstärkt und reproduziert werden. Die oft primär kognitive Lernausrichtung interner Managementakademien kann darüber hinaus die Transfereffizienz bekanntermaßen reduzieren. Chancen, Risiken, Erfolgs- und Mißerfolgsfaktoren gilt es deshalb diesbzgl. sorgfältig abzuwägen.[8]

Manche Unternehmen gehen noch einen deutlichen Schritt weiter: Sie machen gleich aus dem ganzen Unternehmen eine »riesige« Schule. Manager werden Lehrer, Untergebene Trainer, Ausbildner Lehrlinge und Vorstände Professoren (oder auch Studenten!). Meist geschieht dies in Verbindung mit existenzwichtigen, kulturellen Turn-around-Notwendigkeiten: Wettbewerbsfähigkeit im Sinne von Innovativität, Schnelligkeit und Produktivität droht abzusinken, Konkurrenten dagegen drohen intelligenter und erfolgreicher zu werden. No earnings without learnings!

Gängige, derzeit gehandelte Musterbeispiele[9] sind beispielsweise:

- *Ford Company:* (Nasser)-Curriculum mit hoher Flächendeckung (340 000 Mitarbeiter in 200 Ländern).
  Nachfolgende Überblicksdarstellung von Wetlaufer (1999, S. 85) zeigt den Umfang dieser Bildungsoffensive:

THE NEW CURRICULUM AT FORD

Ford's teaching initiative comprises approximately a dozen programs.
The chart below summarizes four of the most widespread.

PROGRAMM	PARTICIPANTS	TEACHERS	COMPONENTS
Capstone	24 senior executives at a time	Jacques Nasser and his leadership team	• Conducted once per year • About 20 days of teaching and discussion • Teams given six months to solve major strategic challenges • 360-degree feedback • Community service
Business Leadership Initiative	All Ford salaried employees - 55,000 to date	The participants' managers	• Three days of teaching and discussion • Teams assigned to 100-day projects • Community service • 360-degree feedback • Participants make videos that contrast the old with the new Ford
Executive Partnering	Promising young managers - 12 so far	Nasser and his leadership team	• Participants spend eight weeks shadowing seven senior executives
Let's Chat About the Business	Everyone who receives e-mail at Ford - about 100,000 employees	Nasser	• Weekly e-mails describing Ford's new approach to business

Andere Beispiele sind:

- *Motorola:* Total Customer Satisfaction Program für 120000 MA, mit 14 »Motorola Universities« weltweit (1994: Budget von 120 Mio. Dollars = 3,6% der Lohn- und Gehaltssumme), »Campus-Schulungsräume« an jedem größeren Standort, mehr als 1000 professionelle Vollzeittrainer, verpflichtende Fortbildungszeit pro Person von 40h pro Jahr inkl. Chief Executive Level.[10]
- *General Electric (GE):* mit Jack Welch's Crotonville Campus (»Harvard der amerikanischen Unternehmenswelt« laut Fortune/Slater, 1996, S. 58) und zentrale »Kaderschmiede« fürs GE-Management, Work-Out-, Empowerment- und 6-Sigma-Qualitäts-Programme für 220000 MA (KVP), sowie 360°-Feedback für alle Vorgesetzten.[11]
- *Anderson Consultings* ausgeklügeltes Trainingssystem bei ca. 50000 Mitarbeitern (Wissenswerker);
- sowie Lufthansa, DaimlerChrysler und andere mehr ...

Strategische Rekrutierung und Selektion

Von Kennern der Szene kann man häufig hören, daß die »beste Managemententwicklung das richtige Rekrutieren sei...« Wenn es gelingt, die »richtigen« high potentials schon ganz zu Beginn durch »gutes« Personalmarketing, aktive Talentsuche, ausgetüftelte Rekrutierungs-, Diagnose- und Auswahlverfahren zu finden und einzustellen, dann sei eigentlich schon 50% des Management Developments »im Sack«, auch wenn das schwer zu messen ist.[12] Mit anderen Worten:

Der Erfolg von MD-Maßnahmen scheint – wirtschaftlich gesehen – immer dann am wahrscheinlichsten und höchsten, wenn man das (jeweils strategisch, aufgaben- und kontextbezogen benötigte) Talent findet (Eigenschaften, Fähigkeiten, Einstellungen, Motivation, Verhalten etc.) und dann *auf diesem Fundament aufbauend* die Potentialträger durch gezielte MD-Maßnahmen höherqualifiziert. Man nennt das im Fachjargon zuweilen auch »Draufqualifizieren« (situativer Eigenschafts-Fit-Ansatz).

Dieser Ansatz basiert auf der Erkenntnis, daß man auch aus der besten Kuh kein Springpferd machen kann, auch wenn man die intelligentesten Trainingsmethoden anwendet. Das gleiche gilt umgekehrt: Deswegen zuerst das Talent finden, und *dann* das Training »oben drauf«!

Natürlich hat man beim Rekrutierungs-MD-Ansatz herauszufinden, was denn »gutes« Personalmarketing ist und was »richtiges« Talentsuchen und Auswählen heißt ... Die Talentsuchstrategien, die Auswahlkriterien und Auswahlverfahren sind zu spezifizieren und zu operationalisieren.[13] Gleichzeitig muß konkret geklärt werden, »wofür« die high potentials gesucht werden. Denn die Such- und Auswahlkriterien und -verfahren bedürfen einer Bedarfs- und Zielorientierung. Sie sind dementsprechend im Sinne der Unternehmensziele und -strategien auszulegen bzw. darauf zurückzubeziehen.[14]

Die Fülle gängigster Talentsuche-, Rekrutierungs- und Selektionsverfahren sei hier skizzenhaft kurz eingeblendet:

- High Potential Management Workshops
  Hier handelt sich es sich um »workshopverpackte Talentsuchverfahren«, in denen großzügig eingeladene und sorgfältig über Bewerbungsverfahren vorausgewählte Fast-Hochschulabsolventen zusammen mit Topmanagern der »Suchfirma« in einem Vier-Sterne-Hotel gemeinsam ein komplexes, geschäftsrelevantes Problem lösen. Die besten Talente fallen dabei auf und bekommen ein Angebot – die »Looser« hatten einen luxuriösen Bildungsausflug als Incentive fast umsonst ...
- Recruiting-Messen
- Personalmarketing an Hoch- und Fachschulen (Firmenpräsentation)
- Empfehlungen von Kunden, Kollegen, Mitarbeitern
- Suchannoncen mit verschiedenen klassischen und elektronischen Medien wie Internet, Videoclips etc.
- Talentsponsoring, Innovationswettbewerbe, Preisausschreiben
- Firmenpraktika, Diplom- und Doktorarbeiten, Projektzeitverträge
- Headhunting/Nethunting usw.

Bzgl. Personalauswahl[15] ist beispielsweise zu nennen:
- traditionelle Bewerbungsunterlagen
- biografische Fragebögen
- Testverfahren
- Interviews durch unterschiedlich ranghohe Interviewer
- Assessmentcenter
- Empfehlungen
- Probezeitverfahren mit Beurteilungssystematiken
- »intuitive« Auswahlmethoden
- usw.

Der MD-Rekrutierungs- und Selektionsansatz bezieht sich dabei nicht nur auf die Neueinstellung von externen (Nachwuchs-)führungskräften und Managementpotentialen. Auch innerbetrieblich ist die Talentsuche und -auswahl ein wesentliches Thema.

Instrumente innerbetrieblichen Personalmarketings, die hier angewendet werden – abermals nur skizzenhaft erwähnt –, sind z.B. folgende:

- Stellenausschreibung
- »Talentkartei«
- Ergebnis von 360°-Feedbacks
  Mitarbeiter, Kollegen Vorgesetzte (und z.B. auch externe Partner wie Kunden, Lieferanten, Ehepartner) geben dem jeweiligen Feedbackempfänger (=Manager) Rückmeldungen. Es werden Wahrnehmungen und Erfahrungen dem betroffenen feedbackempfangenden Managers »zurückgespiegelt«, und zwar bezüglich Rolle, Verhalten, Leistungen und Entwicklungspotentialen. Das Diskussionsergebnis auf Basis dieser Feedbacks bildet anschließend dann einen wichtigen Inputbaustein für die Planung seiner weiteren Managemententwicklung (Richtung Topmanagement, Fachmanagement oder auch Non-Management).
- Förderassessment (FAC):
  Durch Simulation anspruchsvoller, unternehmensspezifischer Managementaufgaben und Führungsprobleme, denen sich der Förderkanditat zu stellen hat (oder stellen will), soll herausgefunden werden, welche förderwürdigen und fördermöglichen Potentiale im Kandidaten noch »schlummern« und eventuell durch weitere MD-Maßnahmen produktiv gemacht werden können (z.B. durch Job rotation, MD-Curriculum etc.).
- Vertretungs- bzw Nachfolgeempfehlungen:
  Identifikation von Managementpotentialen durch Stellvertretungs- und Nachfolgeempfehlungen seitens älterer Manager, und zwar innerhalb wie außerhalb des eigenen Territoriums, mit gemeinsamen Diagnose-Gesprächsrunden auf Geschäftsleitungsebene.
- Leistungsbeurteilungen:
  Management-Performance-Beurteilungen (performance appraisals), Review- und Fördergespräche, Ergebnisse aus Analysen von individuellen Leistungspotentialen und Zielvereinbarungen (Management by objectives and results MBO/R).[16]
- Externe »performance appraisals«, Assessments und Auditierungen durch Personalfachleute mit MD Erfahrungen.[17]
- Projektarbeit/Wettbewerbe usw.

All diese und andere hier nicht erwähnte Such-, Test- und Selektionsverfahren haben natürlich nicht nur Vorteile, sondern auch ihre ganz spezifischen Beschränkungen. Die Fülle von Literatur problematisiert dabei vornehmlich Fragen bezüglich Methodik, Kriterienauswahl (besonders auch in Abhängigkeit von den in Teil I diskutierten führungstheoretischen Standpunkten), Objektivität, Validität und Reliabilität und damit zusammenhängende Probleme der Diagnose- und Prognosefähigkeit sowie vermutlicher Langzeiteffekte (Erfolgsvorhersagen).

In der Praxis setzen sich vermehrt Kombinationsansätze durch. Die jeweiligen »Pakete« werden dabei auf die spezifischen Eigenschafts- bzw. Defizitprofile der suchenden Unternehmen eingestellt (Verhalten-Eigenschaften-Kontext-Anforderungen).

Die bekannteste »Paketlösung« ist das Assessmentcenter (mit unterschiedlichsten Detailausprägungen[18]).

Aber auch andere Paketlösungen lassen sich finden, die meistens aus Bausteinen zusammengesetzt sind wie beispielsweise biografische Fragebögen + Interviewkette + Einzeltests + Leistungsbeurteilungen + Feedbacks + Potentialbesprechungen + Projektbewertungen.

Der allen gemeinsame Erfahrungskern ist indes offensichtlich immer folgender:

Wenn ausgeklügelte Diagnose- und Selektionsprozesse z.B. in Assessmentcenters nicht durch anschließende systematische, arbeitsbezogene, kontinuierliche und personenspezifische Fördermaßnahmen gezielt ergänzt werden, kann der Gesamterfolg unter dem von Diagnoseverfahren und/oder dem von Assessmentcenter vorhergesagten Erfolg bleiben. Oder umgekehrt: Im Selektionsverfahren als Non-potential titulierte Kandidaten können bei guter späterer Förderung nicht selten bessere Leistungen und Führungserfolge zeitigen als die ehemaligen Gewinner innerhalb solcher Selektionsverfahren.[19] Das ist immer dann der Fall, wenn bei den Gewinnern weitere Förderungsbegleitungen ausblieben und »Froschteich«-Situationen einsetzten ...

Ich möchte hier ein zwar extremes, aber im Kern nicht untypisches Rekrutierungs(Abschreckungs)beispiel anführen. Es fand zwar »nur« auf niedriger Managementebene statt – ist aber durchaus generalisierbar: Ein Hotelier brauchte neues Bewirtungspersonal. In der Suchannonce schrieb er:

»Flinke Kellnerin gesucht.« Eine schlanke Dame meldete und bewarb sich: Sie brachte ein Bundessportzeugnis mit, womit sie beweisen konnte,

75m in 9 Sek. laufen zu können... Sie wurde trotzdem eingestellt. Natürlich aus anderen Gründen.

Action-Learning (Aktions-Lerngruppen)

Der Aktions-Lernansatz ist ein Versuch, die Managemententwicklung so eng wie möglich an die »Werkbank« zurückzubringen. MD-Lernen soll mitten im Geschehen des Arbeitsalltags, in Abteilungsteams und besonders in Projektgruppen »vor Ort« verankert und angewendet werden.[20] Der Action-Learning-Ansatz ist als Qualifizierungs- und MD-Bildungsinvestition immer dann besonders indiziert, wenn Aufgabenstellungen vorliegen, die die Lösung vielschichtiger, interdisziplinärer und deutlich geschäftsrelevanter Probleme erfordern.

Die Projektaufgabenstellungen werden dabei gleichzeitig als »Lernprojekte« definiert und on-the-job intelligent für Management-Entwicklung mitgenutzt. Lernen und Umsetzen werden dadurch eins. Die Lernprozesse werden oft von externen Managementtrainern und Coaches moderiert, unterstützt und reflektiert.

Die Mercedes-Benz AG rüstete (ab ca. 1995/96) immer dann »traditionelle« Projektgruppen vermehrt in Aktionslerngruppen um, wenn es galt, Zusatzziele[21] folgender Art zu erreichen:

- wenn Projektgruppen in ihrer Umsetzungsgeschwindigkeit beschleunigt werden mußten, um auf Marktveränderungen rascher reagieren zu können (speed implementation, Flexibilisierung des Anwortverhaltens);
- wenn Aktionslernen schnell und preiswert einzurichten war (minimale Ressourcenspannung);
- wenn durch Aktionslernen (AL) allen Gruppenteilnehmern die Projekt- und Unternehmensziele schneller und tiefer vermittelt werden konnten;
- wenn AL half, daß man sich »querbeet« besser verstehen lernen konnte und mußte (reibungsloser Schnittstellendialog, Kommunikations-Push, Boundarylessness: horizontal/vertikal...);
- wenn das Gemeinschaftsgefühl dadurch gefördert wurde (Plattformbildung für strategische Netzwerke, Implementierung systemischer Denkmuster, interdisziplinäre Anschlußfähigkeit);
- wenn AL dazu beitragen konnte, daß man weniger Angst hatte, seine Ideen und Meinungen zu äußern (Lernende Organisation) bzw. Mitarbeiter und Führungskräfte dadurch zu motivieren waren, von ihrem Wissen und Können

gern etwas weiterzugeben einschließlich des Mutes, auch Fehler zuzugeben, um daraus zu lernen (Verbesserungen/KVP, Innovation);
- und wenn – last but not least – AL bewirkte, daß Arbeiten und Lernen in dieser Form mehr Spaß machte und mehr Wirksamkeit zeigte als konventionelle Arbeitsformen.

Natürlich können je nach Existenzgrundsituation (EG) des Unternehmens die Lerninhalte variieren. Das Prinzip »MD-Lernen vor Ort in Projekten« zu integrieren (und begleiten) zu lassen, bleibt jedoch als solches unverändert und gleichermaßen als MD-Maßnahme wirksam,[22] denn: Individuelle Kompetenzentwicklung wird dabei gleichzeitig mit einem integrierenden Organisationsentwicklungslernen in Richtung »Business Excellence« verknüpft,[23] ein nicht zu unterschätzender Multiplikator-Vorteil dieser MD-Maßnahme. Ähnliches gilt auch für den nächsten Punkt.

Job rotation

Die Möglichkeit (oder der »sanfte« Zwang), durch mehrere Jobs wandern zu können, bringt vielseitige fachliche, psychosoziale und entwicklungsfördernde Chancen und Herausforderungen mit sich.

Wenn der Rotationsrhythmus dieser Lehr- und Wanderjahre stimmig und zeitlich verantwortlich geplant wird (alle zwei bis vier Jahre), der Familienkontext berücksichtigt und von Qualifikations-/Coachingmaßnahmen unterstützt wird, dann kann Job rotation in der Tat eine sehr wirkungsvolle und dabei nur relativ wenig gestaltungs- und kostenaufwendige Form des Management Developments sein.

Job rotation beinhaltet dabei oft Wechsel zwischen Stab- und Linienaufgaben, zwischen »inländischen« und »ausländischen« Standorten oder unterschiedlichen Funktionsbereichen.

Pädagogisch-strategisch werden Nachwuchsführungskräfte in manchen Firmen dabei sofort in relativ verantwortungsreiche Anfangsfunktionen »gesteckt«: Mitarbeit in Veränderungs-, Investitions- oder Verbesserungsprojekten, in Sonderaufgaben (special assignments) usw.

Der innovative Elan der »Frischlinge« wird dadurch geschickt genutzt. Die dabei in manchen Unternehmen übliche Alt-Herren Strategie, nämlich solchen »Youngsters« erst einmal kräftig die Flügel zu stutzen und aus bunten Schmetterlingen gut angepaßte Raupen zu machen, wird dadurch intelligent umgangen.

Denn letztere Vorgehensweise bringt neben Scheinsicherheit hauptsächlich Frustration, Leistungsminderung und den Verlust zukunftsträchtiger Impulse durch den Nachwuchs.

Wenn Job rotation dagegen von vorgesetzten Managern gezielt geplant, beobachtet, evaluiert und in längerfristig orientierte Laufbahnperspektiven (oder Employability-Überlegungen) eingebettet wird, kann dies zu höchst brauchbaren Effekten führen: später generell breitere Einsetzbarkeit der Trainees (Mehrfachqualifikation), die Fähigkeit, über den eigenen Tellerrand zu schauen (systemisches Verständnis, Interfacemanagement), formelle und informelle Netzwerke zu entwickeln (Lernende Organisation / Wissensmanagement), Überblick über das Gesamtunternehmen mit vertiefendem Einblick in Funktionsbereiche zu gewinnen, Entwicklung einer allgemein erhöhten mentalen und verhaltensmäßigen Flexibilität seitens der Nachwuchsmanager (intelligentes Unternehmen).

Wird jedoch Job rotation (unüberlegt) aus »unsauberen« Abschiebe-Motiven, zwanghaften Mitmachverpflichtungen und ad-hoc veranlaßt, so ähnelt es in diesem Fall eher einem blinden Herumschubsen im Froschteich. Job rotation dient dann mehr dem Verschleiß denn der Entwicklung von Managern ... oder führt zur Diskreditierung eines sehr brauchbaren MD-Tools bei nachfolgenden Managergenerationen.

Trainee-Programme

In diesem Modell-Ansatz werden wie beim »Job rotation« Nachwuchsführungskräfte als »Quasi-Lehrlinge« ebenfalls durch verschiedene Funktionen, Geschäftsbereiche und Standorte des Unternehmens »geschleust«. Sie werden in der Regel dabei von Mentoren begleitet. Ausbildungshintergrund, Werdegang, aufgaben- und karrierenentwicklungsbezogene Qualifikationsziele des Trainees sowie des Unternehmens werden dabei als Orientierung verwendet. Angereichert werden solche Trainee-Programme häufig mit Aktions-Lerngruppen vor Ort sowie Standardtrainings fachlicher und organisatorischer Inhalte, aber u.U. punktuell auch gespickt mit maßgeschneiderten externen Entwicklungs- und Bildungsbausteinen off-the-job. Auch Auslandsaufenthalte werden eingebaut. Der Trainee wird dadurch systematisch an seine zukünftigen Aufgaben und Einsatzbereiche herangeführt. Am Schluß eines solchen Trainee-Programmdurchlaufs steht häufig eine Art Abschlußqualifikationsprüfung. Die Übernahme einer verantwortlichen Position erfolgt in der Regel erst danach.

Trainee-Systeme haben den Vorteil – ähnlich wie bei der »Jobrotation« –, daß der Trainee »on the job« wertvolle Übersichten über das »Ganze« gewinnt (Unternehmensstruktur, Prozeßketten, Produkte etc.), durch kurzzeitige Mitarbeit in verschiedenen Projekten Kontakte und Beziehungen für spätere Arbeitsprozesse knüpfen kann (persönliches Netzwerk), die ungeschriebenen Gesetze der Unternehmenskultur früher kennen (und respektieren oder kritisieren?) lernt und somit insgesamt in kürzerer Zeit fachlich, organisatorisch und zwischenmenschlich effektiv und produktiv werden kann.

Mühselige, zeit- und effizienzraubende trial & error-Prozesse wie z.B. beim Froschteich- und Ad-hoc-Modell werden stark reduziert (ohne deren informelle Vorteile dabei zu übersehen).

Das Trainee-Modell (mit Mentorenbegleitung) hat sich in vielen Groß-Unternehmen deutlich bewährt und in großer Anzahl eingebürgert. Mit angemessenem Aufwand läßt sich in Richtung MD damit ein relativ hoher Wirkungsgrad erreichen.

Mittlerweile gibt es auch grenzüberschreitende Traineeprogramme: Kennenlernen gleich mehrerer Unternehmen, gesponsert von Verbänden u.ä.

Allerdings können Traineeprogramme auch leicht vom idealtypischen Pfad der Tugend abrutschen:

- Es wird einseitig Fachwissen gelernt/gelehrt.
- Das geschieht mit nur halbherzig geplanten Projekteinsätzen (Trainee als fünftes Rad am Wagen).
- Das Traineeprogramm besteht aus nur pflichtgemäßen, da traditionell üblichen »Zirkusfahrten«.
- Oder es wird am Mentor gespart (der außerdem kaum Zeit hat oder haben darf!).
- Der Trainee wird zu früh im Alltagsgeschäft »vernutzt«, das Lernen wird sekundär.
- Oder der Trainee wird als geheimer »Kronprinz« verdächtigt und »strategisch-selektiv« behandelt und ausgegrenzt ...

Wird darüber hinaus auch an externen Impulsen gespart (off-the-job-Seminare, Auslandsaufenthalte etc.) kann das Traineeprogramm unter der Hand zu einer »Einordnungs-Maßnahme« degenerieren oder umfunktioniert werden: Der junge Hase wird von den alten Hasen in einer Form vorprogrammiert, die das althergebrachte System selbstbestätigend reproduziert und am Schluß der »Neue« nur mäßig qualifiziert, dafür aber wirkungsvoll ein- und angepaßt wurde. Das Schmetterling-Raupen-Syndrom wurde ja bereits erwähnt (vgl. Froschteich / Job rotation).

MD-Curriculum: strategisch, systemisch, potentialorientiert, umsetzungsdirekt

Curriculare Modelle (MD Großbaustein Nr. 12) basieren auf umfassenden strategischen Überlegungen und antizipativen Personal- bzw. Managementbedarfsplanungen der Unternehmensleitungen. Die Manager (oder Nachwuchskräfte) werden auf vielfältige Art und Weise gefördert. Job-Rotation, individuelle Laufbahn- und Entwicklungsplanung, »Selbstlernen« basierend auf regelmäßigen Potential- und Leistungsbeurteilungen, Trainings- und Fördergesprächen mit dem verantwortlichen Vorgesetzten, Mentoren und Supervisionen usw. gehören zum selbstverständlichen Repertoire einer so verstandenen MD-Maßnahme.

Die Rekrutierung und Selektion von Förderkandidaten wird dadurch auf eine solide Basis gestellt (vgl. obigen Punkt »strategische Rekrutierung/individuelle Laufbahnplanung«).

Die Management-Entwicklung findet dabei primär on-the-job statt. Dennoch gibt es natürlich unterstützende externe oder halb-externe Trainings.

Derartige MD-Programme bedingen bewußte Anstrengungen seitens der Organisation. Die Planung und Begleitung der einzelnen Entwicklungsbausteine und Entwicklungsprozeßketten, die Abstimmung der personalwirtschaftlichen Instrumente, regelmäßige Leistungs- und Potentialbeurteilungen, die darauf aufbauenden Fördergespräche und Maßnahmenpläne und die notwendige Berücksichtigung struktureller und kultureller Fragen kosten viel Zeit und Mühe. Außerdem zeigen die Anstrengungen erst mittelfristig Wirkung (ein bis drei Jahre). Dennoch belegen Follow-up-Gespräche (mit Managern, Beratern und Betroffenen), daß sich solche Investitionen auf jeden Fall lohnen und auch zunehmend häufiger riskiert werden ...

Im nachfolgenden möchte ich auf Strategien, Inhalte, Methoden, Ergebnisse solcher curricularer, systematischer, potentialbasierter, strategiegeleiteter und umsetzungsdirekter MD-Programme eingehen.

Gleichzeitig soll dieser Themenabschnitt dazu dienen, eine Art Bilanz zu ziehen, bewährte Ansätze, Prinzipien, Zielvorstellungen, Inhalte und Resultate solcher MD-Modelle generalisierend zusammenzufassen und dabei aus meiner Sicht so etwas wie eine State-of-the-Art-Beschreibung vorzunehmen.

Basis dazu bilden eigene Erfahrungen, ergänzt durch Beschreibungen und Berichte von Kollegen, Fallbeschreibungen in Wirtschaftsmagazinen, »Hochglanzbroschüren« und Selbstdarstellungen führender Unternehmen und deren MD-Bereiche, sowie wissenschaftliche Forschungen und Befunde.[24]

Um das Ergebnis der Untersuchungen und Erfahrungen gleich vorwegzunehmen: Es läßt sich ein Grundmuster curricularer, potential- und strategiegeleiteter und umsetzungsbezogener MD-Programme erkennen. Dieses Grundmuster kann als Praxis-bewährt, qualifizierungswirksam und anwendungseffizient eingestuft und ohne Bedenken weiterempfohlen werden.

Zugegeben: Das nachstehend noch zu beschreibende Grundmuster oder »Mustermodell« curricularer Management-Entwicklung ist im Vergleich zu Froschteich-, Ad-hoc-, postgraduierten sowie internen Job-rotation- und Trainee-Modellen deutlich aufwendiger und anspruchsvoller.

Glücklicherweise läßt sich dieses State-of-the-Art-»Mustermodell« jedoch auch in Teilblöcke zerlegen und dadurch maßgeschneidert an die jeweilige Firmen- und Finanzsituation wirkungsvoll anpassen.

Das curriculare MD-Mustermodell läßt sich dabei am besten in Form folgender Zentralpunkte aufgliedern und beschreiben:

- Lernziele
- Prinzipien & Rahmenbedingungen
- Themen, Lerninhalte, Ablaufphasen
- Review / Evaluation

Lernziele

Die Durchsicht der verschiedenen Praxisfälle solcher MD-Curricula zeigt durchwegs zu Beginn folgende Zielsetzungen:

- schnelle Entwicklung und Einsatz praxistauglicher, wirksamer, professioneller Manager, mit Dynaxity-Zone III Fitneß, die
- wissen/verstehen, wie komplexe Organisationen (offene, vernetzte, sozio-techno-ökonomische Systeme mit selbstreferentieller »Grundträgheit«) funktionieren (oder interpretiert werden können);
- die die wesentlichen Funktionen, Aufgaben, Tätigkeiten und Erfolgsfaktoren des Managementberufes kennen und verstehen;
- die Ansätze, Strategien, Methoden des Managements im wesentlichen zu beherrschen beginnen;
- die wissen/verstehen, wie Veränderungs- und Entwicklungsprozesse/projekte ablaufen (Phasen, Ebenen, Erfolgsfaktoren, Widerstände, Krisen) und die dabei über einen guten Teil der zentralen sechs Management-Kompetenzen verfügen sollen:
- Soziale Kompetenz (SK) / Führungskompetenz (FK):
  Umgang mit und Führung von Individuen, Gruppen, Großgruppen, Organisationen, Prozessen, Netzwerken, und dies in unterschiedlichen (Sprach-) und Fach-Kulturen, Kontexten und »Realitäten«, gekoppelt mit hoher »emotionaler Intelligenz«.
- Bei stark international / global tätigen Unternehmen liegt eine hohe Betonung auch auf der »interkulturellen Kompetenz«. Dafür werden in die Curricula besondere Lernbausteine installiert, wie Kultur-/Konfliktworkshops, Auslandspraktika, internationale Projekte, Feasibility-Studien für neue Geschäftsniederlassungen im Ausland etc.[25]
- Unternehmer-Kompetenz (UK) / Gestaltungskompetenz (GK):
  Unternehmerisches Denken, Initiative, Kreativität und »Biß«, inklusive: generelle komplexe Problemlösungsfähigkeit (general problem solving), Diagnostizieren, Entscheiden, Konzeptionieren, Riskieren, Umsetzen, Kontrollieren, Lernen, Lehren, Motivieren, Leisten, und zwar in bezug auf Unternehmensführung, Strategie und Entwicklung, Organisationssystem, Kunden- und Öffentlichkeitsbeziehungen etc.
- Fachkompetenz (SFK):
  Unternehmensfunktionen und »Natur« des Firmenprodukts kennen; verstehen, wie Business läuft; betriebs- und volkswirtschaftliches Know-how, Techniken und Tools für Managementbasistätigkeiten anwenden können etc.
- Persönlichkeitskompetenz (PK):
  Sich selber kennen und verstehen (Stärken, Schwächen, Potentiale), sich selber richtig führen und einsetzen (Erfolgspotentiale erkennen und nützen), Stabilität in der Instabilität (Charakter, Verantwortung, Gesundheit) entwickeln usw.

Prinzipien und Rahmenbedingungen

In zahlreichen Fällen wurden folgende – hier ebenfalls nur stichwortartig wiedergegebene – Prinzipien und Rahmenbedingungen explizit oder implizit dem MD-Curriculum zugrunde gelegt:

- systematischer, systemischer, strategisch gewollter Ausbildungsprozeß (als Investition), statt Ad-hoc-Reaktion / Selbstbedienung / Incentive-Maßnahme. Kein »Froschteichmodell« mit zufälligen Entwicklungen (»einige werden es schon irgendwie schaffen und Manager werden ...«), modularer Aufbau des Entwicklungsprozesses;
- individuelle und kollektiv-sozial vernetzte Lernprozesse, learning by doing/ training on the job, Lernen durch Involvement und Betroffenheit;
- direkte und rasche Anwendbar- und Umsetzbarkeit des Gelernten in der Praxis vor Ort;
- Meßbarkeit von Zielen, Leistungen, Fortschritten, z.B. Lernziele, Projektziele, Prozeßergebnisse, individuelle Ziele etc.;
- Qualifikation in simultaner Gleichzeitigkeit und wechselseitiger Ergänzung von sozialer, fachlicher und unternehmerischer Kompetenz unter spezifischer Berücksichtigung individueller Bedürfnisse und Lernstile (Potentialorientierung);
- Persönlichkeitsentwicklung / Selbstführung (Persönlichkeitskompetenz, PK);
- Lernbasis: geschäftsrelevante Projekte / Change-Prozesse zum Lernen. Dauer 6 – 18 Monate;
- Contracting-Basis: Projektvereinbarungen, Ergebnisziele etc. gemeinsam bearbeitet zwischen Chef/Auftraggeber/Senior-Manager einerseits und Trainee andererseits;
- supervisions- und selbstgesteuerte Intervisionsgruppen (Lern- und Trainingsgruppen);
- Interteaching: Wechselseitige Nutzung der bereits vorhandenen Talente und des bestehenden Wissens der Teilnehmer (oder der Organisation);
- Topmanager mit Bereitschaft, als Projektgeber, »Coach«/Mentor/Lehrer aufzutreten; deutliche Vorbildrolle der Topmanager (Diskussions- und Lernpartner);
- anfangs starke externe Unterstützung für Bedarfs-Diagnose, Managementpotential-Assessment, Konzeptionierung und Durchführung des MD-Prozesses: Berater, Trainer, Supervisoren; gegen Betriebsblindheit, Know-how-Defizite »Neuerfindung des Rades« etc.;
- gemeinsame Reflexion (Vorgesetzte, Mentoren, Trainees, Berater) der Management-Entwicklungsprozesse, deren Brauchbarkeit bezüglich individueller und kollektiver Kooperations- und Kompetenzentwicklung (Lernende Organisation/Wissensmanagement/Feedback-Kultur/Ergebniserzielung/Meßbarkeit, Wirtschaftlichkeit etc.);

- internationale Ausrichtung: Mehrsprachigkeit, interkulturelle Effektivität, globales Bewußtsein (Curriculum muß vollständig zumindest auch in Englisch durchgeführt werden können), internationale Projekte, Hospitationen, Shadowing, Tagungen ... virtuelle Zusammenarbeit »über alle Grenzen« ... (Videokonferenzen, Business TV, Internet etc.);
- MD-Maßnahmen, orientiert am »Weltwissen« bezüglich Management: best practice, benchmarkings, state-of-the-art;[26]
- Fortwährende »Manöverkritik« und Redesign des Curriculums (sounding board, Steuergruppe, Betroffene, Externe);
- Kein Karrierefreifahrtschein für Trainees, nur weil sie am Curriculum teilnehmen: bezahlt, befördert wird später, und zwar leistungsorientiert auf der Basis Curriculum-*un*abhängiger Leistungsbeurteilungs- und Entgeldsysteme;
- Curriculum ist *kein* Assessmentprozeß, sondern Management-Development-Investition. Assessment und Auswahl liegen *ausschließlich* in der Vorbereitungsphase (Phase 1): Vermeidung von lernblockierendem Angststreß oder politischen »Spielchen«, Verstärkung von Anpassungsverhalten etc.;
- Am Ende des Curriculums: Review, Evaluation, Verbesserungen für nachfolgende Curricula oder andere »Kombinationspakete« zusammen mit den »Initialmanagern« des Curriculums, den Projektauftraggebern und »gereiften« Trainees ...;
- Erfolge feiern!

Themen, Lerninhalte, Ablaufphasen

Wenn man die verschiedenen systematisch geplanten Ausbildungsprozesse und Curricula zur Entwicklung professioneller »Manager« der letzten 10–20 Jahre überblicksartig vergleicht, läßt sich in Hinblick auf die Lern- und Fachinhalte, die Arbeitsschritte und Abfolgen folgendes – in Abb. 15 dargestelltes – Phasen-Grundmuster erkennen:

Phase 1:
Der Anfang vorm Start ... Herausfinden, was gebraucht wird.

- *Prognostizierung und Analyse zukünftiger Anforderungen an das Unternehmen* (z.B. durch Szenariotechniken, Markt- und Trendanalysen, Benchmarking, Dreamteams, externe Begutachtungen, Management-Audits etc.) und – daraus abgeleitet –

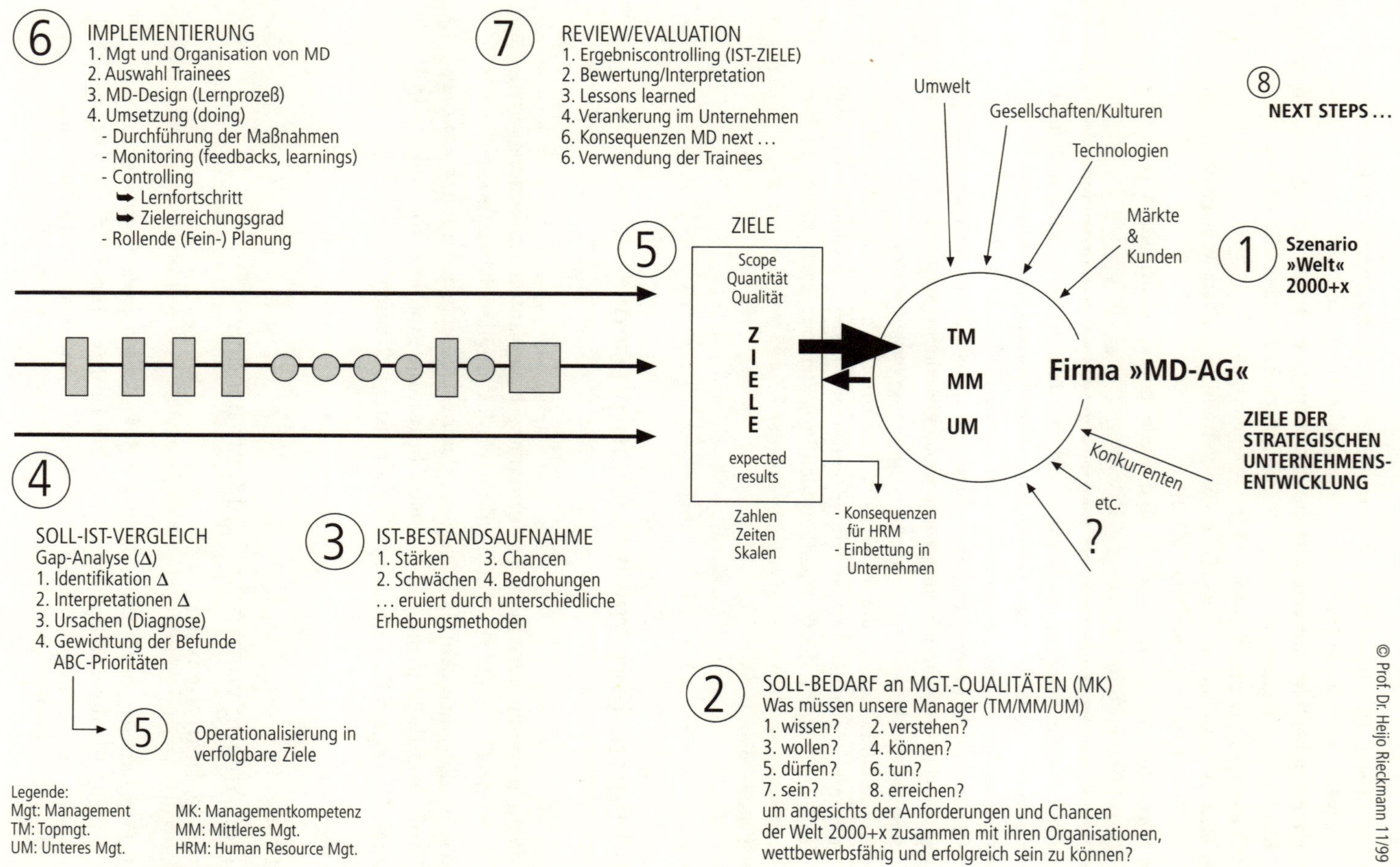

Abb. 16: Entwicklungslogik für MD-Entwicklungsprogramme

- *Beschreibung und Beschließung von Lern- und Qualifikationszielen* für die Entwicklung von Managern durch die Geschäftsleitung (Commitment des Top-Managements). Darin eingeschlossen ist die *Definition der gewünschten Rollen, Qualifikationen und Kompetenzmuster der Manager* in ihren wesentlichen Grundzügen (Einstellungs-, Verhaltens- und Leistungserwartungen, Stärken, Verantwortungen, »Qualitäten« etc.) inklusive der Wirkungsrichtung des Curriculums bezüglich organizational und business performance.
- *Gap-Analysen bezüglich Stärken und Schwächen des bestehenden Managements* und hinsichtlich dessen Fähigkeiten, komplexere Unternehmens- und Change-Prozesse professionell managen zu können (SWOT–Analyse, Open Space Ansätze sowie Evaluation vergangener Managementleistungen und -ergebnisse mit Hilfe z.B. Externer. Vgl. dazu auch Ausführungen unter »strategische Rekrutierung«).
- *Design des Ausbildungsprozesses* für Manager (evtl. differenziert für untere, mittlere und obere Führungskräfte), geleitet von den Fragestellungen:
  - Welche Lerninhalte müssen wie vermittelt werden? Bis wann?
  - Wie soll der Lern- und Kompetenzfortschritt (Zielerreichung) gemessen und bewertet werden? (Evaluation)
  - Wie sollen die neuen Management-Qualifikationen und -Rollen im Gesamtunternehmen (»im System«) verankert werden?
- Klärung der Frage, *wer sich intern um diese Schritte verantwortlich kümmert* (z.B. Stabstelle »Führungskräfteentwicklung«).
- *Suche und Auswahl externer Ressourcen* (Berater, Trainer, Referenten) mit Wissen, best practice Know-how und Umsetzungskompetenz.
- *Definition der Kriterien für die Auswahl der Trainees* (Top-Management-Aufgabe – plus externer Querdenker).
- *Design und Durchführung des Auswahlprozesses* (inkl. Methoden-Mix aus Assessmentcenter, Selbstbewerbungen, Empfehlungen, 360°-Feedback, Leistungs- und Potentialbeurteilungen, Führungskreisbeschlüssen etc.).
- *Termin des ersten Take-off-Meetings mit den Trainees* (und idealerweise deren Vorgesetzten).

Die Abb. 15 zeigt die logische Vorgehensstruktur hinsichtlich Curriculum-Planung, Management und Durchführung.

Phase 2:
Durchführung des Curriculums

Als Grundmuster des Ablaufs der Phase 2 läßt sich generell folgende Struktur erkennen:

• Start
Erstes Kick-off Meeting mit den Trainees: Ergebniserwartungen, Sinn und Zweck, Rollenklärungen, Präsentation und Diskussion des Curriculum-Designs, Kontexte, sonstige Fragen (z.B. Karriere) oder andere »Bauchschmerzen« ... z.B. was tun mit denen, die bei dieser MD-Maßnahme noch nicht dabei sind.

• Ouvertüre und »Big Bang«: Unternehmenssimulator, Business Excellence und Systemisches Management
In diesem ersten Trainingsabschnitt geht es häufig um ein generelles und sofortiges Verständnis fürs »Ganze«: Der Lerngegenstand ist das Leben, das Funktionieren und die Dynamik von Unternehmen, ihren Mitgliedern, Managern, Organisationen, Projekten und Umfeldern selbst. Im Lernprozeß werden Kopf und Bauch, Denken und Gefühle gleichermaßen angesprochen und einbezogen.

Lern- und Veränderungsprozesse individueller und kollektiver Art werden dabei besonders thematisiert und zum Teil – in jüngerer Zeit – durch gruppen- und organisationsdynamische Planspiele, Simulationen und Laborsituationen (analog einem »Flugsimulator«) lebensecht und hautnah erfahrbar gemacht. Zentrale Lebensprozesse von Unternehmen werden »auf den Punkt gebracht« und im »Zeitraffer« von den Trainees live durchlaufen.

Rasche Erfahrungssammlung, Wissen, Reflexion und Verstehen werden dadurch in kürzester Zeit (sechs Tage) ermöglicht und erreichen dabei außerdem einen nachhaltigen Tiefengrad. Was »Manager«, Organisationsgestaltung, Existenzgrundsicherung, Teamarbeit, »Menschenführung« usw. im Systemkontext fachlich, funktional, mental und psychosozial heißt sowie qualifikatorisch erfordert, wird damit schlagartig und umfassend klar ...

Diese »Ouvertürenerfahrung« (vgl. z.B. Beschreibung SYMA im Anhang) hat – bildlich gesprochen – ähnlich einem Zehnkampf oder der »DNA« im Zellkern – schon alle wesentlichen MD-Informationen, Themen und Trainingsfelder »holografisch« anklingen lassen. Das nachfolgende Curriculum ist dann eigentlich »nur« noch die spezifische Entfaltung und Vertiefung der bereits angeklungenen Einzelthemen.

Diese Einzelthemen werden dann häufig als eigenständige, in sich selbst Sinn machende »Lernbausteine« (oder Module) abgehandelt (die z.T. auch Nicht-Curriculum-Teilnehmer belegen und mitnutzen können).

- Follow-up/Transfer

– Übertragung der »Big-Bang«-Erfahrungen aus der Einstiegsveranstaltung (z.B. dem »Unternehmenssimulator« »SYMA«) auf die eigene Rolle und das eigene Arbeits(um)feld (inhaltlich, emotional, mental)
– Generierung von Projektideen bezüglich Leistungsverbesserungen und/oder Veränderungsprozeß (»Lernprojekt«)
– Vorbereitung auf ein Vorcontracting / »Contracting« mit dem Vorgesetzten bezüglich (Change-)Projekt, Zusammenarbeit zwischen Trainee, Vorgesetzten und (externen) Trainern, gegenseitige Rollenerwartungen, (»dos and don'ts«), Zeit und Ausbildungbedarf der Trainees usw.

- Systemdiagnose/Prozeßanalyse

Anschließend folgt ein Training (siehe Anhang II) zur Verbesserung diagnostischer Kompetenz:

– Analyse der eigenen Organisationsstruktur/-kultur, des eigenen »Systems zu Hause« (z.B. vor dem Hintergrund der SYMA-Erfahrungen und der dort gelernten Tools und Denkwerkzeuge)
– Analyse und Bewertung der jeweiligen Geschäftsprozesse
– Bewertung (Gaps) der Systemleistungsfähigkeit (unter Verwendung beispielsweise von Balanced Score Cards)
– Optimierungs-, Gestaltungs- und Veränderungsbedarfe definieren
– SOLL-Strukturen und SOLL-Prozesse skizzenhaft definieren und designen

- Management-of-Change Workshop (MOC)

Der in Vorcontracting-Gesprächen möglicherweise sich herauskristallisierende und in Angriff zu nehmende Managementauftrag (z.B. ein »Change-Projekt«) wird anschließend – zusammen mit den anderen Traineekollegen und mit Unterstützung interner wie externer Experten – in einem speziellen Management-Development-Workshop gemeinsam beraten, geplant, hinterfragt (auf die »Rüttelstrecke« gebracht) und umsetzbar gemacht (vgl. Anhang III ausführliche Beschreibung). Change Management Know how soll dadurch intensiv und praxisdirekt aufgebaut werden.

- Projektmanagement

Hier wird häufig ein Überblick über die Kunst des Projektmanagements gegeben: Vertiefung des Wissens über Strukturen, Prozesse, Tools und Arbeitsbedingungen von Projekten inkl. Projektmanagementaufgaben, Rollen, Konfliktpotentialen, Teamentwicklung/Gruppendynamik, Workshopdesign und -moderation, Projektdynamiken, (Gruppe-Hierarchie-Konflikte, Kommunikationspolitik), Erfolgsfaktoren, Projektmißbräuche, »Tretminen« usw.

• Supervisionsgruppen/Intervision/Interteaching

Anschließend an (oder auch parallel zu) MOC- und Projektmanagement-Workshops werden Supervisions-Gruppen mit vier bis sechs Trainees gebildet. Sie treffen sich – unter der Leitung eines externen Beraters – im Durchschnitt alle vier bis acht Wochen für zwei Tage, und dies in der Regel ca. sechs Mal verteilt auf ein Jahr.

Die Arbeitsinhalte und Ziele sind in der Regel:

- Gegenseitige Beratung der Projekte und (Change-)Prozesse
- Sicherung des Sach-Fortschrittes in den Projekten
- Erhöhung genereller Problemlösungsfähigkeit (Umgang mit Komplexität)
- Weitere Rollenklärungen: Was sind denn nun eigentlich »wirklich« die Aufgaben von Managern und Führungskräften, also auch die der Trainees ...?
- Teamarbeit/Gruppendynamik erleben, sozial-emotionale Intelligenz aufbauen, »Leadership« entwickeln
- Lernen, Feedback zu geben und empfangen zu können (offensive Kommunikation)
- Individuelle Kompetenzentwicklung (sozial, fachlich/»personal mastery«/Selbstführung)
- Bildung von »grenzüberschreitenden« Kooperationen, Netzwerken, Unterstützungssystemen ... (Lernende Organisation/transfunktionale Zusammenarbeit, Interteaching)

Zwischen den Supervisionsgruppentreffen können Intervisionstreffen eingeschoben werden. Sie finden ohne externe Unterstützung statt. Die Trainees haben dadurch die Möglichkeit, »Selbstorganisation« aufzubauen und einzuüben. Ohne »rettenden« Rückgriff auf den externen Berater sind sie gezwungen, den Lern- und Gruppenprozeß selbst zu planen, zu leiten und zu evaluieren, im Sinne des Interteaching ihre individuellen Kompetenzen (Wissen, Können) gegenseitig zur Verfügung zu stellen und ihre kleine, »vernetzte Lern-Organisation« weiter auszubauen.

Und noch etwas wird durch die Supervisionsgruppenarbeit deutlich: die Stärken und Schwächen, die Neigungen und Abneigungen und vor allem die noch schlummernden Potentiale eines jeden Gruppenmitgliedes. Das hat den Vorteil, daß für jeden einzelnen ein stark individuell zugeschnittener Entwicklungsprozeß gestaltet werden kann (strikte Potentialorientierung).

Da eine Reihe von Defiziten bzw. Entwicklungsbedürfnissen bei den Trainees jedoch in der Regel sehr ähnlich sind, sich stark überlappen oder kombinieren lassen, wird die Vielfalt der Entwicklungsprofile und Anforderungen wiederum reduziert. Maßgeschneiderte Qualifikationsblöcke werden dadurch »flächendeckend« und in kostenverträglicher Form möglich.

- Contracting (Projekt/»Spielregeln«)

Zusammen mit seinem Vorgesetzten bzw. Auftrag- oder Projektgeber und den auszubildenden Managern wird dann das jeweilige, mittlerweile beschlossene (Change)-Projekt, das von echter, geschäftswirksamer Relevanz sein muß (Ernsthaftigkeit!), genauer beschrieben. Die dabei zu erreichenden Ergebnisse werden meßbar präzisiert. Dieses (Change)-Projekt, mit meistens 6–18monatigem Umfang, dient – wie bereits erwähnt – dann gleichzeitig als praktisches »Lernprojekt« für die Trainees (learning by doing on the job, schnelle direkte Umsetzung, kein Transferproblem).

- Zeitcontainer

Häufig werden in solchen Curricula auch vorher nicht weiter bestimmte Zeitblöcke (Blanko-Zeitcontainer) eingebaut. Sie werden prophylaktisch für Trainings- und Bildungsbedarfe eingeplant, die erst im Laufe des Curriculums sichtbar werden können. Die Inhalte können dabei sehr unterschiedlich sein, je nachdem, wo die bestehenden bzw. latenten Qualifikationsdefizite auftauchen (z.B. in den Supervisionsgruppen) bzw. welche Unternehmensbedürfnisse noch zusätzlich deutlich werden. Das Spektrum reicht von »betriebswirtschaftlichem Wissen« bis »outdoor trainings« und Selbsterfahrung.

- Lernendes Unternehmen (Mini Corporate University)

Neben der durch die Trainingsmodule und die Super-/Intervisionsgruppen intendierten und geförderten Netzwerkbildung (die für Wissensmanagement eine notwendige Infrastruktur und -kultur darstellt) werden die Trainees häufig darüber hinaus aufgefordert, die Lern-, Anpassungs- und Veränderungsfähigkeit des *Gesamtunternehmens* zu unterstützen.

Sie werden angehalten, z.B. einen ein- bis dreitägigen »Kongreß« zu designen und durchzuführen, eine Art Marktplatz des Wissens, eine interne »Firmenuniversität«, z.B. mit Open-Space-ähnlichen Workshop-Veranstaltungen, die zum gemeinsamen Erfahrungsaustausch möglichst vieler Unternehmensmitglieder aller Ebenen führen soll. Inhalte der kollektiven Lernprozesse können beispielsweise sein:

- Projektmanagement: Erfolge, Mißerfolge und »Learnings«
- Benchmarking, Best-pratice-Beispiele effektiven Managements
- Ideen und Maßnahmen zur Stärkung der Wettbewerbsfähigkeit

- Methoden, Techniken, Tools für Verbesserungsarbeit und Veränderungsprozesse (von KVP über Qualitätszirkel bis EFQM und Syma-Management)
- Beschaffung und Verbreitung externen Wissens, Kunden-Know-hows etc.
- Klima- und Motivationsförderung in Richtung Lern- und Veränderungskultur ...

Dieses Trainingsmodul zwingt die Trainees in Sachen »Management«,

- den »eigenen, egoistischen Tellerrand« ihrer Subsysteme zu verlassen (verlassen zu lernen!);
- dem Gesamtunternehmen Nutzen zu stiften (vom ICH zum WIR), kollektive Kreativität und Intelligenz freizusetzen;
- die »grenzüberschreitende« Vernetzung zu verdichten, Kooperationen zu fördern, »networking« zu verbessern;
- zusätzliche Erfahrungen zu sammeln auf den Gebieten »Lernende Organisation«, »Wissensmanagement« und »Change« auf höherer Komplexitätsebene;
- kollektive Lern- und Veränderungsprozesse zu initiieren und zu moderieren, um selbst wiederum daraus zu lernen ...
- Gleichzeitig werden die Manager-Trainees dadurch in der Unternehmensöffentlichkeit sichtbarer und gewinnen in der Regel an Autorität und internem Marktwert (Employability) ...

- Stand-by-Module

Das bisher beschriebene »Mustercurriculum« stellt sozusagen den roten Faden oder den harten Kern des MD-Entwicklungsprozesses dar. Häufig müssen jedoch – je nach Indikation und Bedarf – noch weitere, mehr oder weniger vorgefertigte / standardisierte »Vertiefungsbausteine« angedockt werden, die intern verfügbar sind (PE-Abteilung) oder extern zugekauft werden müssen, wie z.B.:

- Managementfachwissen / Management-Konzepte – Modelle – Tools aus unterschiedlichen Sachbereichen wie Strategie, Planung, Steuerung, Finanzierung/Investition/Controlling, Marketing, Projektmanagement und Organisation, Wissensmanagement/Lernende Organisation/Innovation, Informationstechnologie, Produktionstechnologie, Ökologie etc.
- Business-Excellence-Konzepte (EFQM / SYMA / OSTO-Modelle)
- Sozial- und Führungskompetenz, Kommunikation, Teamleitung, Leadership, Macht, Autorität, Konfliktmanagement
- Persönlichkeitsentwicklung (»Mastering Self«)
- Führung, Ethik und Zukunft
- Intercultural effectiveness
- Sprachen
- etc.

- MD-Paralleltrainings im oberen Management

Es erwies sich in manchen Fällen als hilfreich, wenn parallel zur Installierung eines MD-Curriculums auch die »normalen« oberen Linienführungskräfte in den Management-Development-Prozeß partiell mit einbezogen werden. Sie können mit ihrer (formellen) Führungs- und Entscheidungskompetenz und ihrem »Vorbildverhalten« gravierenden Einfluß auf das Gelingen (oder auch Mißlingen) von Management-Entwicklungsmaßnahmen ausüben. Trainees wünschen durchweg solche Paralleltrainings für ihre »Chefs« da oben ...

Bausteine wie »Leadership«, »Managing-Manager«, »Change Management«, »Führen durch Zielvereinbarungen«, »Vom Boss zum Coach und Mentor«, »Business Excellence« etc. sowie die gemeinsame Teilnahme mit den Management-Trainees z.B. am SYMA u.v.a.m. sind hier denkbare Schritte. Diese Maßnahmen können das »Feeling« für die »neue« (Zone III gemäße) Managementrolle verbessern, die intelligente Nutzung der Managertrainees fördern, und damit die Erfolgswahrscheinlichkeit des Management Developments selber maßgeblich und nachhaltig steigern. Häufig stellt dies allerdings ungewohnte Herausforderungen für das Topmanagement dar. In vielen Fällen ist das jedoch nicht umgehbar – trotz oder gerade weil es so selten passiert.[27]

Phase 3: Review & Evaluation

Am Ende solcher curricularen, strategischen, systematischen und umsetzungsdirekten Ausbildungs- und Entwicklungsprozesse steht in der Regel ein ein- bis dreitägiger Review- und Evaluationsworkshop.

Themen sind hier in der Regel:
- Erfolg/Mißerfolg der (Change)-Projekte aus Sicht der »Kunden« / Projektgeber (hardfacts);
- Qualität und Qualifikation der Manager-Trainees (Zielerreichungsgrad / 360° Feedback);
- Effizienz des Beziehungstandems Linienvorgesetzter/Projektgeber ↔ Management-Trainees sowie »lessons learned« bezüglich Möglichkeit / Unmöglichkeit von Coaching-Beziehungen zwischen unterschiedlichen Hierarchie-Ebenen,
- Stärkeres Qualitätsbewußtsein für »Managementkultur« im Unternehmen: Fortschritte ersichtlich? Überzeugter geworden?
- Weiterer Entwicklungsweg der einzelnen Managertrainees: the time after ...?

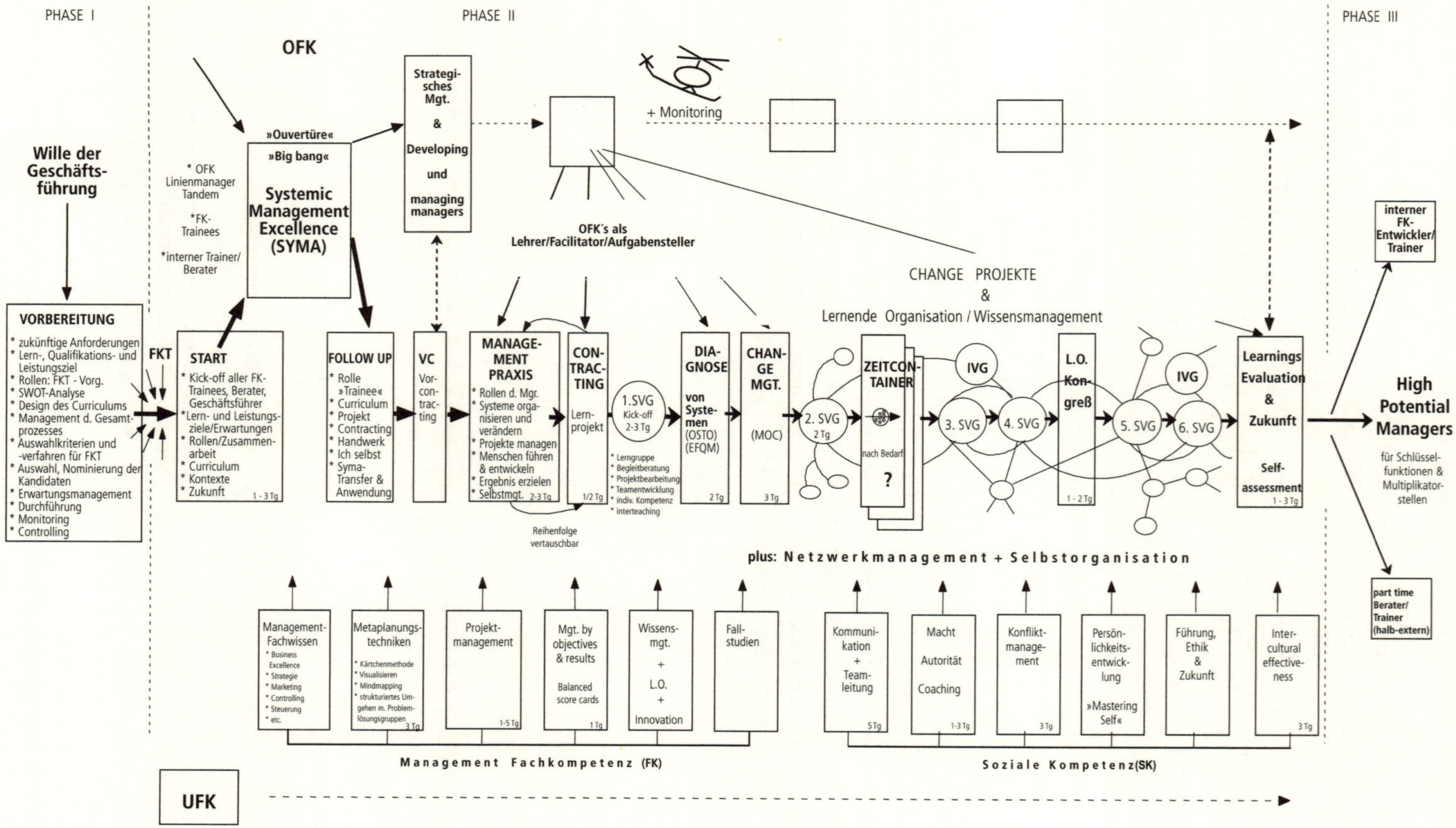

Legende:

EFQM: European Foundation for Quality Mgt.
FKT: Führungskräfte-Trainees
IVG: Intervisionsgruppe
L.O.: Lernende Organisation/Wissensmanagement
MD: Management Development
Mgr.: Manager
Mgt.: Management
MOC: Management of Change/Mastering organizational change
OFK: Obere Führungskräfte
OSTO: Offener sozio-techno-oekonomischer Systemansatz
SVG: Supervisionsgruppe
SYMA: Systemisches (ganzheitliches) Management
UFK: Untere Führungskräfte
VC: Vorcontracting
Vorg.: Linienvorgesetzter, Auftraggeber
WS: Workshop

© Prof. Dr. H. Rieckmann

Abb. 17: MD – Mustercurriculum

- Allgemeine »Learnings«, Schlußfolgerungen, Konsequenzen für evtl. nachfolgende Curricula oder andere MD-Formen.

Zusammenfassung: MD-Muster-Curriculum auf einen Blick ...

Das Schaubild 17 zeigt zusammengefaßt und auf einen Blick das »ideale« State-of-the-Art-Ausbildungsmuster für Manager und Führungskräfte.

Praxisbeispiele von MD-Curricula

Die Aufbauweise des Grundmusters systematischer MD-Curricula in Form von MODULEN hat u.a. einen nützlichen Vorteil: Die einzelnen, in sich selbst inhaltlich abgerundeten und wirkungsvollen Bausteine können – vergleichbar einem Baukasten mit Lego-Steinen – immer individuell und spezifisch für die jeweiligen Unternehmensbelange und Ressourcenmöglichkeiten maßgeschneidert rekombiniert, variabel zusammengestellt und auch individuell von »anderen« Organisationsmitgliedern »mitgenutzt« werden.

Dazu stichwortartig einige Praxisbeispiele solchermaßen »handgebackener« Curricula:

Praxisbeispiel 1: Ein »2-Zylinder«

Situation:
Mittelbetrieb, Elektrotechnik / Elektronik / Baumanagement, 170 Mitarbeiter, Österreich.

Das nachfolgend beschriebene MD-Curriculum beinhaltet maßgeschneidert nur wenige zentrale Bausteine. Als »2-Zylinder« ist es zwar auf den Minimal-Kern reduziert worden, stellt dennoch eine durchaus praktikable, wirksame und kosteneffiziente Form dar. Es ging um die Entwicklung von Nachwuchsführungskräften für Profitcenter ähnlich organisierter Abteilungen bzw. Abteilungsleiterfunktionen und deren Fähigkeit, interdisziplinär und transfunktional zusammenarbeiten zu können.

Dauer: 12 Monate
Inhalte/Ablauf: Design durch externen MD-Berater / Trainer
Phase 1: Auswahl der Nachwuchsführungskräfte (NFK) durch Führungskreis / Seniormanager / Eigentümer: 6 Trainees für Funktionen der Abteilungsleiterebene
Phase 2: Vereinbarung von Projekten (Trainee/Projektgeber/Berater), Startworkshop (2 Tage)
Supervisions- und Trainingsgruppe (5x2 Tage mit externem Berater), Teilnahme einiger Trainees am SYMA (Business Excellence Training)

Phase 3: Review / Evaluation durch Trainees und Vorgesetzte
Phase 4: Sukzessive Übernahme von Abteilungsleiterfunktionen
Controlling, Monitoring und Steuerung durch Geschäftsführung, Seniorabteilungsleiter, Eigentümer und Trainees, in Zusammenarbeit mit externem Berater / Coach.

Praxisbeispiel 2: Ein »4-Zylinder«

Situation:
Industriechemieunternehmen, Deutschland, 9000 MA

Das Unternehmen verfuhr bis dato nach dem Modell »Froschteich und Ad-hoc«. Unglückliche Zufälle führten dazu, daß zwei für das internationale Geschäft brisante, obere Managementfunktionen plötzlich vakant wurden und nicht sogleich qualifiziert nachbesetzt werden konnten. Maßnahmen nach dem Ad-hoc-Modell hätten kurzfristig nicht gegriffen (Zeitmangel und Ressourcenproblem).

Dieser Vorfall (oder Unfall) löste einen heilsamen Schock aus. Auf Vorstandsebene wurde ein personalstrategisches MD-Curriculum beschlossen sowie eine Stelle »Leiter Führungskraftentwicklung« installiert. Anschließend wurde mit Hilfe externer Fach- und Prozeßberatung das nachfolgende MD-Curriculum designt und gestartet. Eine sehr sorgfältige und aufwendige Potential- und Kandidatensuche und -auswahl ging dabei dem Curriculum auf Vorstandsebene voraus (vgl. oben »strategische Rekrutierung . . .«). Das Curriculum wurde mehrmals mit jeweils ca. 18–25 Trainees durchgeführt. »Name« bzw. Vehikel des Curriculums war »Projektmanagement«: Der Originalprospekttext lautete wie folgt:

Zielgruppe: Führungskräfte des mittleren Managements, Leiter von Stabstellen mit systemkoordinierenden Aufgaben und Nachwuchskräfte mit Führungsaufgaben, die neben ihren stellenbezogenen Aufgaben mit der Bearbeitung von fach- und bereichsübergreifenden Projekten beauftragt worden sind und ihre Fertigkeiten im Managen von fach-/organisationsübergreifenden Projekten erweitern wollen.
Ziele: Die Teilnehmer sollen ihre Kenntnisse, Erfahrungen und Fertigkeiten im Managen von fach- und organisationsübergreifenden Projekten vertiefen und erweitern, ebenso ihre Kenntnisse, Erfahrungen und Fertigkeiten im Umgang mit einzelnen und Gruppen.

Inhalte: – Systemmanagement
– Wahrnehmung und Steuerung psychosozialer Prozesse
– Projektmanagement und Führung
Methoden: – Gruppenarbeit, -diskussion, gemeinsame Problemanalysen und -diagnosen
– Bearbeitung aktueller Problemsituationen der Teilnehmer
– Wissensvermittlung durch Kurzvorträge und schriftliche Unterlagen
– Projektsupervision
Dauer: Die Entwicklungsmaßnahme ist ein Zyklus von mehreren Veranstaltungen und dauert ca. 1 Jahr (rund 20 Arbeitstage) und gliedert sich in
– Trainingsvorphase (2 Tage)
– Starttraining (5 Tage)
– Projektsupervision (ca. 6 Veranstaltungen à 1½ Tage)
– Abschlußtraining (4 Tage)
Teilnehmer: 18 max. 25
(je Projekt mindestens 2, max. 4 Teilnehmer;
Stabstellenleiter mit systemkoordinierender Funktionen können mit ihren Aufgaben als Einzelpersonen teilnehmen)
Trainer: Prof. Dr. R. , Dr. D., R.S.
Termin: Trainingsvorphase: 3. November – 4. November
Starttraining: 30. Januar – 3. Februar

Praxisbeispiel 3: Ein »6-Zylinder«[28]

Situation:
Tochterunternehmen eines internationalen Automobil- und Technologiekonzerns, 2000 MA, Deutschland

Das Tochterunternehmen sah sich gezwungen, bei steigender Kapazität bzw. Produktivitätsanforderungen dennoch eine »schlankere Organisation« »hinzukriegen«. Nur so konnte die Wettbewerbsfähigkeit gesichert werden. Dadurch kamen massiv neue Forderungen im Wissens- und Verhaltensbereich sowohl auf das obere als auch mittlere Management zu.

Ein strategieorientierter, potentialbasierter und curricularer Führungskräfteentwicklungsprozeß wurde beschlossen, designt und durchgeführt (mit externer Beratung).

Das besondere an diesem MD-Prozeß war die beispielhafte Qualität des Contractings und der Commitment-Bildung zu Anfang des Prozesses, und zwar zwischen Geschäftsleitung, Bereichsleitern und externem Berater. In intensiven Lern-, Begegnungs- und Auseinandersetzungsprozessen wurde hier ein belastbares Fundament für den nachfolgenden Prozeß gelegt.

Ein weiteres erwähnenswertes Merkmal war der eingebaute Zwang, daß Vorgesetzte und Trainees nicht nur als Lern-Tandems funktionieren sollten, sondern hierzu auch intensive Coaching-Runden installiert wurden (mit Tiefeninterviews, zirkularen Fragestellungen, Konfrontationen mit eigenen Verhaltensweisen, wechselseitigem Feedback u.a.). Die Teilnehmer dieser »Lernrunden« bestanden aus gestandenen Führungskräften (mit zum Teil bis zu 250 Mitarbeitern) sowie Experten (Entwicklern, Controllern) als auch jüngeren Nachwuchskräften mit recht heterogenen Rollenfunktionen. Durch dieses Design wurde Mehrfaches simultan erreicht:

- Vorgesetzte wurden Betroffene und in den Lernprozeß intensiv mit einbezogen (konnten sich nicht mehr raushalten und das Lernen delegieren!!)
- Lernen von Führungsqualität auf »Beidseitigkeit« (Optimierung des Vorgesetzten-Untergebenen Verhältnisses durch ständiges Feedback)
- Verdichtung von Commitment, Verantwortlichkeit und Vorbildfunktion (nebst Modell-Lernen für Trainees)
- Transfersicherung für Near-the-job-Gelerntes
- permanentes Monitoring des Curriculums, seiner Ziele, Inhalte, Methoden und seiner strategieunterstützenden/-umsetzenden Wirksamkeit
- dadurch Optimierungen, Anpassungen und Redesigns des Curriculums »on the road« möglich (Definition neuer Lernfelder / Lerntiefen / pacing etc.)

Dauer: ca. 12 Monate
Inhalte / Ablauf: Design durch externen Berater / Trainer
Phase 1: Definition der Zielsetzung in Verbindung mit Commitment-Workshop und Designpräsentation durch externen Berater. Die Geschäftsführung definierte dabei selbst, was sie unter »MD« verstehen wollte.
Phase 2: Auswahl der Förderkandidaten / Trainees (Fremdassessment durch Vorgesetzte, ohne Beratereinfluß, Letzter nur bezüglich Rahmenbedingungen)

Die Teilnehmer unterlagen während des Curriculums jedoch keinen direkten Vorgesetzteneinflüssen, da die Trainées entlang der Wertschöp-

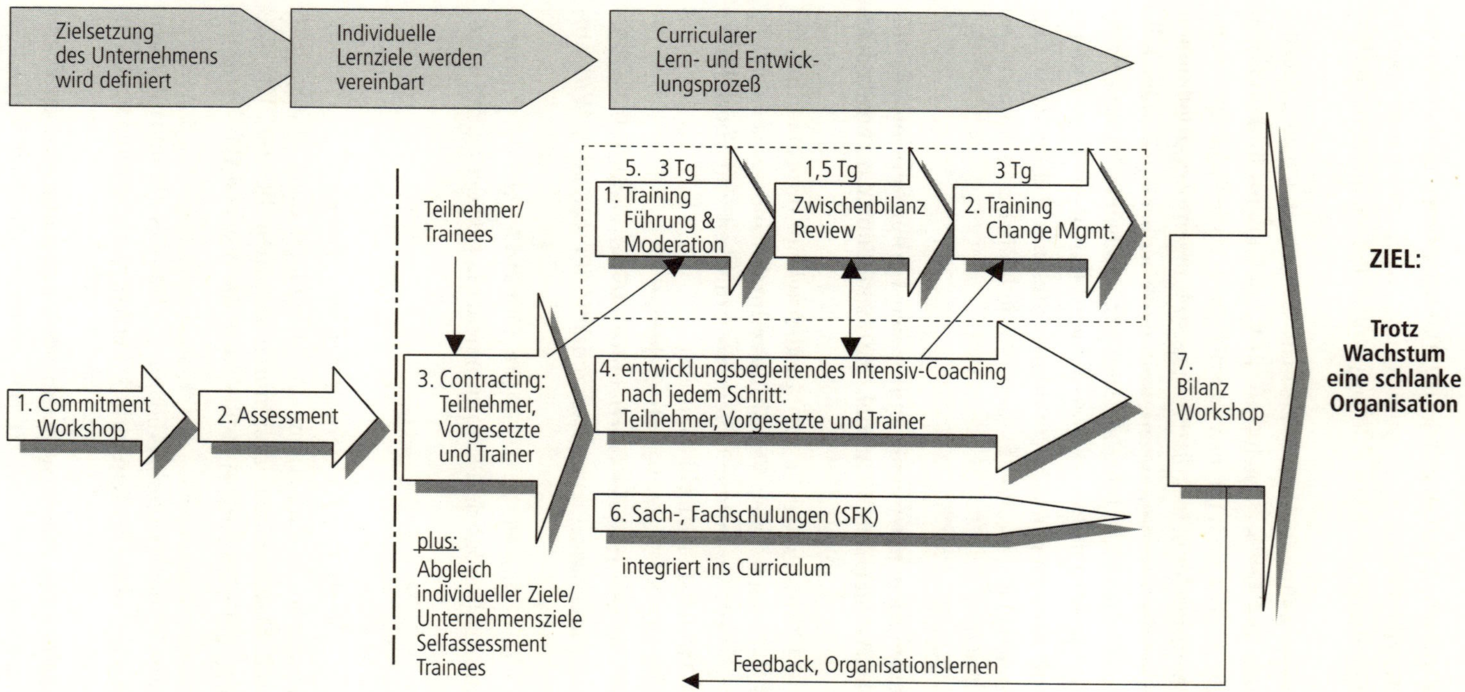

Abb. 18: »6-Zylinder« MD-Modell (7 Schritte)

fungskette zusammengesetzt wurden (dadurch simultane Verbesserungen des Prozeßmanagements).

Vor- und Contractgespräche mit dem Vorgesetzten und externen Berater bezüglich:

- Design/Inhalte/Zeitraum/Erwartungen
- Selfassessment der Trainees bezüglich ihrer Lernbedarfe, Defizite, Potentiale
- Abgleich individueller Lernziele mit den strategischen Unternehmenszielen

Phase 3: Start der Trainings mit eingebauter »Zwischenbilanz«, mit Teilnahme der Geschäftsführung für mögliche »rollende Planungen« und Prozeß-/Inhaltsveränderungen. Trainingsinhalte: Führung, Moderationstechniken, Change Management, entwicklungsbegleitende, lernintensive Coachinggespräche mit Vorgesetztem, Trainee und externem Berater.

Parallel-Angebot bzw. Besuch von Schulungen im Bereich betriebswirtschaftlicher und technischer Sach- und Fachkompetenz (vgl. SFK)

Phase 4: Bilanz-Workshop (Reviews, Folgerungen)

Dieser abschließende Bilanz- bzw. Evaluierungsworkshop wurde dabei bewußt noch für weitere Zwecke geplant und mitgenutzt:

- Teamentwicklung für die Geschäftsführung
- Rollenklärungen im Personalbereich
- Entscheidungsgrundlage für weiteres Curriculum
- Monitoring-Instrument für die Geschäftsführung bezüglich der »Stimmung an der Basis« durch (Teil)anwesenheit von Curriculum-Teilnehmern.

Die Grafik (Abb. 18) zeigt den Gesamtzusammenhang.

Praxisbeispiel 4: Ein »8-Zylinder«

Situation:

Internationaler Zulieferkonzern für die Automobilbranche (Reifen, Systemkomponenten etc.), rund 62 000 MA (1998)

»Klassische« Formen des MD (geringe Tansfereffizienz, mangelhafte Strategie- und Potentialorientierung, »primär« kognitives Fachlernen etc.) gerieten unter Effizienz- und Rechtfertigungsdruck. Die Komplexität der Organisation (multinationale Subkulturen, Erfordernis »grenzenloser«, innovativer Zusammenarbeit, Matrix-, Team- und Projektorganisationen) sowie erhöhte Dynaxity in allen Geschäftsfeldern veranlaßten das Personalressort, Trainings für (Nachwuchs-)führungskräfte radikal zu redesignen und für gegenwärtige wie zukünftige Anforderungen neu »zu erfinden«.[29]

Dauer: ca. 6 Monate (Durchführungszeit des MD-Curriculums)

Inhalte/Ablauf: Design durch interne MD-Trainer mit Hilfe externer Berater und Fachexperten, 12 Phasen, 6 Module

Phase 1: Design des MD-Curriculums zusammen mit Top Managern, internen wie externen »Consultants«. Zielklärung/Zielsetzung: transdisziplinäre, transfunktionale und transkulturelle Management- und Innovationskompetenz generell erhöhen, Employability verbessern, fachliche Komfortzonen spürbar verlassen lernen; Klärung der didaktischen Methodik, Formulierung von Lernprojekten, Lösungsaufgaben und Rollen der Top Manager (z.T. zugleich Auftraggeber als auch Mentor/Coach), Akquisition weiterer (Lern)projekte, Gewinnung internationaler Experten für Inputs von Managementfachwissen (vgl. SFK); Publizierung des MD-Curriculum-Angebotes in der Unternehmensöffentlichkeit bzgl. potentieller Trainees, Integration der MD-Maßnahme ins Unternehmensgesamtsystem.

Phase 2: Auswahl bzw. Start mit ca. 20 Trainees, Aufteilung in kleine Projekt- und Lernteams für ca. 6 Monate Dauer. Take-off mit Modul 1 (2 Tage), Plenum, alle 20 Trainees: Teambildung (international, interdisziplinär, interfunktional) mit Anleitung für selbstkoordiniertes und selbstgesteuertes Planen, Umsetzen sowie Erfahrungs- und Reflexionslernen (Teamlernen). Contracting der Teamprojekte zwischen Klienten/Auftraggebern bzw. Mentoren einerseits und Trainees (=Teilnehmer der Projektteams) andererseits. Fixierung eines Lieferpreises für die Lösung (z.B. 25000 DM). Bildung von Interteam-Vernetzungen (Ressourcenpool), Klärung benötigter IT-Tools, externer Wissensressourcen für fachliche Wissensstoffe etc ...

Erste Erfahrungen für Klienten (obere Führungskräfte) mit dem Spannungsfeld Klient/Auftraggeber (Autorität, formale Macht einerseits) und Mentor/Coach (pädagogisch-ermutigend-dienende Rolle andererseits; vgl. »Dienende Autorität«, Teil I).

Phase 3: Trainees: Parallel zum Tagesgeschäft Arbeit am Projekt bzw. am jeweils individuell (in Modul 1) verabredeten Aufgabenteil (Daten, Lösungsideen sammeln), begleitet von laufenden Kontakten mit den Mentoren ...

Consultants: Identifikation benötigter Wissensinputs für die verschiedenen Projektthemen, Lehrstoffe besorgen, planen, in den Prozeß einspeisen, Monitoring, Koordinieren, Integrieren ...

Phase 4: 1. Zwischenbilanz (Modul 2, 2 Tage), Klärung von Supportbedarf (fachlich, didaktisch, gruppendynamisch etc.), Gestaltung der Kontextbedingungen (z.T. durch Vorstände), Reflexion der eigenen Befindlichkeit / Motivation der Trainees

Phase 5: Anschließend individuelle Weiterarbeit am Projekt bzw. den jeweilig spezifischen Aufgabenteilen (analog Phase 3)

Phase 6: 2. Zwischenbilanz (Modul 3, 4 Tage), Reflexion des Sach- und Lernprozeßfortschrittes, Nutzung der »versammelten Intelligenz« des Plenums und der Mentoren als »sounding board« zur Problemlösungsoptimierung der Projekte; Einübung in effizientes Kommunizieren und konstruktiver Feedback-Kultur (vgl. SK, PK), Vorbereitungen für die Abschlußpräsentation

Phase 7: Weiterarbeit am Projekt parallel zum Tagesgeschäft, Finden und Bewerten von präsentablen (evtl. alternativen) Projektlösungen unter Bedachtnahme eines überzeugenden »Preis-Leistungsverhältnisses« bzw. Nutzens für den Klienten (strikte Kundenorientierung, 25 000 DM Kostenlimit)

Phase 8: Weitere Vorbereitung (Modul 4, 4 Tage) unter intensiver Nutzung externer Wissensressourcen (externe Fachberater), abermalige Reflexion der Projekt- und Lernfortschritte (fachlich, individuell-motivational, kollektiv-prozessual), zwei Projekt-»test runs« (»Rüttelstrecke«) pro Projekt-/Lernteam, ggfls. »Rework« der Projekte, unter Begleitung interner Consultants und Mentoren

Phase 9: Individuelle Arbeit am Projekt (analog Phase 3/5)

Phase 10: Letzte Vorbereitung der Endpräsentation vor Vorständen (die ersten 4 Tage des 5. Moduls), Finishing und Endpräsentation am 5. Tag. Klärung von evtl. weiteren Realisierungsschritten der Projekte, Feedback des Top Managements und der Klienten an die Trainees. Review des MD-Curriculums (Verbesserungspotentiale)

Phase 11: Abschlußmodul (Modul 6, ½ Tag): Trainées und Consultants reflektieren Gesamtprozeß sowie die individuellen »Entwicklungskurven« der Trainees (Selbsterkenntnis, Selbstentwicklungspotentiale, Entwicklungsplanung etc.); Input in den jährlichen »Entwicklungsdialog« zwischen Vorgesetztem und Trainee, sowie für obere Führungskräfteworkshops zur gemeinsamen (konsensuellen) Eruierung und Bestimmung (be)förderungswürdiger Nachwuchsführungskräfte und High Potentials (Basis: firmeninternes Führungskräfte-Anforderungsprofil »Big Six«)

Phase 12: Neustart eines weiteren Curriculums. Basis: freiwillige Selbstanmeldung neuer Teilnehmer, mit vorherigem Selfassessment auf Grundlage eines unternehmensweit einheitlich standardisierten Selbstdiagnosefragebogens.

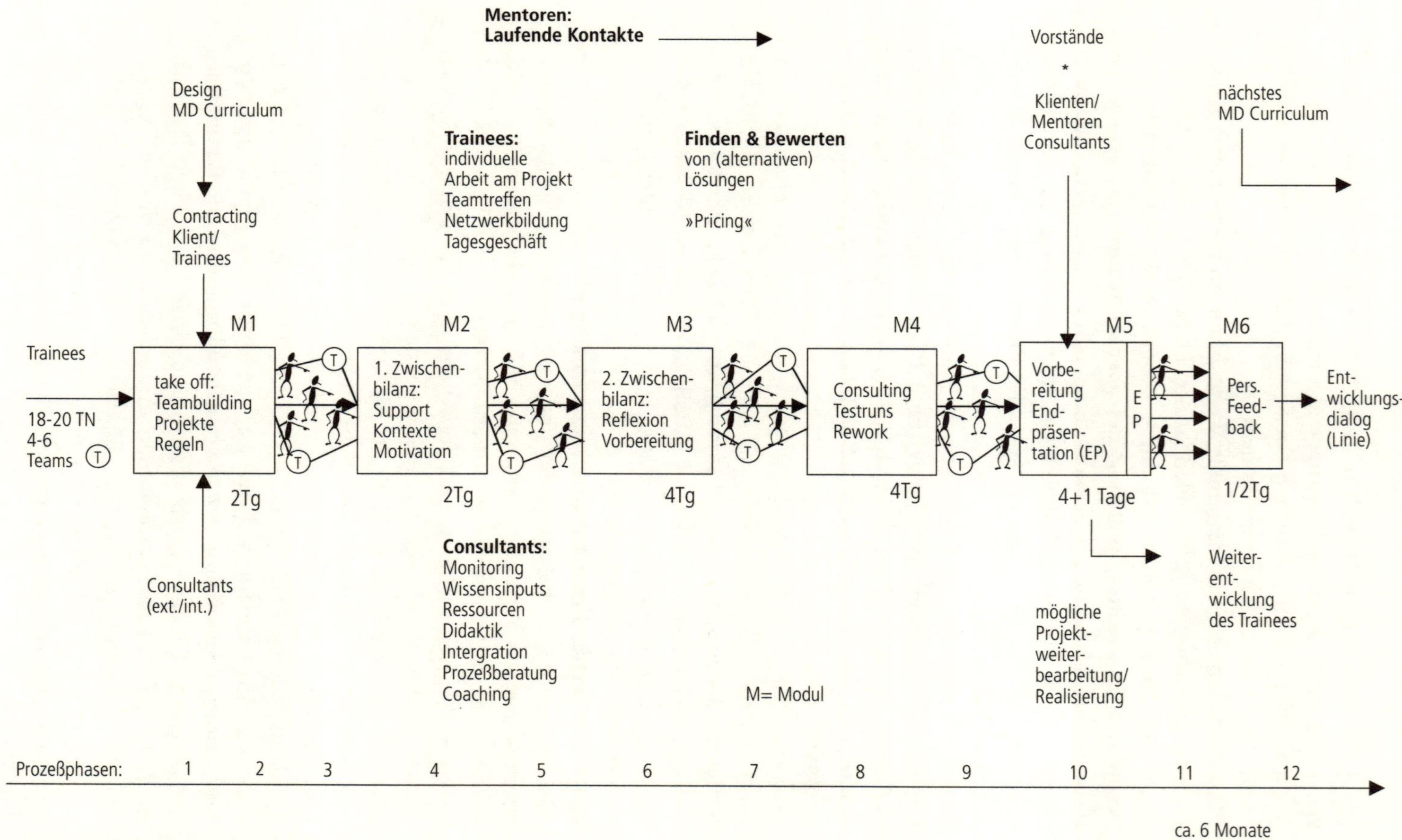

Abb. 19: »8-Zylinder«MD-Programme

Praxisbeispiel 5: Der »Zwölf-Zylinder«

Situation:
Global tätiger Chemie & Life Science Konzern:
150000 Mitarbeiter, 50 Mrd. DM Umsatz, stark in radikaler Umorganisation begriffen. (Deutschland/USA/Frankreich/Japan)

Dieses MD-Curriculum war sehr aufwendig, zeigte dafür aber so etwas wie »Weltklasseniveau«.

Das Curriculum wurde auf Vorstandsebene initiiert und mit potentiell globaler Reichweite geplant. Es diente zur Entwicklung von »high potentials«-Managern, die sich bereits in verantwortungsvollen Positionen im Mittelmanagement bewährt hatten. Sie wurden zwei Jahre aus ihrer Linienfunktion herausgenommen und als Change-Manager trainiert. Sie sollten zunächst als interne, *ohne Formalmacht* ausgestattete Prozeßberater (»facilitators«) entwickelt werden und später Linienmanagern bei der Durchführung einschneidender Verbesserungs- sowie Struktur- und Kulturveränderungs-Maßnahmen beratend und unterstützend zur Seite stehen (»Business Process Excellence«). Am Ende dieser zwei Jahre sollten dann die »Facilitators« wiederum selbst als Manager (of Change) initiativ werden können und »multiplikatorisch« kulturverändernd wirken.

Da diese Vorstandsintervention für den Konzern ziemlich ungewohnt und für die Betroffenen relativ unvorbereitet geschah, mußten darüber hinaus zuvor bzw. parallel dazu noch tragfähige Koordinations- und Bildungsinfrastrukturen geschaffen werden. Es wurde ein kleines Förderzentrum für »Business Process Excellence« (auch »Coach Center« genannt) gegründet, eingerichtet und der neu ernannte Leiter mit externer Hilfe qualifiziert. Zeitweilig waren auch intensivere Vorstandsberatungen durchzuführen.

Vom Coach-Center aus wurde die interne Curriculum-Koordination, Facilitator-Ausbildung und Lern-Netzwerkbildung vorgenommen und betreut. Das Coach Center unterstand dabei direkt einem Vorstandsmitglied. Ebenso wurde »Corporate Communications« eingeschaltet, um diese Management Development-Maßnahme und Change-Bewegung medial zu unterstützen und für Mitmach-Motivation zu werben. Zeitweilig stand dem Vorstand bzw. dem Coach Center und den Facilitators ein externes Berater-, Trainer- und Unterstützungsnetzwerk von ca. 10–15 Personen zur Verfügung.

Dauer: 2–3 Jahre, 7 Phasen;

Inhalte/Ablauf: Extern erarbeitetes Design, vom Vorstand beschlossen

Phase 1: Kick-off-Tagung (2,5 Tage) mit Gesamtvorstand und den weltweit 70 wichtigsten Topmanagern: Bewußtseinsbildung für »change« und den damit zusammenhängenden Kultur- und Führungsstiländerungen (incl. TQM Business Excellence). Individuelle Ziel- und Schwerpunktsetzungen in den Bereichsleitungen und auf Vorstandsebene (»Change Commitments«).

Phase 2: Design/Entwicklung des Curriculums (Vorstandsebene) durch externen Berater (z.T. mit Beraternetzunterstützung).

Phase 3: Sukzessive Auswahl von ca. 40 Trainees (großteils durch Vorstände und Bereichsleiter bestimmt).

Phase 4: Start des Curriculums, Abwicklung in 3 dicht hintereinander folgenden »Generationsphasen« mit: Contracting bzgl. Curriculumsinhalten und -ablauf mit »Big Bang« (SYMA) und anderen Punkten wie beispielsweise :

– Rollen- und Erwartungsklärungen

– 1 Jahr Arbeit an einem geschäftsrelevanten Projekt

– 50 Tage »on & near-the-job« – Trainings, Supervision, Coaching, Selbstorganisation (Intervision)

– Bildung von Tandems: Vorgesetzter (Projekt- und Zeitgeber) ↔ Trainees

– Aufbau eines Lernnetzwerkes unter den Facilitators (Wissensmanagement/peer support/Intranet)

– Design und Leitung eines (Marktplatz-ähnlichen) Ein-Tageskongresses durch die Managementtrainees selber, mit externer Unterstützung und dem Ziel, »organisationales Lehren & Lernen fördern zu lernen« (»Firmenuniversität«) (mit ca. 700 Personen aller Managementebenen, mit Erfahrungsaustausch, Workshops, »Messeständen«, begleitet mit Benchmark-Vorträgen und Plenardiskussionen zu Themen wie Business Excellence, Change KVP, Empowerment, Führungsrolle, Ergebnisverbesserungen etc.)

– regelmäßiger Review zusammen mit Vorständen und Devisionsmanagern, Gründung eines eigenen Monitoring-Systems, dem »Business Process Excellence (BPE) Council« mit Vorständen, Projektgebern und externen Beratern

Phase 5: Abschlußreview am Ende des 1. Curriculumjahres mit Vorstandsmitgliedern, Bereichsleitern, Projektgebern, Trainees und externen Beratern/Supervisoren

Phase 6: Management-Trainees fungierten im 2. Jahr entweder als interne Change- und Projekt-Managementberater oder übernahmen neue Linienaufgaben, die ihnen entweder angeboten wurden oder die sie sich

selbst auf dem internen Konzernmarkt suchen mußten. Fallweise weitere Begleitung durch externe Beratung.
Monitoring, Steuerung, Controlling: Durch Vorstände und einen international besetzten Top-Management Council sowie durch den speziell installierten internen MD-Manager des Coach Center (»Förderzentrum«) in enger Zusammenarbeit mit externer Beratung/Coaching.
Phase 7: Weitgehende Auflösung bzw. Dezentralisierung des Konzerns (Holdingsystem)
Weiterführung der »curricularen Idee« bzgl. Ausbildung neuer Management-Trainees und deren temporäre Nutzung: Einsatz als Business Excellence/Process Excellence »Facilitators« z.T. in den Teilkonzernen auf »freiwilliger« Basis (in TQM-, KVP- und Process Excellence/Reengineering-Projekten und anderen vereinzelten MD-Maßnahmen). Keine zentrale Steuerung oder Unterstützung mehr seitens der Holding (jedoch z.T. mit Unterstützung früherer Vorstände), da die Initiative den operativ eigenständigen »Einzelgeschäften« überlassen sein sollte ... (Freiwilliges statt hierarchisch verordnetes Lernen!)

Das nachfolgende Schaubild zeigt in Inhalte, Design, Phasen und die unterschiedlichen Managementebenen und – rollen in diesem breit angelegtem (in deutscher bzw. englischer Sprache) durchgeführten MD-Prozeß.

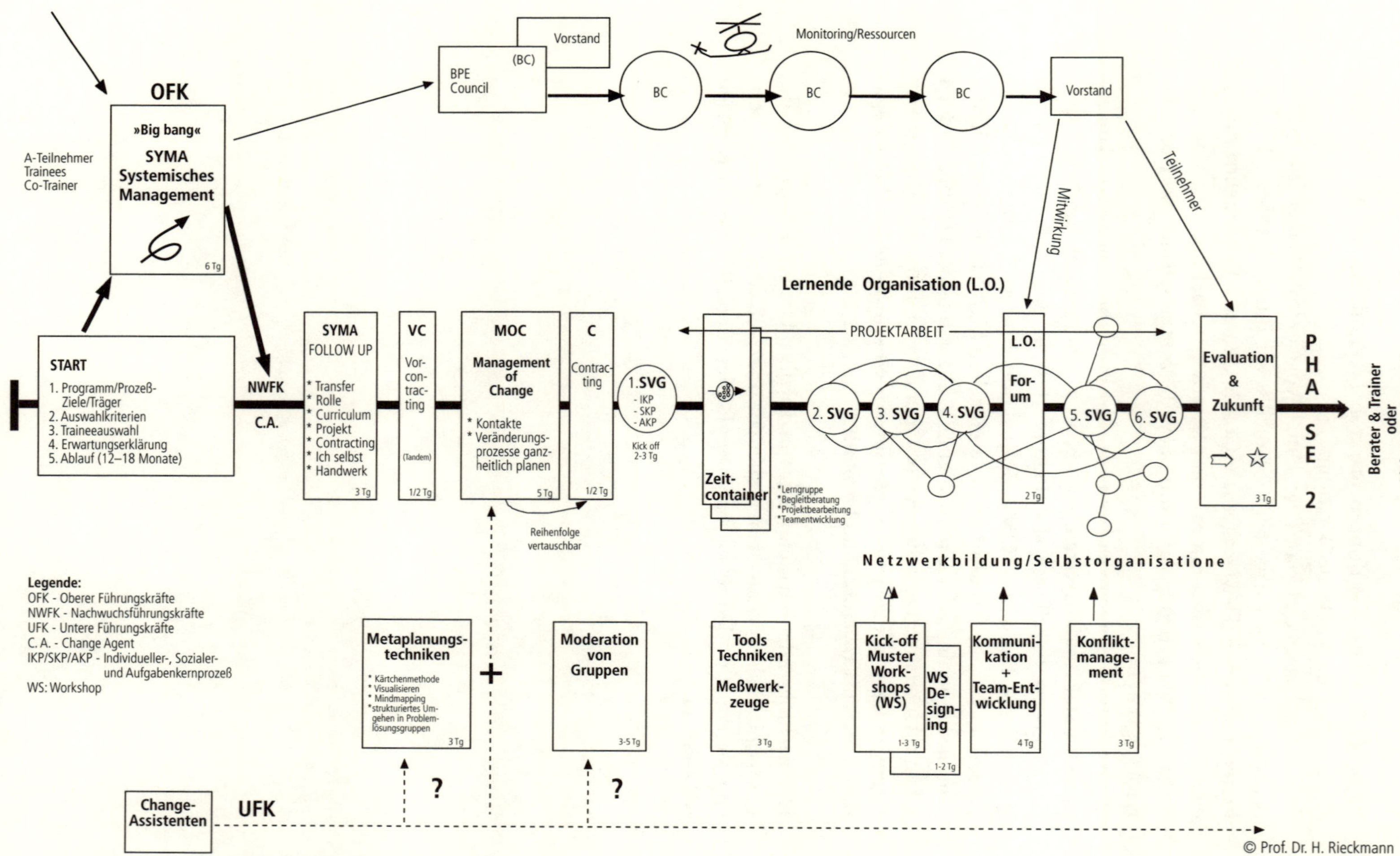

Abb. 20: »Zwölf-Zylinder« MD-Programm

MD-Pakete maßgeschneidert

Es gibt im MD-Bereich Versuche, durch geschickte Kombination wirksamer MD-Einzelmaßnahmen einen überproportionalen Synergie- und Wirkungseffekt hinsichtlich der Entwicklung professioneller Manager zu erzielen. Es können unterschiedliche Kombinationspakete geschnürt werden, die aus dem Sortiment hier beschriebener (oder anderer) MD-Bausteine oder -ansätze bestehen können.

Dazu seien nachfolgend überblicksartig drei Kombinationsmöglichkeiten angeführt, ansteigend vom einfach anwendbaren, kostengünstigen Start-Paket bis hin zum investitionsintensiveren Kombinationspaket namens »Excellence«.

Startpaket

1. Vorgesetztenempfehlung bzgl. förderungsinteressanter Führungskräfte bzw. Manager (aus eigenen und »fremden« Bereichen) für MD-Maßnahme
2. Abgleich und kritische Analyse der Kandidatenvorschläge im entsprechenden Führungskreis
3. Einbindung der MD-Trainees in Aktionslerngruppen (evtl. auch in Projektleiterrollen) mit externer Supervisionsbegleitung/Coaching
4. Review/Evaluation zusammen mit oberen Führungskräften, ggfls. personelle Einzelmaßnahmen später danach im Rahmen von »performance appraisal«-Gesprächen oder anderer vorhandener Routinen

Klassisches Paket

1. 360° Grad Feedback (Vorgesetzte, Mitarbeiter, Kollegen, Untergebene, evtl. Externe wie Kunden, Lieferanten, Trainer/Berater)
2. Potentialorientierte Förderung einzelner Führungskräfte/Manager gemäß den Ergebnissen des 360°-Feedback und Lernprozessen in Formen wie:
   - Managementsupervisionsgruppen (Erfahrungsaustausch)
   - (Lern-)Projekte
   - Besuch spezifisch indizierter und ausgewählter interner/externer Bildungs- und Trainingsseminare

3. Begleitung und Beratung durch externe Experten, Berater, Trainer
4. Review 360°-Feedback auf Vergleichsbasis obiger Lernziele (SOLL-IST-Vergleich)
5. Weitere Qualifizierungsvereinbarungen im Rahmen von Zielvereinbarungs- und Fördergesprächen mit dem Vorgesetzten.

Excellence Paket

1. Suche und Auswahl förderwilliger und -fähiger Kandidaten durch Vorgesetztengruppe(n) und Personalfachleute:
   - bei Neurekrutierung: aktive Talentsuche (siehe MD-Baustein Nr. 8 und dort angegebene Möglichkeiten)
   - bei interner Rekrutierung und bestehender Managementorganisation und -kultur: 360° Feedback (mit externer Beratung und Begleitung) unter Einbeziehung von Potentialanalyseverfahren, Werdegangsanalysen etc.
2. Design und Durchführung eines Traineeprogrammes mit Projektarbeiten und Curriculum-ähnlicher Abfolge und Einbau von (bereits vorhandenen und/oder neu zu entwickelnden/zuzukaufenden) Know-how- und Trainingsbausteinen (Sach-/Fach sowie Sozial- und Führungskompetenz)
3. Begleitsupervision in Erfahrungsaustausch- und -trainingsgruppen (6x2 Tg/Jahr), extern begleitet/gecoacht
4. Follow up 360°-Feedback, Messung von Auswahl- und Trainingserfolg, Impulse für Weiterentwicklungen und Zielvereinbarungen
5. Im positiven Falle: Anvertrauung komplexerer Aufgabenstellungen/evtl. special assignments / Beförderung
6. Nutzung der Trainees als Trainer / Co-trainer bei späteren Fördermaßnahmen für Nachwuchsführungskräfte (Lernende Organisation) in nachfolgenden MD-Maßnahmen, MD-Curricula, Corporate University etc. Nebeneffekt: Weiterlernen durch Lehren!

In Form dieser geballten »MD-Pakete« kann die Kompetenzentwicklung des Managements deutlich wirksamer, rascher und nachhaltiger gesteigert werden, als dies mit den beschriebenen Einzelmaßnahmen allein geschehen könnte. Individuelle »MD-Maßanzüge« werden dadurch möglich, Kosten-Wirkungsoptima zeitgünstig erreichbar.

Neben der individuellen Performance- und Kompetenzentwicklung kann dadurch außerdem auch die »organizational« und »business performance« (vgl. Winterton) spürbar mitverbessert werden.

Die ersten 10 Schritte in Richtung Management Development

Wenn Sie selber gezielte und effektive Management-Entwicklungsmaßnahmen planen, initiieren und durchführen wollen, können Ihnen die folgenden 10 Schritte »erste Hilfe« leisten:

1. Diese Orientierungsschrift (oder Auszüge daraus) Mitgliedern des Führungskreises zu lesen geben.
2. Thema »MD« auf die Tagesordnung setzen, diskutieren, sondieren lassen ...
3. Beurteilung bzgl. Qualität, Qualifikation und Effizienz der Führungskräfte vornehmen (z.B. mit Hilfe von Selfassessments, externen Diagnosen, Mitarbeiterbefragungen, Vorgesetztenbeurteilungen (Aufwärts-Feedback), 360°-Feedback, Förder-Assessment-Center-Auswertungen, Auswertung der Ergebnisse von Zielvereinbarungen und Projektleistungen etc.).
   Versuchen Sie außerdem, anhand der 12 MD-Bausteine (Abb. 14) Ihren MD-Entwicklungsstand selbst zu beurteilen (»Standortbestimmung«).
4. Strategisches »Leitbild« bzgl. intendiertem bzw. wettbewerbsbenötigtem Managertyp entwickeln.
5. Planung/Design eines unternehmensweit gültigen Management-Entwicklungs-Konzeptes von A bis Z (Personalmarketing bis Gleitzeit-Pensionierung); MD-Pakete bilden oder Curriculum entwickeln.
6. Kontinuierliche Umsetzung ermöglichen (strukturell und institutionell verankern, einen »Kümmerer« finden).
7. Reviews / Evaluierungen / Anpassungen / Rekombinationen.
8. Holen Sie sich zu Anfang externe Hilfe mit Best practice know how und solider Umsetzungskompetenz. Das Rad nicht selbst erfinden!
9. Guten Start!
10. Durchhalten!

Anmerkungen

Teil 1

[1] vgl. Bisani, 1985, S. 1
[2] vgl. Steyrer, 1993, S. 99 f.
[3] vgl. Staehle, 1994, S. 308 f., S. 791 f., Steyrer, 1993, S. 99 f.
[4] vgl. Simons/Davila, 1998
[5] vgl. Fiedler's Leader-match-Theorie vs. Vroom/Yetton's, Blake/Monton's u.a. Trainings- und situativen Eigenschaftsansätze
[6] vgl. Tannenbaum/Schmidt, 1958
[7] vgl. Blake/Mouton's 9.9
[8] vgl. Vroom/Yetton, Hersey/Blanchard, Reddin u.a.vgl. z.B. Abb. 3
[9] vgl. Malik, 2000, S. 38
[10] vgl. Maccoby 1966; Pfitscher, 1998; Zenhäuser, 1998
[11] vgl. Staehle, 1994, S. 171
[12] Dazu Presseäußerungen wie:
»Kein anderer Manager hat eine vergleichbare Erfolgsbilanz vorgelegt wie Jack Welch. Seit 15 Jahren trimmt er General Electric auf Wachstum.« *Manager Magazin*
»Jack Welch, Chef des Konzerns General Electric, gilt als der (...) erfolgreichste Manager der USA.« *Der Spiegel*
»Der Mann, der General Electric zu Amerikas kostbarstem Konzern machte.« *Welt am Sonntag*
»Jack Welchs Erfahrungen reduzieren die Machbarkeitsillusionen populärer Managementphilosophien auf eine handhabbare Menge einfacher und damit wirksamer Aktionen. In einer lesenswerten Sammlung von Einsichten bietet Jack Welch modeunabhängige und vernünftige Ansätze. Ihre Beherzigung verspricht Erfolg.« *Jürgen E. Schrempp, Vorsitzender des Vorstands DaimlerChrysler AG*
[13] vgl. Malik 1986, Probst/Gomez 1989, Hodgetts/Kuratko 1991, Willke 1992, Staehle 1995, Rieckmann 1997, Götz 1998, Wollnik 1998, Duncan 1999 u.v.a.m.
[14] vgl. Bennis 1991, Barlett/Goskal 1998, Zaleznik 1993, 1998
[15] Laszlo, 1999
[16] vgl. Kotter, 1999, Bennis/Nanus, 1999
[17] vgl. De Vries, 1995, S. 28
[18] vgl. Rieckmann, 1997, S. 29 f.
[19] vgl. Affemann 1997
[20] vgl. »Dienende Autorität«, Teil I
[21] vgl. Hopfenbeck, 1989, S. 420 f; Staehle, 1994, S. 78 f.; Thommen/Achleitner 1998, S. 766
[22] vgl. Stewart, 1976; Mintzberg, 1975; Hales, 1986; Grove, 1985; Luthan, 1988; Levitt, 1991; Schlender, 1997
[23] vgl. hierzu auch die Cartoons von Scott-Adams und seiner Dilbert-Figur, 1997, und dessen »endgültige Wahrheiten über Chefs, Konferenzen, Manager und andere Martyrien«
[24] vgl. Kotter, 1999, S. 143 f: »What effective general managers really do«

[25] vgl. Armstrong, 1996, S.12. vgl. auch Rieckmann, 1997, S. 7f. Dynaxity, Dynaxibility, Nebelviereck

[26] Amstrong 1996, S 12f.

[27] vgl. Dahrendorf, 1959; Mayntz, 1963; Lawrence/Lorsch 1967; später Willke, 1992; Wollnik, 1998, Mayerhofer, 1999;

[28] vgl. Nagel, 1999

[29] vgl. Neuberger, 1990

[30] Neuberger, 1994, zitiert nach Hohl/Knicker 1995, S. 45

[31] vgl. Bennis, 1998

[32] vgl. Mayerhofer, 1999, S. 284

[33] vgl. Wollnik, 1998, S. 153

[34] vgl. z.B. Procter & Gamble Beispiel Kotters oder andere Fallbeschreibungen bspw. bei v. Mutius 1995, Heber 1998, Katzenbach 1999 usw.

[35] vgl. Kotter, 1999, S. 93 f.

[36] vgl. Kotter, 1982 / 1999, S. 10 f.

[37] Zu einem ähnlich gelagertem Resümee kommt auch Neumann (1999, S. 131), wenn er sagt, daß das OSTO-Modell »... die wesentlichsten Wirkungszusammenhänge zwischen den einzelnen Dimensionen eines Unternehmenssystems« wiedergibt. Weiters dient dieses Modell in seiner Weiterentwicklung als praktisches und einigermaßen handhabbares Managementinstrument zur Diagnose, Planung, Gestaltung und Veränderung von Organisationen. Im Laufe der letzten Jahre wurden auch Überlegungen einer Theorie selbstreferentieller Systeme in diese Denklandkarte von Organisationen integriert, indem z.B. Elemente wie das sogenannte Selbstbestätigungsfeedback bzw. das Systemcoding und -decoding aufgenommen wurden. Damit wird einerseits verdeutlicht, daß Systeme aufgrund interner Codierungen bestimmen, welche Informationen aus der Umwelt intern verarbeitet werden bzw. welche Leistungen zunächst welchen internen Kriterien bzw. Standards entsprechen müssen, bevor sie in Form eines Outputs an die Umwelt abgegeben werden. Mit dem Selbstbestätigungsfeedback wird auch auf das Phänomen hingewiesen, daß sich Organisationen primär an jenen Umwelt-Feedback-Daten orientieren, die sie in ihrer Form bestätigen. Organisationen neigen dazu, Veränderungsindikatoren gekonnt zu ignorieren, so daß sie als renitent gegenüber Wandel erscheinen, sofern nicht ein ausreichender Leidensdruck existiert.«

[38] vgl. Malik, 1999, K 1

[39] vgl. Manager Magazin 1998, Nr. 1. S. 16 f.

[40] vgl. Walraff, 1994 Neuauflage

[41] vgl. Malik, 2000

[42] vgl. Rieckmann, 1997, S. 3–23

[43] vgl. Phasenmodelle bei Greiner, Glasl, Bleicher, Pümpin u.a.

[44] vgl. Staehle, 1994 S. 86–92

[45] vgl. Rieckmann, 1997, S. 157

[46] vgl. dazu Forschungsergebnisse bei Bisani, 1985, S.29/ Staehle 1994, S. 90 f / Hodgetts / Kuratko 1991 / Mintzberg 1975, S. 49 f. etc.

[47] vgl. dagegen die Studie von Winterton/Winterton, 1999 und deren Befunde: »Evidence that competence based management development improves performance«, S. 146 f.

[48] Recherchen innerhalb eines Universitätsseminars, »Management Development«, Klagenfurt 1999

[49] zit. nach Personalwirtschaft 9/98, S. 10

[50] vgl. auch Lehnhoff, 1997, Hodgetts/Kuratko 1991, S 335

[51] vgl. Listen bei Menyhay, 1985, S. 114 sowie Hodgetts/Kuratko, 1991, S. 749 f.

[52] vgl. Manager Seminare, März/April 1999, S. 38 f.

[53] vgl. Affemann 1995, 1997

[54] vgl. Krieger, 1999, S. 9 f.

[55] vgl. auch Menyhay, 1985, S. 57 f.

[56] vgl. Schweine-Hund-Defekt, Rieckmann, 1997

[57] Manager Magazin 9, 1999, S. 210 f.

[58] vgl. Fromm, 1977, S. 398

[59] vgl. de Vries, Fromm usw.

[60] vgl. Fromm, 1977, S. 398

[61] vgl. auch Simon, 1998, S. 91 f.

[62] vgl. auch Stamm, 1995

[63] vgl. Das SchweineHundsyndrom und die »SH-Barriere« habe ich u.a. im Aufsatz »Der Organisationsalltag und seine Unterwelt« genauer beschrieben (Rieckmann 1990, S. 154; 1997, S. 255 f.). Gemeint ist damit – in aller Kürze – eine m.E. quasi anthropologisch bedingte »Schallmauer« für die Entwicklung des Menschen: Angst und Gewalt (= »Hund«) sowie Gier und Selbstsucht (= »Schwein«) – theologisch gesprochen die Erbsünden-Natur des Menschen – führen immer wieder entweder zu kriegerisch-tödlichen Kämpfen oder zu ökonomisch bedingten, temporären Sicherheits- und Nicht-Angriffspakten (NAP's) und den sie begleitenden, lauen Verhaltens-, Denk- und Leistungskompromissen. Die potentiell mögliche kreative Problemlösefähigkeit (die »Dynaxibility«) menschlicher Organisationen (Teams, Unternehmen etc.) bleibt dadurch fortwährend auf suboptimalem Niveau (vgl. »Reibungsverluste«). Pädagogische, psychotherapeutische, gruppendynamische, organisationsentwicklungsbezogene u.a. Interventionen haben dadurch prinzipiell immer nur »mittlere Reichweiten« mit vorübergehender Natur. Lediglich das Absterben des »Schweinehundes« (theologisch gesprochen eine Christusbegegnung) vermögen hier überhaupt erst radikale Lösungen, Paradigma-Veränderungen und »phänomenale« Durchbrüche zu ermöglichen... In säkularen atheistischen Kontexten sind diese tieferliegenden (und oft tabuisierten) Zusammenhänge jedoch leider nur sehr schwer ansprechbar, entkrampfbar und heilbar (vgl. Johannesevangelium Kap. 3.) Vgl. auch Henning/Henning, »Die Chaosfalle«, 1995

[64] vgl. Heintel/Götz 1999, S. 38 sowie Heintel, 1995, S. 273

[65] vgl. dazu die sehr aufschlußreiche Selbstbiographie und Selbstanalyse eines ehemaligen Hindu Gurus, Maharaj, 1978

[66] Sünde – als biblisches Fachwort – bezeichnet »Sund« (zwischen Geschöpf und Schöpfer, zwischen Gott und Mensch). Das entsprechende altgriechische Wort lautet »hamartia« und umschreibt Bedeutungen wie Zielverfehlung, verlieren, abirren, nicht erreichen. Im Neuen Testament beschreibt Sünde eine spirituelle, seelische Weltmacht (Satan) im Wesen des Menschen, die zwangshaft zur Rebellion gegen Gott, der Quelle erfüllten Lebens führt. Das Resultat: (Lebens-)Zielverfehlungen, Selbstzerstörung, Schuld und Leiden unterschiedlicher Arten (Wirkungs-Ursache Gesetzmäßigkeit). Sowohl die Konsequenzen als auch die Macht von SÜNDE wurden jedoch von Jesus Christus gebrochen (»das Lamm Gottes, das der Welt Sünden trägt«). Gott hat damit seinerseits Sünde und Schuld (prinzipiell) aufgehoben, die Schuld erlassen, Amnestie ausgerufen. Empirisch wirksam wird das jedoch für den Einzelmenschen nur dann, wenn er seinerseits die Vergebung und Heilung Gottes annimmt (metanoia, Umkehr). Das weitere verblendete, verführte, aggressive, stolze Verharren in der Sünde ist dem in Freiheit gestellten Menschen allerdings möglich. Jedoch sind die Konsequenzen selber zu tragen, deren Akkumulationen – individuell wie kollektiv – dann langfristig nur noch »Hölle« produzieren.

67 Spiegel, 14/2000, S. 149

68 Die Kooperation mit dem Anti-Christen, die Annahme seiner Codierung und die Anbetung seines Bildes ist – so der Text – dabei weder realpolitische Harmlosigkeit noch Anpassungs- oder Überlebensintelligenz, sondern kostet das Leben, ist tumber Selbstmord auf Raten, so oder so. Denn: Alle, die das Zeichen des Tieres annahmen – so die Bibel –, wurden aus den Buch des Lebens gelöscht und in den Feuersee geworfen, das ist der zweite Tod, dort, wohin auch die Schlange, der Drachen und der Anti-Christ geworfen wurden. Von Äon zu Äon (Offenbarung, Kap. 21,8) ...

69 Schütz, 1981, S. 39ff.

70 Schütz, 1981, S. 115

71 vgl. Schütz, 1965, S. 283 f.

72 Simon 1998, S. 92

73 vgl. Doppler, 1999

74 Laszlo, 1999, S. 33/34

75 ... die ich leider nicht genauer zitieren kann, da ich sie zwischendurch in einer Sendung von »CNN« erwischte (Februar 2000).

76 Siehe die immensen Summen an Kapital, die in Konzernen für Bildung und Managemententwicklung ausgegeben werden, z.B. in Corporate Universities, siehe Teil II, sowie Laszlo (1999, S. 31), der von 200 Mrd. US-Dollar spricht, die bereits 1993 amerikanische Unternehmen für Change-Projekte und Qualifizierungsmaßnahmen ausgaben,

77 vgl. Lukas, 21, 29–36!

78 vgl. z.B. Heintel 1999

79 »Wenn Menschen gottlos werden – sind Regierungen ratlos, Lügen grenzenlos, Schulden zahllos, Politiker charakterlos, Christen gebetslos, Kirchen kraftlos, Sitten zügellos, Verbrechen maßlos und Aussichten trostlos« (Quelle unbekannt).

80 Schütz, 1981, S. 99

81 Schütz 1946/1981, S. 124

82 vgl. v. Weizsäcker, 1988

83 v. Weizsäcker, 1988, S. 405

84 Schütz, 1981, S. 143

85 Schütz, 1981, S. 113

86 Schütz, 1981, S. 39

87 vgl. Fromm 1977, Picard 1946

88 vgl. Schriften Bonhoeffers: vgl. Zimmermann 1964

89 vgl. Pache, 1968

90 de Boor, 1979

91 vgl. Fromm, Cumbey

92 vgl. SchweineHund-Defekt,Rieckmann 1997

93 Siemens Welt 10/1998

94 vgl. Fromm: »Escape from freedom«

95 Die Zehn-Stufen-Skala selbst habe ich von Peter Wiegand (A-Schloß Klaus) bekommen, dem ich an dieser Stelle dafür herzlich danken möchte! Analoges fand ich in einer kleinen Zeitschrift mit der Überschrift »10 paradoxe Gebote zum Führungsstil«. Hier wurde in anderer Form (und von mir hier nur leicht redigiert) ausgedrückt, mit welchen Pflastersteinen dieser Reifungsweg zum »Abba«, zu einer »dienenden Autorität« hin (Backhaus, 1997) bestückt sein kann:

»Die Menschen sind unlogisch, unvernünftig und egoistisch. Liebe sie *trotzdem*.

Wenn du Gutes tust, werden dich die Menschen anklagen wegen ›unlauterer Motive‹. Tue *trotzdem* das Gute.

Wenn du Erfolg hast, wirst du falsche Freunde und richtige Feinde gewinnen. Arbeite *trotzdem* am Erfolg.

Das Gute, das du heute tust, wird morgen vergessen sein. Tue *trotzdem* Gutes.

Ehrlichkeit und Offenheit machen verletzlich. Sei *trotzdem* offen und ehrlich.

Die Menschen mit den größten Ideen werden abgeschossen von denen mit den kleinsten Ideen. Denke *trotzdem* groß.

Die Menschen haben Mitleid mit dem Verlierer, aber folgen nur dem Sieger. Kämpfe *trotzdem* für die Verlierer.

Was du in Jahren aufgebaut hast, kann in einer Nacht zerstört werden. Baue *trotzdem*.

Menschen brauchen wirklich Hilfe, aber greifen dich an, wenn du ihnen nahe kommst. Hilf ihnen *trotzdem*.

Gib der Welt das Beste, was du hast, und du wirst dafür geschlagen. Gib der Welt *trotzdem* dein Bestes.«

[96] vgl. Fußnote 63

[97] zusammengefaßt bei Rienecker, 1961, S. 317–321

[98] Rienecker, 1988, S. 685

Teil II

[1] vgl. Winterton/Winterton, 1999, S. 12 f. sowie ähnlich auch EFMD

[2] vgl. Überblick bei Neumann, 1999, S. 375 f.

[3] Ca. 90–98% aller Firmen in Deutschland (aber auch Europa) bestehen aus klein- und mittelständischen, inhabergeführten Unternehmen (5–250 Mio DM Umsatz, 1–500 Mitarbeiter, 68% aller beschäftigten Arbeitnehmer, mit ca. 80% aller Erfindungen; (Vgl. Kempert, 1988, S.29).

[4] Kritische Evaluationen von MBA-Programmen finden sich diesbzgl. besonders bei Sinn (1991, S. 78–83) und Forsthuber (2000, S. 95)

[5] vgl. Kapitel »Schattenseiten« Teil I

[6] vgl. VW Coaching GmbH, 1998/99

[7] vgl. Etterich/Woodburn, 1994, S. 213, Becker 1997, S. 216, Pfromm, 1999, S. 243

[8] vgl. Maier/Westermann, 1999, S. 68 f. sowie ausführliche Untersuchungen unter besonderer Berücksichtigung strategieflexibler Lernarchitekturen für stark wissens- und innovationsbasierte (Groß-) Unternehmen bei Dieser, 1998, S.37 f.

[9] vgl. Dieser, 1998

[10] vgl. Top Benchmark Studie Siemens AG, Vorstand, 1995 sowie Davis/Botkin, 1994, S.96

[11] vgl. Slater, 1996, S. 188 f. sowie Tichy/Sherman, 1993, Manager Magazin, 11/99, S. 277f.

[12] vgl. Knöchel/Schreiber, 1998, S. 28f.

[13] Siehe ausführlich dazu z.B. Lehnhoff, 1997, sowie die dort zahlreichen Literaturhinweise zur Management-Diagnostik

[14] vgl. Kontextfaktor, Teil I

[15] vgl. Sarges, 1990/1995; Westerwelle/Fuchs, 1999

[16] vgl. z.B. Competence Planning and Appraisal System (Compass) bei DaimlerChrysler, 1999

[17] vgl. z.B. Fleckhaus/Wittmann, 1998, S. 22 f.

[18] z.B. siehe Zusammenfassung bei Steyrer, 1993, S. 117 oder Einzelfallstudien bei Merck, Knöchel/Schreiber, 1998, S. 28. Lehndorf, 1997, S. 116f., 318f.

[19] vgl. Thornton/Byham, 1982

[20] vgl. VW-Benchmarkstudie bzgl. MD-Praxis, 1998, S. 7

[21] Dr. Bölker wacht auf. Mercedes-Benz AG, Stuttgart 1996

[22] vgl. Winterton, 1999 S. 115f.

[23] vgl. Casey/Pierce, 1977, S. 121

[24] Erfahrungen im Rahmen von Beratungs-, Trainings- und Moderationsprozessen bei Procter & Gamble, BMW, Wacker, Mercedes-Benz, VW, Fiegl & Spielberger, KEBA, Gerling, Siemens, Hoechst, Celanese, DaimlerChrysler, Aventis etc.
Recherchen und Analysen anläßlich eines Universitätsseminars »Management Development: State-of-the-Art« (1998/99) inkl. Benchmarkstudien (z.B. VW Coaching GmbH 1998 und Uni Karlsruhe, Dr. Metz) sowie anderer Fallstudien/Fallbeschreibungen bspw. BMW, VW, Rüttgers, Opel, Unilever, BASF, Degussa, ASTA, General Electric, ABB, Texas Instruments, HP, Continental, Lufthansa u.e.a.m. Weitere Quellen allgemeiner und spezifischer Art siehe Literaturverzeichnis.

[25] vgl. Zeckra, 1998

[26] vgl. z.B. VW-Benchmark-Studie

[27] vgl. Welch/Slater 1996

[28] Dieser Fall wurde mir freundlicherweise von meinem Bruder Christian Rieckmann (Kassel) zur Verfügung gestellt. Alle Rechte liegen bei ihm.

[29] Ausführlich beschrieben bei Dauermann-Prieß, 1999, S. 264–287.

Abbildungsverzeichnis

Abkürzungsverzeichnis

AC	AssessmentCenter
AKP	Aufgabenkernprozeß
AT	Altes Testament (Bibel)
BPE	Business Process Excellence
BSC	Balanced Score Cards
CEO	Chief Executive Officer (Vorstandsvorsitzender)
EFQM	European Foundation of Quality Management, Brüssel
EFMD	European Foundation for Management Development, Brüssel
EG	Existenzgrund
EVA	Economic Value Added
FK	Führungskompetenz
FKE	Führungskräfteentwicklung
GK	Gestaltungskompetenz
i.d.R.	in der Regel
IKP	Individueller Kernprozeß
IT	Informationstechnologie
KVP	Kontinuierlicher Verbesserungsprozeß (wie 6-Sigma)
KZ	Konzentrationslager (zur Massenvernichtung)
MA	Mitarbeiter
MBO / R	Management by Objectives / Results
MBT	Myer-Briggs-Typenindikator
MD	Management Development
Mgt./Mgmt.	Management
MF	Mittlere Führungskraft
MK	Managementkompetenz
MM	Mittleres Management
MOC	Management of Change
NT	Neues Testament (Bibel)
OE	Organisationsentwicklung
OFK	Obere Führungskraft
OSTO	Offenes, sozio-techno-ökonomisches Systemmodell
PK	Persönlichkeitskompetenz
QM	Qualitäts-Management
ROI	Return on Investment
ROM	Return on Management
SG	Sinngrund
SFK	Sach- und Fachkompetenz
SK	Soziale Kompetenz
SKP	Sozialer Kernprozeß

SYMA	Systemisches Management
TM	Top Management
TN	Teilnehmer
TQM	Total Quality Management
UG	Urgrund
UFK	Untere Führungskraft
UK	Unternehmerkompetenz
UM	Unteres Management

Literatur- und Quellenhinweise

In den nachfolgenden Quellenhinweisen habe ich sporadisch in Klammern gesetzte Kurzkommentare oder Stichworte hinzugefügt. Sie sollen dem Leser zu den jeweiligen Themenschwerpunkten Zusatzinformationen vermitteln, die aus den Quellenüberschriften nicht so ohne weiteres ersichtlich sind.

Adams, S.: Das Dilbert Prinzip. Die endgültige Wahrheit über Chefs, Konferenzen, Manager und andere Martyrien. Landsberg/Lech 1997

Affemann, R.: Mensch und Arbeitswelt, Leonberg 1995

Affemann, R.: Führen durch Persönlichkeit. Selbsterfahrungsgruppen berichten. (Entwicklung von Führungspersönlichkeiten durch analytische Selbsterfahrung/Coaching)

Armstrong, M.: Wie man ein noch besserer Manager wird. Managementtechniken. Wien, 1996

Attems, R./ Heimel, F.: Typologie des Managers. Wien 1990

Bartelt, Chr./Goshal, S.: Wie sich die Rolle des Managers verändert (auf jeder Führungsebene). In: Harvard Business Manager, 1998, S. 79 f.

Bärenz, P.: Physische Belastung von Führungskräften. In: Kieser, A. u.a. Handwörterbuch der Führung, Spalten 1758-1763, Stuttgart, 1995

Becker, C.: Spitzenprüfung – Wer das Potential seiner Manager nicht kennt, läuft Gefahr, die Besten an die Konkurrenz zu verlieren. In: Manager Magazin, 5/1997, S. 214–218

Bennis, W.G.: Why leaders can't lead. The Uniconscious Conspiracy Continues, San Francisco 1991

Bennis, W.G.: Menschen führen ist wie Flöhe hüten, Frankfurt/New York 1998

Bennis, W.G./Nanus, B.: Führungskräfte: die 4 Schlüsselstrategien erfolgreichen Führens, Frankfurt/New York 1990

Bents, R./Blank, R.: Typisch Mensch. Einführung in die Typentheorie, Göttingen 1995
(MBTI: Myers-Briggs Typenindikator Test)

Bigga, B./Piskernig, M.: Führung/Management und Führungskräfteentwicklung in der Chemisch-pharmazeutischen Industrie, Seminararbeit, Universität Klagenfurt, 1999

Binder, W./Weider, P.C.: Management Audit auf Basis eines 360°-Feedback (DeTeWe AG), in: Personalwirtschaft 4/1998, S. 20f.

Bisani, F.: Personalführung, 1985

Bisani, F.: Personalwesen und Personalführung. Der State of the Art der betrieblichen Personalarbeit, Wiesbaden 1995 (insbesondere: 3. und 4. Teil Grundlagen der Führung / Personalführung)

Bleicher, K.: Das Konzept Integriertes Management, Frankfurt 1996

BMW AG: Führungsleitbild BMW Konzern Anforderungs-/Leistungskriterien für Führungskräfte, Managementqualifizierung bei BMW, sowie Internetpublikationen München 1998 / www.bmw.com

BMW AG: Lerntypentest, Lerntypenanalyse nach Honey – Mumfort o.O., o. JG.

BMW AG Austria GmbH: Personalpolitik bei BMW LPP-Leitlinien, Neue Arbeitsstrukturen Personalentwicklung. Die Führungskraft als Unternehmer. Fragebogenergebnisse zur Managementqualifizierung.

Boldman, Chr./Löttermann, St.: Führungsqualität erkennen und verbessern (Management Circuit Training, Neo-AC), in: Personalwirtschaft 10/1998, S. 58

Brown, B.M.: Die Entwicklung von Führungskräften in Unternehmerfamilien. In: Organisationsentwicklung 1/1998, S. 61 f.

Brück, M.V.: Systemisches Denken und Spiritualität. Wirklichkeitsmodelle im interkulturellen Diskurs. In: Götz, K. (Hrsg.), Theoretisches Zumuten, Heidelberg 1998

Burkett, L.: Management auf biblischer Grundlage, Prinzipien christlichen Wirtschaftens für Geschäftsleute. Wiesbaden 1990

Celanese AG: Führungsprofile zeitigen erste Konsequenzen, Pipeline, Frankfurt 1998, S. 10 (Hoechst Gruppe), sowie Pipeline 1/2000, S. 3: Vielfältige Karrieremöglichkeiten bei Celanese AG durch gezielte Führungskräfteentwicklung

Christen in der Wirtschaft: Fit für die Zukunft ? Trotzdem, oder die 10 paradoxen Gebote zum Führungsstil, in: Kontakt 3/97, S. 7

Cooper, C.L. u.a.: Psychische Belastung von Führungskräften. In: Kieser, A. u.a. Handwörterbuch der Führung, Spalten 1744-1808, Stuttgart 1995

Cumbey, C.: Die sanfte Verführung, Asslar 1983 (Tiefenanalyse Hitlers)

Czichos, R.: Change Management, Konzepte, Prozesse, Werkzeuge für Manager, München 1997

Dahrendorf, R.: Sozialstruktur des Betriebes – Betriebssoziologie, Wiesbaden 1959

DaimlerChrysler AG: Compass. Competence Planning and Appraisal System Führungskräfteplanung und -entwicklung (Potentialerhebungs-Instrument) Stuttgart 1999

Daimler-Benz AG: Internationale Nachwuchsgruppe Daimler-Benz AG, Stuttgart 1998 (Personalmarketingannonce)

Dammermann-Prieß, G.: Team-Lernen in der Führungskräfteentwicklung. In: Papmehl, A./ Siewers, R. (Hrsg.), Wissen im Wandel, Wien 1999, S. 264 f. (MD bei Continental, Fallbeschreibung)

Davis, E./Botkin, H.: Wissen gegen Geld, Frankfurt 1994

de Boor: Der Römerbrief, Wuppertal 1960

Deller, J. / Worieschek, G.: Führungskräfteentwicklung. In: Dahlems, R. (Hrsg.), Handbuch des Führungskräfte-Managements, München 1994, S. 131–155

de Vries, K.: Leben und Sterben im Business, Düsseldorf, 1996

de Vries, K.: Führung in einem narzißtischen Zeitalter, in: Krczal,A. (Hrsg.), Sozialpsychologische Aspekte der Führungsforschung, 1982, S. 35 f.

Dieser, R.: Corporate Universities – Modeerscheinung oder strategischer Erfolgsfaktor? In: Organisationsentwicklung 1/98, S 37 f.

DISG: Persönlichkeitsprofil DISG – Training, Giengen 1990

Deutsche Gesellschaft für Personalführung DGFP: Personal & Weiterbildung, Messe, 10.-11.Juli 1999, Wiesbaden, sowie DGFP Kongreß 1999, www.dgfp.de

Domayer, E.: Potential- und strategieorientierte Managemententwicklung, in: Zeitschrift Organisationsentwicklung 3/1998, S. 74–84

Domsch, M. u.a.: Job Sharing für Führungskräfte, in: Zeitschrift für Organisation, 2/1998, S. 95 f.

Donau-Universität Krems: Executive MBA Postgradualer Universitätslehrgang, Krems 1999 (Prospekt)

Doppler, K.: Zukunft des Managements. Management der Zukunft. Eine interkulturelle Expedition auf der Suche nach einer »lernenden Organisation« (Prospekt für externe Managementqualifikation im interdisziplinären und interkulturellen Raum)

Doppler, K.: Dialektik der Führung. Opfer und Täter, München, 1999

Drucker, P.F.: Die postkapitalistische Gesellschaft, Düsseldorf 1993

Duncan, W.J.: Management. Ideas and Actions (comprehensive overview of management functions, tasks, problems) New York/Oxford 1999

Dylick, T.: Management als Sinnvermittlung. Erfolgreiches Management ist der Prozeß, durch den die Realität anderer definiert und bestimmt wird, in: GDI Impuls 3/1998, S. 20 f.

Eckardstein, D.V./Kasper, H./Mayerhofer, W. (Hrsg.): Management, Theorien-Führung-Veränderung (systemische Orientierung), Stuttgart 1999

EFMD: European Foundation for Management Development, Brüssel, www.efmd.com (Wissensressource für aktuellen Stand von MD in Europa etc.)

Engelmann, B./Wallraff, G.: Ihr da oben – wir da unten. Köln 1973, 1994 (Unternehmens-Kulturanalysen aus der »Kellersicht«)

Eschenbach, R.: Manager für morgen, Wien 1987

Etterich, H.J./Woodburn, T.L.: Management-Audit. In: Dahlems, R. (Hrsg.) Handbuch des Führungskräftemanagements, München, 1994, S. 211 f.

Euler, P.: Die vergessenen Manager trainieren (Added Experience Programm Lufthansa AG), in: Personalführung, 1/1998, S. 36 f.

Fernandez-Araoz, C.: Die Führungsposition richtig besetzen – eine Kunst. In: Harvard Business manager, 1/2000, S. 56–72

Fiedler-Trummer, R./Schippers, P.: Verbesserter Lerntransfer durch innovatives Lernen (Bayer AG), in: Schwuchow, K. / Gutmann, J. (Hrsg.) Neuwied, 1998, S. 188–191, Jahrbuch Persönlichkeitsentwicklung und Weiterbildung

FFM: Five Factor Modell. In: Präzise Information für Personalentscheidungen (Potentialanalyse, Basis: Eigenschaftstheorie), Kölner Tagesanzeiger, 4/1999

Fischer, U.T.: Nur Leadership garantiert ein Überleben ! (Digital Schweiz), in: IO Management, Nr 1-2/1998, S. 10 f.

Fleckhaus, H.-J./Wittmann, M.: Das Management Appraisal als Analyse- und Führungsinstrument (Veba Oel AG), in: Personalführung 2/1998, S. 22 f.

Forsthuber, M.: MBA: Er ist sauteuer – aber er wirkt. In: Trend, 1/2000, S. 93–97

Fromm, E.: Anatomie der menschlichen Destruktivität, Stuttgart 1977

Fuchs, J.: Manager, Menschen und Monarchen, Denk-Anstößiges für Leitende und Leidende, Frankfurt/New York 1995 (Cartoons)

Gansterer, H.: Die faden, feigen Manager. »Die Hauptsache: die Geste!« In: Trend 2/1999, S. 15

Gebhardt, E. : Abschied von der Autorität. Die Manager der Postmoderne, Wiesbaden, 1991

Geisler, S.: Das neue Führungskräftetraining bei Siemens, in: Dialog intern, 3/1995, S. 13

Geißler, H./Krahmann/Baumann, B./Lehnhoff, A. (Hrsg.): Umdenken im Management – Management des Umdenkens (Aufsatzsammlung), Frankfurt 1996

Gerken, G.: Der neue Manager, Freiburg im Breisgau, 1986

Gerling AG: Marienburger Seminare 2000 (Managementseminare, MD-Curriculum Beispiel) Köln, 1999

Gerling AG: Persönlichkeit entfalten. Verantwortung übernehmen (Personal- und Managemententwicklungssystem), Köln 1999

Glasbergen, R.: Today's Cartoon, www.glasbergen.com/ Febr. 1999

Goleman, D.: What makes a leader ? Harvard Business Review, Nov./Dez. 1998, S. 93–102 (emotional intelligence)

Götz, K.: Führungskultur, München 1999

Götz, K.: Kunden- und unternehmensorientierte Führung und Führungskräfteförderung in der Mercedes-Benz AG, München 1997

Götz, K. : Theoretische Zumutungen. Vom Nutzen der systemischen Theorie für die Managementpraxis, Heidelberg 1998

Graf, Th./Nakic, N.: Human Resource Management & Managemententwicklung. (Fallbeispiel VW, der M4 Mitarbeiter: multifunktional, mobil, mitgestaltend, menschlich) Seminararbeit, Klagenfurt 1999 (Prof. Rieckmann), S. 20 f.

Graf, J. (Hrsg.): Seminar '99. Das Jahrbuch der Management-Weiterbildung 1999, Bonn, 1999.

Gregersen, H. u.a.: Developing Leaders for the Global Frontier, in: Sloan Management Review, Herbst 1998, S. 21–32

Handy, Ch.: Im Bauch der Organisation: 20 Einsichten für Manager und alle anderen, die etwas bewegen wollen, Frankfurt 1993

Harms, M. u.a.: Internationale Einstiegsprogramme für Hochschulabsolventen. Ergebnisse einer Benchmarkstudie, in: Zeitschrift für Organisation, 2/1998, S. 90f.

Heber, H. (Hrsg.): Change Management zum Angreifen, Wien 1998

Heintel, P./Götz, K.: Das Verhältnis von Institution und Organisation. Zur Dialektik von Abhängigkeit und Zwang. München 1999

Heintel, P./Krainz, E.: Projektmanagement, Wiesbaden 1994

Henn, H.: Individuelle Förderpläne. Personalentwicklung bei Mercedes-Benz (Nachwuchsführungskräfte), in: Personal, 1/1995, S. 31 f.

Herrmann, N./Jeeves, J.: Internationales Management Training, Programm, BMW auf dem Weg zum Global Player, in: Personalführung, 10/1997, S. 1000–1005

Hinkin, T./Tracy, J.B.: The relevance of charisma for transformational leadership in stable organizations (Faktorenanalytische, wiss. Studie bzgl. Charisma, Führungserfolg, Change Management). In: Journal of Organizational Change Management, Vol 12, Nr. 2, 1999, S. 105–119

Hodgetts, R.M/Kuratko, D.F.: Management, Orlando 1991 (3. Aufl.)

Hohl, E.K./Knicker, T.: Führungskräfte-Training aus Unternehmenssicht. In: Dahlems, R. (Hrsg.) Handbuch für Führungskräfte-Management, München 1994, S. 237 f.

Hohl, E.K./Knicker, T.: Den Führungsalltag erfolgreich meistern. In: IO Management, 64/1995, Nr. 10, S. 45–50

Höller, Chr.: Zwischen Buddha und Business (Spiritualität im Management). In: Industrie, Nr. 22, 1999, S 8f.

Hopfenbeck, W.: Allgemeine Betriebswirtschafts- und Managementlehre, Landsberg / Lech 1989 (Teil IV: »Elemente eines operativen Führungssystems«, S. 409 f.)

Jacobi, J.M.: 13 Leitbilder des Managers von Morgen: Stärken, Potential, persönliche Ausstrahlung, Wiesbaden 1989

Jaworski, J.: Mit der Zukunft in Kontakt sein. Führung im Wandel der Zeiten, in: Personalführung 2/1999, S. 18f.

Jensen, S. u.a.: Management Innovation, in: Manager Magazin, Jan. 1999, S. 113f. (Microsoft, 3M, Ytong, HP u.a.)

JGR: Hauptsache, er spricht Englisch ... Internationale PE-Konzepte, in: Manager Seminare, Nr. 25, 4/1996, S. 38

Kantor, P./Krieger, A.: Junior Manager, verzweifelt gesucht (Rekrutierungsstrategien), in: Industrie, Nr. 6, 4/1999, S. 6–10

Kasper, H./Mayrhofer, W. (Hrsg.): Führung, Wien 1993 (Zusammenfassung Stand der Führungsforschung)

Kaul, Chr./Geßner, A.: 360° Feedback und Coaching für das Top-Management (VW AG), in: Personalführung 2/1998, S. 42 f.

Kehrer, A.: Das Führungsverständnis tiefenpsychologischer Schulen. Konsequenzen für die Managementpraxis, in: Krczal, A. u.a.(Hrsg.), Sozialpsychologische Aspekte der Führungsforschung, Wien 1982, S. 11 f.

Kempert, W.: Auch in mittelständischen Unternehmen ist Karriere kein Fremdwort, in: Personalführung 6/1998, S. 28 f.

Kieser, A. (Hrsg.): Handwörterbuch der Führung, Stuttgart 1995 (2. Auflage)

Klaus, H.: Führung: Können und Kunst? Zum Stand der Führungsforschung in: Personal 5/1994, S. 223–227

Knoke, W.: Kühne neue Welt. Leben in der »placeless society« des 21. Jahrhunderts (Dynaxity-Zone III Management), Wien 1996

Knöchel, C.D./Schreiber, L.: Das System des Management Appraisals bei Merck, Entwicklung von Führungskräften beginnt mit der richtigen Einstellung, in: Personalführung 2/1998, S. 28

Königswieser, R./Lutz, Chr. (Hrsg.): Das systemisch-evolutionäre Management, Wien 1990 (darin: Widerstandsfaktoren gegen systemische Unternehmensführung, S. 1 f.)

Kotter, J.P.: Leadership läßt sich lernen. In: Harvard manager (Procter & Gamble Beispiel) 1/1991, S. 35–43

Kotter, J.P.: Chaos, Wandel, Führung, Düsseldorf 1997 (Management in Dynaxity-Zone III)

Kotter, J.P.: What leaders really do. Harvard business review book, 1999

Krieger, A.: Großer Mann – ganz klein. Die Angst geht um im Management . . ., in: Industrie, 1999, S. 8–11

Kraus, G. u.a. (Hrsg.): Management Development im Wandel, Wien 1989

Kraus, G./Westermann, R.: Projektmanagement mit System. Organisation, Methoden, Steuerung, Wiesbaden 1995

Krczal, A. u.a. (Hrsg.): Sozialpsychologische Aspekte der Führungsforschung, Wien 1982

Kunz, G.: Führung und Kooperation in der Lernenden Organisation (»maßgeschneiderte unternehmensbezogene Führungskräfteentwicklung), in: Personalführung 2/1999, S. 44f.

Kunz, G.: Personalentwicklung erfordert auch Mut. Potentialanalyse und Nachwuchsentwicklung, in: Handelsblatt Nr. 20, 29./30.1.1999, S. K1

Landmesser, M.L./Sczepan, J. (Hrsg.): Leben, um zu arbeiten? Arbeiten, um zu leben? Christ und Wirtschaft, Neuhausen/Stuttgart, 1998

Laszlo, E.: Total Responsibility. Management-Unternehmen in umfassender Verantwortung führen lernen. In: Wissen im Wandel, Papmehl, A./Siewers, R. (Hrsg.) Wien, 1999, S. 23 f.

Lawrence, P.R./Lorsch, J.W.: Organization and environment. Cambridge Mass./Homewood, Ill. 1967/1969 (Kontingenzansatz)

Lehnhoff, A.: Vom Management Development zur Managementbildung, Frankfurt 1997

Lenssen, G.: Erfahrungen eines Managers mit sich selbst. In: Geißler, H. u.a.

(Hrsg.) Umdenken im Management – Management des Umdenkens, Frankfurt 1996 S. 159–172 (Management und Lebenssinn)

Lessel, E.: Wenn Führungskräfte von sich selber Qualität verlangen (TQM/ KVP-Führungsqualität, ZF-Getriebe GmbH) in: IO Management, Nr. 1–2/1998, S 64 f.

Lessem, R.: Management development through cultural diversity. London/ New York, 1998

Leupold, J.: Management Development, Landsberg, Lech 1987

Lippert, W. (Hrsg.): Manager – die neuen Medici ? Düsseldorf, 1990

Lombardo, M.M./ Eichinger, R.W.: Tools for Developing Successful Executives, Centre for Creative Leadership (CCL), Greensboro, North Carolina, 1991

Lufthansa Scool of Business, www.lhsb.de

Maccoby, M.: Die neuen Chefs. Reinbeck 1979

Mackenzie, R.A.: The Management Process in 3-D, in: Harvard Business Review Nov. 1969, S 12 f.

Mai, J./Wolff, S.: Furchtsame Führer. In: Wirtschaftswoche Nr 43/10/1999 S. 163–167 (Führungsängste, Typologie)

Maier,G./Westermann, F.: Chancen und Risiken bei der Gründung interner Akademien, in: Personalführung 1/1999, S. 68–70

Malik, F.: Führen – Leisten – Leben, Wirksames Management für eine neue Zeit. München / Stuttgart, 2000

Malik, F.: Management Development: Luxus oder Notwendigkeit – Mythos oder Wirklichkeit. In: Jahrbuch für Ingenieure, Grafenau 11/1978, S. 86–91

Malik, F.: Massenberuf Manager (Management ist lernbar). In: Trend 2/1999, S. 112–114

Malik, F.: Ein Universalgenie ist sowieso niemand (... über den idealen Manager), in: Handelsblatt: 29./30.1.1999, Nr. 20, S. K1

Malik, F.: Neue Wege der Führungsausbildung – Manager oder Management, in: Eschenbach, R., Manager für morgen, Wien 1987

Malik, F.: Gibt es Wichtigeres als Motivation? Handelsblatt, 3./4.3.2000, S. K4

Manager Magazin: Wechseljahre. Nachfolgeregelung, in: Manager Magazin, Nov. 1997, S. 129–136

Manager Seminare: 660 Seminare für Führungskräfte. Was findet wann, wo statt? in: Manager Seminare, Heft 35, März/April 1999

Manager Seminare: Die Wellness-Welle kommt. Wie krank sind deutsche Manager? März/April 1999 (Untersuchungsergebnisse einer Studie S. 38–48)

Mayrhofer, W.: Manager tun nichts, sie reden nur!? In: Eckardstein, D.v./Kasper, H./Mayrhofer, W. (Hrsg.), Management, Theorien–Führung–Veränderung, Stuttgart 1999, S. 257–269

Menyhay, E.: Führung, Erziehung, Neurose. Wien 1985

Mercedes-Benz AG: Dr. Bölker wacht auf. Die Geschichte über die Entstehung der Aktions-Lern-Gruppen. Stuttgart 1996 (MD-Maßnahme, on-the-job, während es geschieht ...)

Mercedes-Benz AG: Das beste Erfolgsrezept: Learning-by-doing. (Traineebericht Führungsnachwuchsprogramm, 1989, www.wisu.de, S. 1–4)

Metz, F. (Hrsg.): Benchmarking Führungskräfteentwicklung. Ergebnisse der Einzelstudien bei 23 Unternehmen in Deutschland, Universität Karlsruhe, 1997

Mintzberg, H.: Mintzberg über Management: Führung und Organisation, Mythos und Realität, Wiesbaden 1991

Mintzberg, H.: The Natur of Managerial Work, New York 1973

Möller, H. Die Zukunft fest im Blick. Wie führen Manager ihre Unternehmen ins nächste Jahrtausend? Ergebnisse einer weltweiten Studie, in: Manager Magazin, 2/1997, S. 152f.

Mutius, B.v.: Die Kunst der Erneuerung. 12 Gebote des Gelingens, Frankfurt a. Main 1995

Muzik, P.: Die simple Strategie für Bosse. In: Wirtschaftsblatt, Wien, 25.9.1999, S. 18 (auf der Basis des Buches von James, G., Digitale Elite, Frankfurt/M. 1999)

Münchhausen, G.: Umgang mit Zielkonflikten im Rahmen von Veränderungsprozessen. Ansatzpunkte zur Qualifizierung von betrieblichen Führungskräften am Beispiel der Daimler-Benz AG, Dipl.Arbeit, Bielefeld 1998

Nagel, G.: Wagnis Führung. 365 Tage aus dem Leben eines Change-Managers. München 1999 (sehr realistische »romanhafte« Beschreibung des aufreibungsvollen Alltags eines Change- Managers)

Neumann, R.: Die Organisation als Ordnung des Wissens. Habilitationsschrift, Klagenfurt 1999, S. 375f. u.a. (dort auch bzgl. computerbasiertem Selbstlernen als Teilaspekt von Wissensmanagement)

Neumann, R.: Grenzen und Möglichkeiten multimedial unterstützten, selbstorganisierten Lernens. In: Erpenbeck, J/ Heyse, V., Die Kompetenzbiographie, Münster 1999, S. 517 f.

Neuberger, O.: Führen und geführt werden, Stuttgart 1990

Nieder, P./ Nase, Chr.: Führungsverhalten und Leistung, Bern/Stuttgart, 1977

Noll, P /Bachmann, H.R.: Der kleine Machiavelli, Zürich 1987

Nothnagel, A.: Mitarbeiter beurteilen ihre Vorgesetzten, in: Harvard Business manager, 1/1998, S. 97 f. (Aufwärtsfeedback)

Nutt, P.C.: Wieso intelligente Unternehmen dumm entscheiden (Feldstudie), in: GDI Impuls, 2/1998, S 59 f.

o.V.: Assessment-Center, in: Industrie, Wien 1999, S. 26

o.V.: Philips: Outsourcing der Trainings funktioniert, in: Wirtschaftsblatt, 30.1.1999, S. E 6

o.V.: Wie Gott im Geschäftsleben zum Zug kommt, in: Christ & Wirtschaft, Wirtschaften nach biblischen Vorgaben. Nr. 1/1999, S. 4 f. (Lebenspraktische Hilfen für Christen in wirtschaftlicher Verantwortung; Vereinszeitung)

Ogger, G.: Nieten in Nadelstreifen. Deutschlands Manager im Zwielicht. München 1995

Pache, R.: Die Wiederkunft Jesu Christi, Wuppertal 1968

Paulsen, W. : Führen oder Ver-führen ? Eine Auseinandersetzung mit den Führungsmodellen im modernen Management, Asslar 1991

Payne, J.S.: Die 110 ultimativen Tips für Manager, Landsberg/Lech 1999 (Rezepte und Tools)

Pfromm, H.A.: Faires und treffsicheres Managementaudit. In: Personal, 05/1999, S. 242–244

Picard, M.: Hitler in uns selbst, Zürich 1946, (Tiefenanalyse / Exkurs 2)

Pitcher, P.: Künstler, Handwerker und Technokraten im Management (Typen), in: GDI Impuls 2/1998, S. 39 f.

Rieckmann, Chr.: Das Führungsmodell der QM-Führung in der Dynaxity Zone III, Konzept- und Trainingsunterlage, Kassel 1998

Rieckmann, Chr.: Konzeption Führungskräfteentwicklung Holzindustrie Bruchsal, Kassel/Sindelfingen 1996, Trainings- und Konzeptunterlagen

Rieckmann, H.: Auf der grünen Wiese ... Organisationsentwicklung einer Werksgründung. Soziotechnisches Design und Offene-System-Planung, Bern/Stuttgart 1982 (Fallstudie Procter & Gamble)

Rieckmann, H.: Change Management, in: Landmesser, M.L./Sczepan, J. (Hrsg.) Was morgen zählt ... Neuhausen/Suttgart 1996, S. 166–178

Rieckmann, H.: Der Organisationsalltag und seine Unterwelt: Der Schweine Hund (SH). In: Geißler, H. u.a. (Hrsg.) Bildungsmanagement, Bd. 5, Frankfurt/Main, 1994, S. 149–200 (oder Rieckmann 1997)

Rieckmann, H.: Managen und Führen am Rande des dritten Jahrtausends. Praktisches–Theoretisches–Bedenkliches, Frankfurt/Wien 1997 (neben anderen auch Beschreibung des OSTO-Modells, auch interaktiv unter www.uniklu.ac.at/opm)

Rieckmann, H./ Winkler, G.: Organisationsentwicklung, Nebukadnezar und die Folgen ..., In: Agogik, Heft 2/1987, S. 37 f.

Rieckmann, H.: Wie ich bei Procter & Gamble »Führung« erlebte und was ich davon weiterempfehlen kann. In: Pulling, K.-K. u.a. (Hrsg.), Erfolgskonzepte der Führung, Fallstudien aus Deutschland, Japan und den USA, Hamburg 1984, S 123 f.

Rieckmann, H.: Führen und Verführen in der Lernenden Organisation. In: Führung in der lernenden Organisation. Projektgruppe wissenschaftliche Beratung (Hrsg.), Frankfurt, 2000, S. 7–48

Rieker, F.: Leise Wellen im Goldfischteich (Führungsnachwuchs, Opel AG), in: Manager Magazin, Nr. 11, 1994, S. 242 f.

Rienecker, F. (Hrsg.): Lexikon zur Bibel, Wuppertal 1988

Rienecker, F.: Das Evangelium des Matthäus, Wuppertal 1961 (Auslegung, historische Daten zur Zerstörung Jerusalems 70 n. Chr. Geburt)

Risch, S.: Der Anfang, der ein Ende ist. Manager-Ehen. In: Manager Magazin, 8/1999, S. 208 f.

Risch, S.: Eine Klasse für sich. Manager Magazin 4/1997, S. 203 f. (MBA Absolventen)

Risch, S.: Von allen guten Geistern verlassen. Schöne Elite ... Topmanager ... in: Manager Magazin, Jan. 1998, S. 167–186

Rösener, E.: DV-gestützte Potentialermittlung: Anforderungen und Kompetenzen im Vergleich, in: Personalführung, 2/1998, S. 54 f.

Rubach, J.: Weiterbildung für Führungskräfte, C.R. Poensgen Stiftung, in: Personalführung, 11/1998, S. 88 f.

Rush, M. : Management. Der biblische Weg. Asslar, 1988

Sarges, W. (Hrsg.): Management-Diagnostik, Göttingen, 1995/1999

Schieffer, A. : Leadership is learned (Befragung von Top-Managern), in: Personalwirtschaft, 7/1998, S. 18 f.

Schildmayer, M./Mohseni, A.: Management ist immer live. Ein ungewöhnliches Seminarkonzept der AUDI Akademie, in: Personalführung PLUS, 1997, S. 10 f.

Schlink, M.B. : Im Sog der Verführung unserer Zeit. Darmstadt-Eberstadt 1988

Schlink, M.B.: Geistlicher Erfolg? Darmstadt – Eberstadt 1988

Schock, F.: Management by Faith and Vision, in: Landmesser M.L. /Sczepan, J. (Hrsg.), Was morgen zählt ... Neuhausen / Stuttgart, 1996, S. 50–58

Schreyögg, G.: Der Managementprozeß – neu gesehen. In: Staehle, W.H./ Sydow, J. (Hrsg.) Managementforschung 1(Reihe) Berlin 1991, S. 255–289

Schülein, J.A.: Manager und Ökologie; eine qualitative Studie, 1994

Schütz, P.: Evangelium, Moers, 1984 (Exkurs 2/Dienende Autorität)

Schütz, P.: Warum ich noch Christ bin ... Eine Existenzerfahrung, Moers 1981, (Tiefenproblematik von Führung, Exkurs 2)

Schweer, M.: Visionäre Führung: Mehr als ein Mythos?, in: Industrielle Organisation IO Management, Nr. 3/1999, S. 32 f.

Schwientek, R.: Fachtagung »Personalentwicklung«. Führungskräfte richtig erkennen und fördern, in: Personalführung 1/1990, S. 66 f.

Siemens AG: Zwischen Wunsch und Alltag – Die Mitarbeiter wünschen sich eine andere Führungskultur, in: Siemens Welt, München 10/1998, S. 24/25, (Mitarbeiterbefragungsergebnisse)

Siemens AG: Siemens TOP-Benchmarkstudie (Motorola, Hewlett Packard u.a.) zum Cultural Change, Kunerth, 1995 / 96, S. 6 f.

Simon, F.B./Conecta: Radikale Marktwirtschaft. Grundlagen des systemischen Managements, Heidelberg, 1998

Simons, R./Davila, A.: Return on Management: Wie gut führen Sie Ihr Unternehmen (Kennzahl ROM), in: Harvard Business manager, 4/1998, S. 71 f.

Simons, T. L.: Behavioral integrity as a critical ingredient for transformational leadership (walk the talk, Vorbild, Charakter, Glaubwürdigkeit), in: Journal of Organizational Change Management, Vol. 12, Nr 2, 1999, S. 89–104

Sinn, J.: Spielarten der Überflieger. In: Managementwissen, 2/1991, S. 78–83

Slater, R.: Business is simple. 31 Erfolgsgeheimnisse von Jack Welch, Landsberg 1996, (Engl.: Get better or beaten)

Sprenger, R.: Performance Effectiveness Programm zur Führungsnachwuchs-Förderung, (3M) in: Personalführung, 1/1990, S. 42 f.

Staehle, W.H.: Management, Eine verhaltenswissenschaftliche Perspektive, München 1994, 1999

Staehle, W.H./Sydow, J.: Managementforschung. Bd. 1 bis 4, Berlin 1991–1993

Stamm, H.: Sekten im Bann von Sucht und Macht, Zürich 1995 (Verführungsfaktoren, Exkurs 2, Ausstiegshilfen)

Steiger, Th./Lippman, E. (Hrsg.): Handbuch angewandter Psychologie für Führungskräfte (Bd.1 und Bd.2) Heidelberg 1999

Steyrer, J.: Theorien der Führung, in: Kasper, H. / Mayrhofer, W. (Hrsg) Führung, Wien 1993

Stroebe, R.W.: Führungsstile: Management by objectives und situatives Führen, 1996

Stroh, L./Rietly, A.: Zählt für Manager noch Treue zur Firma?, in: Harvard Business manager 2/1998, S. 9 f.

Strasser, W.: Testverfahren als Monitoring für Spitzenleistungen, in: Personalführung 2/1998, S. 52 f.

Tange, E.G.: Zitatenschatz für Manager. Die Dummheiten der anderen sind Deine Chance, Frankfurt/M. 1997

Thommen, J. P./Achleitner, A. K.: Allgemeine Betriebswirtschaftslehre. Umfassende Einführung aus managementorientierter Sicht, Wiesbaden 1998

Tichy, N.M./Sterman, S.: Control your Destiny or Someone Else Will. Lessons in Mastering Change – The Principles Jack Welch is Using to Revolutionize General Electric, New York, 1993

Ulich, E. u.a.: Führung und Organisation. Schweizerische Volksbank, Die Orientierung, Nr. 81, 1983

Unilever: Zwei Wege zum Unilever-Manager, Hamburg 1999

Unkrig, E.R.: Developing European Management Skills within the Roofing Business (Lafarge Brass GmbH), in: Personalführung, 11/1998, S 40 f.

Vogelauer, W.: Führen – kann man das lernen? In: Trigon Themen, Graz/Wien, 3/1986, (Modell für FKE-Prozeß)

Vogelauer, W. (Hrsg.): Coaching Praxis, Neuwied 1998

Volkswagen AG: VW – Managementprofil, Personalwesen Management, 1998/99

Volkswagen Coaching GmbH: Seminare und Workshops, Management Trainings Wolfsburg 1999, Organization Development 1998/99, Group Executive Forum 1998/99, Jump – das Junior Management Programm, Erfolgreich Führen, Konzepte, Programme und Bausteine für zielgerichtete Managemententwicklung 1998/99, Coaching: Ihr Weg zu Spitzenleistung 1998/99, Internationales Traineeprogramm, The sky's the limit, 1998/99

Volkswagen Coaching GmbH: Management Development Benchmarkstudie (weltführender Firmen) Wolfsburg 1998 (best practice Stand 1998/99)

Watson Wyatt GmbH: Top Manager entdecken den Erfolgsfaktor Mensch, in: Personalwirtschaft, 9/1998, S. 10

Wagner, D./Nolte, H. (Hrsg.): Managementbildung. Grundlagen und Perspektiven, München 1996

Weidner, J.: Mit »Biß« zum Erfolg, Aggression im Management, in: Personalführung 6/1998, S. 12

Weinert, A.B.: Organisationspsychologie, Weinheim 1998

Weizsäcker, C.F., von: Bewußtseinswandel, München 1988

Westerwelle, A./Fuchs, A.: Campus Recruiting. Von der Uni direkt in den Top Job. Wien 1999

Wetlaufer, S.: Driving Change. An Interview with Ford Motor Company's Jacques Nasser (Hochvolumige Bildungsinitiative bei Ford »to change mind set«, Vorgesetzte werden »Lehrer«). In: Harvard Business Review, March/April, 1999, S. 77–88

White, R.P.: Überlebensfaktor Führung: Über den zukünftigen Umgang mit Risiko und Unsicherheit im Management, 1997

Wigand, F.: Management – Lernen und Strategie – am Beispiel der Siemens AG, München 1994, S 52 f.

Wildenmann, B.: Kennzeichen von Leadership-Verhalten, in: Personalwirtschaft, 2/1999, S 22 f.

Wildenmann, B.: Professionell führen: Empowerment für Manager, die mit weniger Mitarbeitern mehr leisten müssen, 1995

Winterton, J./Winterton, R.: Developing Managerial Competence (Comprehensive Evaluation Analysis of Modern Management Development in Practice) London/New York 1999

Wisede, G.: Ein guter Chef. Einige Prinzipien erfolgreicher Führung ... In: IO Management, 64/1995, Nr. 12, S. 33–24 (Erfolgsfaktorenliste)

Wittwer, W./Müller, D.: Der schnellste Weg zum Mißerfolg, Asslar 1990

Wöhe, G.: Einführung in die allgemeine Betriebswirtschaftslehre, München 1981, S. 87 (Die Funktionen des dispositiven Faktors)

Wollnik, M.: Interventionschancen bei autopoietischen Systemen, in: Götz, K. (Hrsg.) Theoretische Zumutungen. Vom Nutzen der systemischen Theorie für die Managementpraxis, Heidelberg, 1998, S. 118 f.

Wunderer. R./Grunwald, W.: Führungslehre, Bd. 1 + 2, Berlin / New York, 1980

Wüthrich, U.: Wertschöpfungsorientierte Potentialbeurteilung und -entwicklung (Assessmentcenter), in: IO Management 3/1999, S. 60 f.

Zaleznik, A.: Learning Leadership, New York 1993 (Führungssubstanz statt Führungstechnik)

Zaleznik, A.: Was es heißt, echte Führungsarbeit zu leisten, in: Harvard Business manager 4/1998, S. 12 f.

Zander, E. u.a.: Führungsentwicklung, Organisation Development in der Praxis, 1981

Zeckra, Chr.: Interkulturelles Lernen als Ansatz zur Unternehmensentwicklung (systemische internationale Managemententwicklung bei der RÜTGERS AG), in: Personalführung 11/1998, S 32 f.

Zenhäuser, M.: Sternschnuppen und Dauerbrenner. Die Kommunikation von Führungskräften, in: IO Management, Nr. 1–2 1998, S. 70 f. (Typen)

Zimmer, D.: Rahmenbedingungen erfolgreicher Managemententwicklung, in: Personal 5/1987, S. 186–190

Zimmermann, W.-D. (Hg.) Begegnungen mit Dietrich Bonhoeffer, München 1964

Zugmann, J.: Nichts bleibt, wie es war (Neue Job-Anforderungsprofile), in: Der Standard, Wien, 6./7. März 1999, S. 42

Anhang: Kurzbeschreibung ausgewählter MD-Bausteine

1. *SYMA: Systemisches Management Training* für Business Excellence
2. *Diagnose des eigenen Systems*
   In ganzheitlicher Sicht und zehn Schritten, Chancen, Probleme, Defizite frühzeitig erkennen, Maßnahmen einleiten (OSTO-System-Diagnose, Fortsetzung & Anwendung der SYMA-»Learnings« ...)
3. *Management of Change and Complexity (MOC)*
   Veränderungsprozesse verstehen, planen, durchführen, in fünf Phasen, auf vier Ebenen, mit 15 Erfolgsfaktoren.

SYMA – Training (Systemischer Unternehmenssimulator)

Hintergrund und Ziele des Trainings:

Steigende Ansprüche von Märkten, Kunden und Mitarbeitern sowie die allseits zunehmende Vernetzung und Dynamik fast aller Lebensbereiche führen in komplexe, anforderungs- und risikoreiche Problemstellungen hinein. Und diese sind offensichtlich mit traditionellen Managementvorstellungen und herkömmlichen Organisationsstrukturen kaum noch zu bewältigen.

Autoritäres Durchgreifen oder technokratisch-bürokratisches Erzwingen von Leistungen in Situationen, wo Wissen, Kreativität und selbstgesteuertes, unternehmerisches Mitdenken gefordert bzw. geschäftsnotwendig sind, bringen ebenfalls keinen nachhaltigen Erfolg.

Auch die Strategie, als Manager dieser Probleme durch immer längere Arbeitstage Herr zu werden, führt zu keiner dauerhaften Lösung.

Heutige Unternehmen sind zu komplexen, vernetzten Systemen mit turbulenten Umwelten geworden. Sie können nur durch zeitgerechte Denk-, Lern- und Managementansätze geführt und optimiert werden.

Diese werden unter dem Begriff Business Excellence zusammengefaßt und basieren auf einem ganzheitlichen, systemischen Managementverständnis.

JEDOCH: Das alles nützt wenig, wenn der »Business Exellence« Managementansatz nur graue Theorie bleibt.

Das SYMA-Trainingsseminar setzt nun genau an diesem Punkt an. Es soll helfen, diesen Ansatz konkret anzuwenden und umsetzen zu lernen. Ziel ist, systemisches Management nach und nach im Arbeitsalltag zu verankern. Deswegen ist das SYMA-Training nicht als Seminar, sondern konsequent als UNTERNEHMENS-SIMULATOR aufgebaut: Systemisches Management und Business Excellence kann dadurch »am eigenen Leibe« erfahren und im praktischen Handeln schon vor Ort konstruktiv erprobt und trainiert werden. Die Lerneffizienz (Menge, Tiefe, Verwurzelung) ist dadurch – wie viele Teilnehmer bestätigen – nachhaltig wirksam und nutzbringend.

Im Zentrum stehen wichtige Management-Fragen:

- Welche Möglichkeiten bietet »systemisches Management«, um zentrale Vorgänge in Unternehmen, Netzwerken und turbulenten Umwelten schneller zu erfassen, klarer zu durchschauen und zielsicherer handhaben zu können ?
- Welche Denk-, Wahrnehmungs- und Verhaltensweisen müssen Führungskräfte und Manager (sowie Berater) entwickeln und anwenden, um bei steigender Komplexität mit Menschen, Strukturen und Prozessen reibungsfreier, wirkungsvoller und vor allem produktiver umgehen zu können (statt »Tretmühle, Hamsterrad, Nebel, Scheinrationalität und leerer Kilometer...«)?
- Welche praktischen Konsequenzen ergeben sich daraus für die Gestaltung und für das Management von Organisationen und Unternehmen (Prozeß, Struktur, Kultur) sowie hinsichtlich des eigenen Führungsverhaltens?
- Wie müssen die Informations-, Kommunikations- und Entscheidungsprozesse im Unternehmen gestaltet werden, um »systemorientierte Führung« und *lernende Organisation* in Richtung *Business Excellence* zu ermöglichen?

Arbeitsweise und methodisches Vorgehen:

- Das Trainingsseminar wird von Sonntag 17:00 bis Freitag 13:00 als *komplexes, dynamisches Unternehmenssystem* aufgebaut.
  Es wird als *»SYMA AG«* wie ein reales Unternehmen geführt: *Unternehmenssimulator.*
- Völlig analog der täglichen Praxis werden die Teilnehmer als Mitarbeiter der »SYMA AG« in teilautonom geführten Arbeitsgruppen und Projektteams arbeiten.
  Sie haben dabei eine Produktionsaufgabe zu erfüllen.
  Ihre Produkte (outputs) müssen Akzeptanz und Nachfrage bei internen wie externen Abnehmern finden: *strikte Markt- und Kundenorientierung (Sicherung der Existenzgrundlage).*
- Die für die Logistik, Produktion und Vermarktung der Produkte benötigte Arbeits-, Prozeß- und Managementorganisation ist von den Teams selbst zu entwickeln: *Selbstorganisation / Prozeßorientierung / Wissensmanagement.*
- Die Teilnehmer des Unternehmenssimulators, sprich: die Mitarbeiter der »SYMA AG«, haben dadurch die Möglichkeit, Logik, Dynamik und Funk-

tionsweise offener, vernetzter Systeme und Subsysteme live zu beobachten und erfahrungsorientiert zu erleben: *Organisationsbewußtsein.*

- Sie können dabei vernetztes Denken, systemorientiertes Management und *Umgang mit Komplexität* selbst praktisch ausprobieren, experimentell anwenden und konkret einüben: *learning by doing.*
- Der Produktions- und Lernprozeß der Teilnehmer bzw. der SYMA AG wird während der Woche vom SYMA *Managementteam* und seinen Mitgliedern gesteuert.
  Neben ihrer Managementrolle unterstützen sie als Trainer und Berater die Optimierung der Lernprozesse und Lernergebnisse. Dies geschieht u.a. durch Kurzreferate, spezifische Aufgabenstellungen, Veränderungen von Rahmenbedingungen sowie anderen Interventionen und »Inputs«: *Kontext- und Changemanagement* sowie *Facilitator-* und *Coach-Rollen* werden modellhaft erlebbar.
- *Individuelle und gemeinsame Reflexion* der Prozesse, Zusammenhänge *und Ergebnisse* hilft bei der Vertiefung des Lernens und kann sich in Struktur-, Prozeß- und Kulturänderungen niederschlagen: *Lernende Organisation / Systemdiagnose / Change Management.*
- Der *eigene Verhaltens- und Managementstil* (oder Beratungsansatz) kann so unmittelbar in Richtung Coach, Facilitator und erhöhter *sozialer Kompetenz* sowie *systemorientierten Managements* weiterentwickelt werden.
- *Als Teilnehmer des Unternehmenssimulators »SYMA AG« werden Sie stark mit einbezogen und beansprucht.* Die Erfahrung zeigt jedoch, daß das Engagement und der Wissenszuwachs der Teilnehmer durch die aktive Form des Lernens enorm gefördert wird.
  Ihre *volle Anwesenheit auch abends* ist daher während des *ganzen* Seminars notwendig.
- Langjährige Erfahrungen mit Teilnehmern zahlreicher Unternehmen zeigen jedoch, daß diese »harten« Investitionen reiche und nachhaltige Früchte tragen: *Management Development Excellence.*

OSTO-System-Diagnose

Chancen und Potentiale rechtzeitig erkennen und nutzen – Gefahren frühzeitig abwehren.

Die zunehmend komplexeren und turbulenten Umweltsituationen (Markt, Technik, Politik, Entwicklung etc.) zwingen heute immer mehr Unternehmen und Organisationen, die Angemessenheit ihrer Strukturen, Prozesse und Spielregeln fortwährend zu überprüfen und geänderten Problemlagen, Risiken und Chancen rasch und effizient – und idealerweise »proaktiv« – anzupassen. Diese

Anpassungsflexibilität stellt dabei einen der zentralen Erfolgs- und Überlebensfaktoren in Gegenwart und Zukunft dar.

Die Fähigkeit, richtig zu »diagnostizieren«, ist hierfür ein organisatorisches Muß und Basis-Know-how für Führungskräfte und Berater.

Und da heute Unternehmen und Organisationen selbst zu komplexen Systemen geworden sind, müssen Diagnosen diesen komplexen Zusammenhängen auch gerecht werden können. Andernfalls droht »Symptomkuriererei« und »ad-hoc«- oder »Hauruck«-Management: Mit viel Energie werden dann falsche Probleme auch noch falsch gelöst.

Der OSTO-Diagnose-Workshop will hier praktische Abhilfe leisten, diagnostische Fähigkeiten vertiefen und effektivieren sowie rasche Umsetzung ermöglichen.

Die wichtigsten Ziele des Workshops

1. Analyse des eigenen Verantwortungsbereiches unter »vernetzten« Gesichtspunkten.
2. Erkennen von Chancen und Potentialen und deren Nutzung zur Steigerung der Wettbewerbsfähigkeit.
3. Frühzeitiges Erkennen von Schwachstellen und Risiken sowie möglicher Handlungsbedarfe.
4. Besseres Verständnis der bewußten und unbewußten Vorgänge in offenen sozio-techno-ökonomischen Systemen, sprich »Unternehmen«.
5. Praxiserfahrung »by doing« in systemischem Management und systemischer Organisationsauffassung.
6. Herausarbeiten einer Projektliste oder eines Lösungspakets für die notwendigen Anpassungsmaßnahmen aufgrund der Diagnoseergebnisse sowie deren spätere Umsetzung »vor Ort« (Change-Management/MOC).
7. Praktische Anwendung des OSTO-Systemansatzes am »eigenen Beispiel«.

Arbeitsmethode:

- Es wird für die geistige Orientierung während des Diagnoseprozesses die »kognitive Landkarte« des OSTO-System-Modells verwendet. Diese ermöglicht eine vom Alltagsgeschehen »abgehobene« Sicht der Gesamtzusammenhänge – gleichsam aus der Hubschrauberperspektive. Denn: Wer ein Problem lösen will, muß sich erst vom Problem lösen.
- Jeder Teilnehmer oder jede Teilnehmergruppe arbeitet an der Diagnose und Optimierung seines/ihres eigenen Verantwortungsbereiches, an der Analyse der Probleme, Potentiale und Chancen des eigenen Systems. Der Vorteil be-

steht darin, daß dabei rein abstrakte Wissensvermittlung vermieden wird und somit »null« Transferverlust anfällt: Man arbeitet zwar »außer Haus«, aber immer konkret an der Zukunft des eigenen Systems!

- Die Trainer/Berater erläutern stufenweise die einzelnen Arbeits- und Diagnoseschritte (ggfls. mit freiwilliger Hilfe von Teilnehmerbeiträgen und -Fragestellungen); Basis: Lernen durch modellhaftes Vorgehen.
- Experten-Inputs und Supervision bei der Diagnose durch die Trainer/Berater.
- Gegenseitige Beratung durch Austausch in Teilnehmerduos oder anderen entsprechenden Gruppierungen: Wahrnehmungserweiterung, Diagnosevertiefung, Erfahrungsaustausch, Fehlerausgleich ...
- Visualisierung des eigenen Systems (verbessert den »Durch-Blick« und läßt Vernetzungen schneller sichtbar werden).
- Erstellung einer Projektliste, in der die erkannten Probleme, Potentiale und Chancen in Form von Veränderungsideen und Projektvorschlägen »für zu Hause« festgehalten werden.

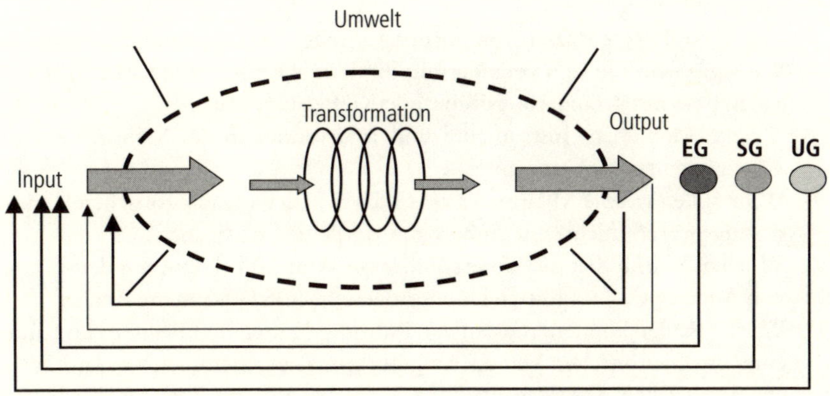

MOC: Management of Change and Complexity

Hintergrund und Ziele des Workshops

»Change Management« ist kein Modewort. Wir leben in komplexen und dynamischen Zeiten, die von uns allen immer schnellere Anpassungen individueller und organisatorischer Art verlangen. Damit wir nicht überrollt werden, sondern auch in Zukunft aktiv agieren können, müssen wir *lernen, diese Veränderungs-, Anpassungs- und Entwicklungsprozesse besser zu verstehen sowie wirkungsvoller planen und managen zu können*. Dafür gibt es bereits *erprobtes, professionelles Strategie- und*

Prozeß-Know-how: Dieses soll unter Einbringung eigener Erfahrungen/Bedürfnisse der Teilnehmer mit vergangenen und zukünftigen Veränderungsprozessen im Workshop vermittelt werden.

Im Zentrum stehen folgende wichtige Fragen:

1. Wie initiiere und plane ich einen organisatorischen Veränderungsprozeß?
2. Auf welchen Ebenen laufen solche Veränderungsprozesse ab?
3. Mit welchen Risiken ist solch ein Prozeß behaftet, bzw. welche veränderungshemmenden Kräfte können dabei entstehen?
4. Was sind die zentralen Erfolgsfaktoren? (Best practice)
5. Welche alternativen Basisstrategien des Management of Change gibt es? (Bombenwurf, Scheinpartizipation, Social Marketing, Verhandeln, Projektmanagement, Test-Cell, Organisationsentwicklung, Lernende Organisation . . .)
6. Wie verlaufen die Phasen von organisatorischen Veränderungsprozessen?
7. Was kann man tun, um veränderungshindernde Kräfte (Widerstände) abzubauen bzw. um veränderungsfördernde Kräfte aufzubauen?
8. Welche Methoden, Instrumente und Interventionen des Management of Change stehen zur Verfügung?
9. Wann sollen welche Mitarbeiter wo und wie in den organisatorischen Veränderungsprozeß (nicht) mit einbezogen werden? (Partizipation)
10. Welchen Einfluß hat die Unternehmensstruktur und -kultur auf den Erfolg von Änderungs- und Entwicklungsprozessen? (OSTO-System-Ansatz)
11. Welche Rollen können/müssen von Führungskräften und Beratern im Laufe eines organisatorischen Veränderungsprozesses eingenommen werden? Welche spezifischen Anforderungen werden dabei an Prozeßberater, Facilitator und Change-Manager gestellt?
12. Läßt sich der Erfolg organisatorischer Veränderungsprozesse messen und feststellen?

Arbeitsweise und methodisches Vorgehen:

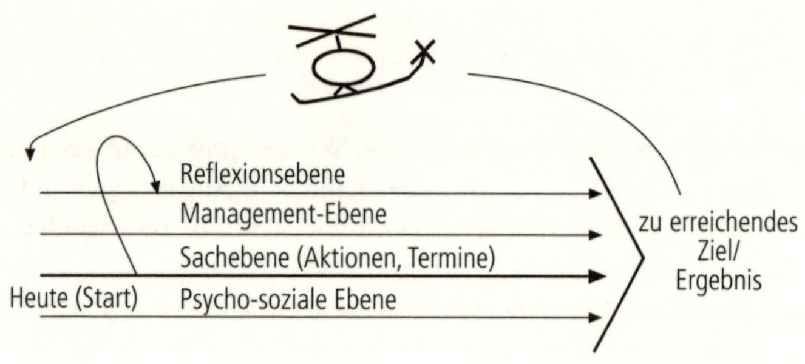

Das MOC-Seminar hat den Charakter eines Intensiv-Workshops. Idealerweise ist es selbst Teil eines Veränderungsprozesses. *Voraussetzung für den Erfolg des Seminars ist es dabei, daß die Teilnehmer(-gruppen) konkrete Bearbeitungsfälle (organisatorische Veränderungsvorhaben) aus ihren Unternehmungen mit ins Seminar bringen, und zwar solche, für deren Planung und Umsetzung sie selbst in ihren jeweiligen Organisationsbereichen (mit-)verantwortlich sind. Sie werden im MOC-Seminar an diesem Veränderungsvorhaben konkret planerisch arbeiten* und sich dadurch im Change Management weiterqualifizieren (learning by doing on the job). Dadurch entstehen keine Transferverluste! Die Teilnehmer erhalten im Seminar Trainingsunterlagen mit Texten und Instrumenten zum Thema »Change Management«:

- Als Basis dient die Visualisierung von Veränderungs- und Entwicklungsprozessen anhand einer anschaulichen, praxisbewährten und »robusten« Vier-Ebenen-Methodik.
- Der Trainer/Berater erläutert dabei die verschiedenen Ebenen, Phasen, Erfolgsfaktoren und Arbeitsschritte, die bei der Analyse, Diagnose und Planung sowie dem Management von Veränderungsprozessen unbedingt zu beachten sind.
- Teilnehmer arbeiten zeitweilig in Kleingruppen. Erfahrungsaustausch und gegenseitige Beratung führt dabei zu Wahrnehmungserweiterungen, Diagnosevertiefung, Fehlerausgleich und Planungsverbesserung.
- Das Organisationssystem, in dem der Veränderungsprozeß eingebettet ist, wird nach dem OSTO-Ansatz (vgl. SYMA-Seminar) visualisiert. Vernetzungen, Wechselwirkungen etc. werden dadurch schneller sichtbar gemacht und der »Durchblick« verbessert.
- Gemeinsame Reflexion der Prozeßpläne und Zusammenhänge helfen, das Lernen zu intensivieren und die jeweiligen Prozeßdesigns der Teilnehmer einem kritischen Test zu unterziehen (»Rüttelstrecke«), um fit für die nachfolgende Umsetzung zu werden...
- Das MOC-Seminar wird mit praktischem und wissenschaftlichem Background betreut. Die Seminarleitung verfügt über langjährige Erfahrungen mit der Gestaltung und Steuerung von Veränderungs- und Entwicklungsprozessen in Unternehmen unterschiedlicher Größe, Branchen und Kulturhintergründe.

Kontaktadresse

Dr. H. Rieckmann
A-9300 St. Veit
Taggenbrunn 21
Tel/Fax: +43(0)4212-33105/36106
Email: Heijo.Rieckmann@uni-klu.ac.at
Homepage: www.uni-klu.ac.at/opm

Sachregister